总 策 划：司　晓　马永武

主　　编：刘金松　周政华

研究团队：陆诗雨　王健飞　余　洁　余潜倩　黄忻渊　闫德利

学术顾问：邱泽奇　北京大学社会学教授

　　　　　程明霞　腾讯研究院"科技向善"项目顾问、由新书店
　　　　　首席内容官

腾讯研究院助理研究员王焕超、赵宇超、吴心悦、王任娇、李玉婷、崔牧遥、康慧薇对本书亦有贡献

科技向善

大科技时代的最优选

司晓　马永武　等编著

ZHEJIANG UNIVERSITY PRESS
浙江大学出版社

图书在版编目（CIP）数据

科技向善：大科技时代的最优选 / 司晓等编著. —
杭州：浙江大学出版社，2020.7
ISBN 978-7-308-20156-8

Ⅰ.①科… Ⅱ.①司… Ⅲ.①技术革新—研究—中国
Ⅳ.①F124.3

中国版本图书馆CIP数据核字（2020）第063913号

科技向善：大科技时代的最优选

司　晓　马永武　等编著

策　　　划	杭州蓝狮子文化创意股份有限公司
责任编辑	黄兆宁
责任校对	曲　静
出版发行	浙江大学出版社
	（杭州市天目山路148号　邮政编码310007）
	（网址：http://www.zjupress.com）
排　　版	杭州兴邦电子印务有限公司
印　　刷	杭州钱江彩色印务有限公司
开　　本	710mm×1000mm　1/16
印　　张	19.25
字　　数	271千
版 印 次	2020年7月第1版　2020年7月第1次印刷
书　　号	ISBN 978-7-308-20156-8
定　　价	58.00元

推荐序

科技是一种能力，向善是一种选择

马化腾　腾讯公司董事会主席兼首席执行官

2019年11月11日，在腾讯公司成立21周年之际，我们正式公布了全新的使命愿景——"用户为本，科技向善"。一切以用户价值为依归，将社会责任融入产品与服务之中，推动科技创新与文化传承，助力各行各业升级，促进社会可持续发展。

在腾讯的发展历程中，有两条最重要的生命线，一条叫"用户"，一条叫"责任"。从推出QQ开始，腾讯就抱着"不辜负用户，与用户做朋友"的信念一路走来。正是因为这种信念，在过去21年中，无论面对怎样的迷茫与取舍，我们都始终坚守这个信念，走在正确的路上。对此，我们会坚定地传承下去。

2008年汶川地震，腾讯紧急上线寻人与捐助平台，让科技连接善意；后来我们又发起了全网参与的99公益日，上线了成长守护平台，通过人工智能的力量，协助警方打拐，寻找失踪儿童，科技让善意更有力量；在今天数字化转型的浪潮中，腾讯在社交、数字内容、金融科技等领域服务亿级用户，我们越发深切感受到科技对用户价值、社会福祉的深刻影响，善意让科技更有温度。

　　经过不断的尝试与探索，我们对科技向善的认知、思考、选择越来越清晰，越来越坚定。最终我们决定，把它郑重地写进腾讯的使命愿景，让科技向善成为每一位腾讯人的使命与责任，让我们每一天的工作都更有意义和价值。

　　科技本身的力量巨大，发展日益迅猛，如何善用科技，将在极大程度上影响人类的福祉。科技向善一方面要充分发挥这一轮新科技的巨大潜力，让它惠及大多数人的生活，为我们解决传统社会的难题与挑战提供新的手段与方法；另一方面，也要确保科技不被滥用，对一些可能存在的风险和挑战，我们要保持足够的警醒。

　　科技是一种能力，向善是一种选择，我们选择科技向善，不仅意味着要坚定不移地提升我们的科技能力，为用户提供更好的产品和服务，持续提升人们的生产效率和生活品质，还要有所不为、有所必为。

　　在当下的数字化浪潮中，如何共建信任基石，让科技更好地服务人类的美好生活，需要包括科技行业在内的社会多方共同探索。"科技向善"不仅是腾讯的使命愿景，也是时代的命题。在践行科技向善的路上，我们期待与更多同行、机构一起探索、创新与实践。

科技向善，数字社会的新路标

郭凯天　腾讯集团高级副总裁

　　三年前我们开始思考、探讨科技向善，今年（2020年）正式提出腾讯新的使命愿景"用户为本，科技向善"，这是一个重要的里程碑。在这里，要感谢同事们的思考和摸索，要感谢公司创始人张志东先生（Tony）的不断推动和亲自实践，才有今天这么一个里程碑。

　　实际上推动科技向善并不容易。在我们看来，科技向善可以有多种角度的理解，也可以有很多维度去实践。具体的做法可能千变万化，我们也会不断尝试。未来科技向善会是怎么样的，还不一定很清晰，但是它一定不是什么，我们是比较清楚的。

　　首先，科技向善并不仅仅是出于企业社会责任、担当和公益，它远远超出这些。其次，科技向善不应该是一个口号和宣传。不要期望科技向善能成为一个企业的合格证或者识别标签。谁要是专门给你表示他有多善良，反而要多留意，这是一个基本生活常识。最后，科技向善不应该是一个泛道德论的争论和鉴定——今天你善了吗？你做得够不够善良，你符合这个标准吗？你达到这个要求了吗？你没达到你说什么？

　　泛道德论的讨论是缺乏建设性的，也不可能有结果。科技向善的价值需要更多地去实践、去探索。对科技向善可以有多种维度的理解，张志东先生提出科技向善是一种产品力；我们也理解科技向善是企业的竞争力——发现痛点，解决未来数字科技发展的问题，这就是竞争力；科技向善也可以被理解为是推动未来人类数字社会发展的一种动力，建立一个良善数字社会的力量，仅仅着眼技术本身的发展，并不足以推动数字社会的发展。

在具体工作方面，我们理解科技向善更多的是一种行动力，在自己的产品里，在技术的发展上，当有万千的方向和可能性时，能够有一个参照物，去判断怎么走。最近几年，科技行业的发展遇到了很多变革和挑战，无论这些变革和挑战带来了什么样的困难、冲突、矛盾，作为从业者最重要的是，我们应该保持警醒、保持自省。

人类事实上已经迈入数字社会，这就塑造了数字社会的第一个特征——普遍。

核技术、电力技术并不与我们时刻相伴，它们不存在于我们的裤兜和手机里，不大会时刻影响和塑造每个人的生活、每个人的思维。但是数字科技就不一样，它会渗透到方方面面，影响到每个人的生活、思想、意识，影响到经济、社会的方方面面，所以我们觉得数字社会有一个科技"普遍"存在的特点。

在这种"普遍"存在的背景下，科技发挥作用的过程也具有一定的隐蔽性。对核技术来说，它的善恶问题是明确的；数字技术的善与不善则复杂得多。我们的数据被采集、被使用，我们反过来也被数据所塑造，这个过程通常是在我们无感知的情况下发生的，生产者和消费者对它的理解都还处于非常初步的阶段。

数字社会中科技所具有的普遍和隐蔽性特点，让讨论科技向善变得有意义和价值。数字社会还不成熟，如何治理，隐私怎样保护，产权归谁，所有问题只有探讨和思考，并没有结论。可以说人类面对数字社会的认知，目前还是混沌的，向善就是我们现在虽然看得到天上的星光，但仍然在黑暗中摸索着往前走，还没有到达完全豁然开朗的境地。

所以，在数字社会讨论科技向善确实是一个紧迫的问题，人类对于数字社会有非常多的期望。科学技术的发展，无论到什么阶段，其发展核心都是以人为本，人类憧憬的数字社会是普惠的，即在数字世界中人们生活的方方面面都能获得较以往不同或是更好的便捷与更多的利益。因此，数字社会的第二个特征是"普惠"，这应该成为追求数字社会的共同目标。

在目前的技术现实和那个充满希望、普惠的目标之间，有什么东西可以作为标杆和指引？我觉得可能就是科技向善，也是以人为中心的善，所以腾讯的新使命愿景里不仅写入了"科技向善"，还延续了我们"用户为本"的理念。

普遍、普惠之外，数字社会还应该是普适的，它应该能够承载一些人类未来发展普遍关切的问题，数字的连接要有共同的价值观承载。实际上，善可能是其中一个共同点。

所以，在我们的产品开发里面，在我们提供的服务里面，在我们企业的发展里面，当我们面临无数可能性的选择时，当我们的未来走到哪一步尚不清晰的时候，我们能有一个路标可以作为参考指引。我们今天提科技向善，是把它作为通往普遍、普惠、普适的数字社会的路标。

前言

科技向善应成为数字社会的共同准则

新一轮科技革命正在引发深刻变革。截至2019年3月，全球网民已达43.8亿人，占全球总人口的56.8%。这意味着地球上一半以上的人口每天都在享受着科技带来的效率与便捷。在消费领域，基于信息技术的产品与服务像水和电一样融入我们的日常工作与生活；在产业领域，数字化浪潮所带来的产业变革正在重塑行业、区域和国家之间的竞争格局。这一轮变革覆盖之广、影响之深远超我们的想象。

当然，在新技术带来的变革中也产生了一些风险和挑战。这其中既包括个人生活中所能感受到的负担与干扰，比如信息过载带来的焦虑与压力；也包括社会层面的公共问题，比如网络空间的假新闻、暴力与各种新型犯罪，以及广受关注的数据安全、隐私保护、算法价值观等技术与伦理方面的问题。总体来看，新技术带来的风险和挑战已经不是某一产品或区域的范畴，而是一种全球性的治理难题。

这些问题的出现值得我们警醒：如何让科技产品和服务为更多用户带来幸福？科技公司如何与公众建立信任？科技创新如何更好地造福社会？答案或许就在确立科技向善的共同准则。

腾讯研究院对科技向善的思考和行动始于2017年年底，初衷是为科技产品与服务带来的一些全新而复杂的社会问题，寻找解决方案和有效行动，并邀请到腾讯创始人之一张志东先生作为项目顾问。截至2020年，已先后举办三次"科技向善"论坛，分享我们对此的思考与行动，邀请各方一起加入这个项目。

从某种程度而言，这个以化解科技带来的风险和挑战的项目更像一场社会实验。它横跨科技、商业、社会等多元领域，它希望在快速变革的浪潮中，找到社会各方对这一轮新技术走向的理解与共识，促成企业、政府、学界、公众从各自的责任、能力与诉求出发，针对数字社会的崭新挑战与复杂难题，携手并肩、积极行动，找到稳妥、有效、多赢的解决方案。

站在当下回望，这场探索行动在过去两年间取得的进展令人惊喜。

2018年1月，当张志东先生在北京举行的"科技向善2018·过载"论坛上，第一次抛出对于"信息过载时代，科技如何向善？"的思考，发出"科技向善"的倡议时，这一理念不仅引起公司内部同事、互联网同行、学者等多方的响应，也成为大科技时代人们的一种共同期待。

2019年1月，腾讯研究院在"科技向善2019·刷新"论坛上，抛出了《互联网二十年大哉问》，再次引起各方对信息技术发展与应用的深度思考和讨论。腾讯集团高级副总裁郭凯天先生在这场论坛上发出《共建数字社会信任基石》的倡议，引起业界、学界、媒体、政府机构等多方共鸣。

2019年3月，腾讯公司创始人兼CEO马化腾先生作为全国人大代表，提交了七份书面建议，《关于加强科技伦理建设　践行科技向善理念的建议》是其中之一。

2019年4月，"科技向善"作为一种全新理念，被提上腾讯总办[1]会议充分讨论，最终确定为腾讯公司面向未来的全新使命愿景的一部分。

---

1 总办是腾讯最高管理决策层，包括马化腾、刘炽平等人，这是一个沿用下来的称呼，全称为总经理办公室。

2019年5月4日，腾讯优图实验室利用AI人脸识别技术寻找丢失儿童获得重大突破。马化腾先生在朋友圈转发这条消息时，第一次对外界透露："科技向善"将成为腾讯新的使命愿景的一部分。在随后的多个公开演讲中，马化腾先生多次阐释腾讯对"科技向善"的坚持与期待。

2019年11月11日，腾讯在成立21周年纪念日上，正式发布了新的使命愿景：用户为本，科技向善。

在腾讯公司积极拥抱"科技向善"的同时，这一理念也得到了科技行业的积极响应。从对最近两年行业实践的梳理可见，不仅有来自各个领域的关注和讨论，更有不少机构在科技向善探索上的成功实践。以第一届论坛讨论的主题"过载"为例，目前各大应用都已相继推出了时间管理功能，方便大家更好识别和解决"过载"的困扰。

从2017年年底最初的种子到今天成为行业共识与行动，腾讯研究院两年来一直在思考科技向善是什么、科技公司如何向善等问题。汇总起来主要分为五个方面。

科技向善的含义是什么？

科技是一种能力，向善是一种选择。

过去30多年，信息技术犹如一场海啸，将人类从工业文明迅速带入数字社会。在这一剧烈的数字化进程中，互联网公司扮演着至关重要的角色，拥有巨大的影响力。因此，互联网公司必须明确自己的使命、责任与选择，确保这一轮技术革命真正惠及人类，实现数字社会福祉的最大化。

据此，我们认为科技向善包含两个方面：一方面，充分发挥这一轮新科技的巨大潜力，让它惠及大多数人的生活、解决传统社会的种种痼疾与难题、促进社会进步，帮助人类变得更强大、更幸福，拥有更好的未来和数字文明。另一方面，要确保新科技被善用，而不是被滥用，甚至被恶意使用。

在商业回报之外，科技公司的产品与服务必须兼具公共价值与社会视角。对于新技术产品与服务带来的各种负面效应，科技公司必须承担相应的责任，提供解决方案。

简而言之，科技向善就是：实现技术为善，避免技术作恶。

为什么现在提科技向善？

互联网行业在30多年的狂飙突进之后，正站在一个新的十字路口。随着地球上半数以上的人口接入互联网，大数据不断累积，算法持续优化，人工智能应用日渐普及，生物技术突飞猛进。这一轮新技术革命一方面给人类生活带来前所未有的便利、趣味与愉悦，给社会运行带来许多效率提升与改进；另一方面，也在冲击个人生活与社会经济的种种传统规则与秩序，给个体和社会带来诸多新的难题与复杂局面。最近两年，一些科技公司发生的用户数据被泄露事件及相关安全事件，不断给行业敲响警钟。

腾讯是伴随这一轮信息技术革命诞生和成长起来的科技公司，以自己的社交通信与数字娱乐产品服务亿级用户，陪伴着中国人每天的生活与工作。20年来，我们越发深切感受到互联网产品与用户福祉、社会发展的紧密关系。2019年，腾讯提出"科技向善"是我们面向未来的使命愿景的重要组成部分，也是腾讯对用户和社会的一份责任与承诺。

如何定义科技的善和恶？

人类社会进步根植于科技进步，人类文明的发展离不开科技的推动，科技具有天生向善的属性。而人类社会的恶，则一直以来有很多也很具体的表现。

进入信息时代，数字化技术的突飞猛进与广泛应用，让科技向善与作恶的能力都放大了很多倍。一方面，各种新技术让科技向善的潜力巨大；另一方面，互联网技术让作恶的门槛更低，形式更加隐蔽而多样，破坏力瞬时而且巨大。

穷举科技之恶是很困难的。这一轮新技术应用也带来许多诸如善与恶的边界模糊、作恶主体难以辨识、作恶的后果有时显性有时潜在等问题，这些都将挑战人类既往的经验与共识，甚至带来人类伦理的变迁、社会规则的改写等，从而考验人类的智慧与协作能力。

但是，科技向善可以有一个相对简单明确的目标，就是用户价值与社会福祉的最大化。未来的科技产品与服务，或将越来越多地受到"灵魂拷问"：你的产品或服务是否在为用户与社会创造真实而长远的价值？你的产品与服务是否在满足一部分用户需求的同时，给更多用户与社会制造了新的问题？你将如何解决你的产品与服务带来的一些负面效应？

市值与估值，衡量的是一家互联网公司短期的商业价值。一家科技公司的长远价值则要看它的产品与服务是否有助于用户价值与社会福祉的最大化。

如何做到科技向善？

科技公司应该在自己的产品与服务细节中践行科技向善，在产品理念中注入社会视角与公共价值，让自己的产品和服务真正给用户和社会创造价值。

腾讯一直以来的产品理念都是"以用户价值为依归"，为用户创造真实的、长期的价值。未来，在科技向善的理念下，为用户创造价值的同时，腾讯会更注重让自己的产品服务与技术能力服务于公共利益与社会价值。

我们始终应该相信科技进步是人类利益的最大公约数，新技术的创新与应用并非一堆冷冰冰的零件、公式或代码，真正造福人类的技术应用背后，不但流淌着创新的血液，同时也要承载着一颗向善的心。我们今天拥有的技术创新能力，以及这些技术创新所具有的"向善"潜力，是历史上任何时候都无法比拟的。在解决人类传统社会面临的诸多问题方面，科技创新还有巨大的"向善"潜力可以释放。

科技向善会不会和商业公司追求利润相冲突？

在我们看来，科技向善不仅是科技公司的责任，也是科技公司的新机会。随着数字化进程不断深化，数字社会发展中出现的种种难题与挑战，都将成为科技公司新的机会，谁能更好地解决这些难题与挑战，谁就拥有新的竞争优势。

自2019年9月起，我们带着这些思考陆续深入访谈全球业界与学界大咖，围绕"何为科技向善""如何理解、推进科技向善"等问题，广泛寻求见解与共识。著名的网络社会学家卡斯特教授，斯坦福大学和平创作实验室主任玛格丽特教授，北京大学国家发展研究院陈春花教授，搜狗创始人兼CEO王小川先生，著名财经作家、《腾讯传》作者吴晓波先生，创业者兼硅谷投资人邵亦波先生，北京师范大学系统科学研究院张江教授，北京大学社会学系邱泽奇教授，中央美术学院费俊教授等15位专家学者和业界大咖，从不同的背景与专业出发，分享了各自的思考。

2019年9月，我们同步发起的**"科技向善大战问"**网络调查，收集了互联网用户、从业者、研究者对"科技向善"的态度与认知。在2766份有效问卷中，有高达92.34%的人相信"科技向善"。

至此，从政府的倡议到企业界的行动、学界的思考、用户的反馈来看，科技向善正在成为大科技时代的共识。可以说，腾讯研究院用两年时间完成了这场社会实验的**第一步：达成共识**。这是一个振奋人心的胜利！

然而，更难的是**第二步：集体行动**。当所有人都认同并期待"科技向善"之后，这一理念如何贯彻到商业战略和产品细节之中？企业应该建立什么样的机制来推进科技向善？政府、学界、用户又如何能够更好地参与其中？

作为这项行动的发起方，关于"科技如何向善"的探索也在不断推进。从项目启动之时，腾讯研究院就在项目总顾问张志东先生的指导下，开始了"科技产品向善"的案例研究，我们希望用一款一款具体的产品行动，来更清晰地定义和探索"科技如何向善"。

截至2019年年底，我们结合深度调研与案头梳理，重点研究了10余个案例，比如腾讯棋牌游戏的健康系统、微信的反"洗稿"机制、腾讯新闻与微信的辟谣工具、阿里巴巴的蚂蚁森林项目、苹果手机的屏幕时间管理功能等。

通过对这些案例的梳理，我们发现**产品层面的科技向善已成为重要的创新能力：好的案例往往能够创造性地解决社会痛点，并推动自身产品发展。它兼顾用户体验与产品收益，平衡社会影响与商业价值，用长期效果赢取口碑、忠诚度与竞争力。**当然，产品层面的向善也不限于一方之举，同样需要广大用户对产品的互动参与，一些复杂问题的解决亦需要政府机构、NGO（非政府组织）等多元社会主体联动，整合资源、共同搭建解决问题的闭环。

当然，案例的实践与研究不是一蹴而就的，由于部分产品尚在迭代探索阶段，以及案头资料来源不够充分，部分案例的长期效果仍然有待观察，但这些案例代表了科技向善在不同领域的探索。我们也希望用这些案例作为铺路石，用脚踏实地、一步一个脚印的尝试与探索，去持续回答"科技如何向善"这个更具挑战的难题；更期待这些案例和那些未被纳入的探索与实践，能成为星星之火，启发并点燃社会各界的集体行动——

我们期待科技企业在自己的产品与服务中将"向善"作为默认设置；

我们期待政府对新技术发展采取审慎包容式监管，平衡多重目标；

我们期待学术界持续突破难题，指引科技与人类命运的前途；

我们期待公众冷静理性，积极反馈，分享建议；

我们期待每一个人，都以"科技向善"作为普适价值与行动准则，共建一个我们所有人都期待的数字社会。

可以说，"科技向善"这场大型社会实践的下半场才刚刚开始，而且没有终点，每个人的行为都会影响它的结果，每一个数字公民都无法置身事外。

因为相信，所以看见。"科技向善"呼应了人性中的善良，之所以相信"科技向善"，其实并非因为对科技发展的信心，而是出于对人性的信心。数字化浪潮中数字社会的信任、秩序与规则建设，是人类共同的挑战，因此，"科技向善"是一个时代命题，也是数字社会的共同准则和目标。我们期待"科技向善"能够让这一轮新技术革命为我们带来更美好的数字文明与未来。

目录

C O N T E N T S

第一章 大科技时代：新技术应用的机遇与挑战

第二章 | 共建信任基石：向善是一种选择

第三章 集体行动：共建科技向善的世界

第四章　关于未来的更多思考

第一章

大科技时代：新技术应用的机遇与挑战

技术进步是经济长期持续增长的源泉。数字技术的不断创新和蓬勃发展，给经济社会带来了全面深刻的变革，逐步改变人们的生产和生活方式，推动人类文明向前发展。

2020年是5G商用的关键时期，相关产业正在加速探索应用创新。较4G而言，5G网络各方面性能将获百倍提升，有望催生一大批"新技术"、"新应用"与"新业态"，极大地促进产业互联网的繁荣发展。比如，5G通信的超高宽带传输和较低的流量单价策略，为4K/8K视频、AR/VR、云游戏等4G时代较难实现的业务提供了较好的落地基础。而社交、内容等在4G时代已被证明的成功应用，也有望结合新技术率先领跑。

当然，5G更大的蓝海在尚未充分连接的B端，尤其是工业领域。凭借5G高通量、低时延的响应能力，以远程机器监测、操控为首的技术正在不断发展，并在工业、医疗、无人驾驶等应用场合进行了较深度的测试与试商用。此外，人工智能、区块链等前沿技术也有望在5G技术的激发下迎来爆发式发展。

但同时，新技术应用及其影响范围广泛，机理复杂，加之技术本身不断发展进化，如何有效应对新技术应用带来的风险挑战仍是一项重要课题。这需要我们秉承"科技向善"的理念，加强对新技术客观规律的深入研究和认真探讨，这样才能确保新技术正向价值的充分发挥，减少新技术带来的负面影响，使技术发展的成果更多惠及全体人民。

人工智能应用，要规则先行

在过去60年间，人工智能的发展历经三起两落。2016年，以人工智能在围棋领域战胜人类棋手为标志，相关应用和技术进入爆发期，这一年也被称为"人工智能元年"。在各国人工智能战略和资本市场的助推下，人工智能的企业、产品和服务层出不穷。第三次人工智能浪潮已经到来。一方面，人们在研发可以提高生产力和经济效益的人工智能应用（所谓"弱人工智能"）方面，不断取得突破；另一方面，人们也在继续探寻有望超越人类的"强人工智能"。

从国内来看，除了在国家层面不断出台促进人工智能与实体经济的深度融合的政策和规划，北京、上海、深圳等地也陆续出台相关配套政策或文件，鼓励人工智能产业化应用落地。具体到应用场景来看，经过多年的积累，视觉、语音等基础技术逐渐达到商用标准，相关企业体系已经呈现出相对完整的产业格局，计算机视觉、自然语言处理、机器学习类企业约占人工智能企业总量的75%[1]。

在具体应用方面，视觉的场景应用最为成熟，被广泛应用于安防、金

---

1 鲸准，《一级市场金融数据服务品牌》，https://insight.jingdata.com/。

融、智慧零售等领域，且领域内企业已进入快速成长期和商业化阶段。自然语言处理亦获得了重大突破，各大科技公司纷纷布局，推出各类基于语音交换的智能音箱、智能穿戴等产品，并通过语音入口，企图开启新一轮场景之争。机器学习表现出更广泛的渗透性，已嵌套进各类大数据应用或底层算法中，如电商、金融、教育、娱乐场景下的个性化推荐。

一、人工智能伦理问题引关注

伴随着人工智能应用的深入，对待这一技术也出现了两种不同声音。一边是公众舆论对强人工智能和超人工智能可能失控、威胁人类生存的未来主义式的担忧和警告；另一边是产业界从功用和商业角度出发，目前已经在自动驾驶、图像识别、智能机器人等诸多领域取得了长足进步，鼓励对人工智能研发和应用的持续探索。与此同时，很多技术研发人员认为人工智能不可能超越人类，威胁论是杞人忧天。

在弱人工智能时代，人类对于机器的喜明显大于忧，机器可以搬运重物，机器可以无人驾驶，机器可以快速计算……随着技术的突飞猛进，人工智能逐步可以实现某种可计算的感知、认知和行为，在功能上模拟人的智能和行动，表现出对人类思维这一区别人类和其他生物的核心器官的替代。人工智能不再是单纯的工具，开始不断模糊物理世界和个人的界限，这刷新了人的认知和社会关系，延伸出复杂的伦理、法律和安全问题。

回顾计算机技术发展的历史，可以发现，计算机、机器人等人类手中的昔日工具，正在成为某种程度上具有一定自主性的能动体，开始替代人类进行决策或者从事任务。而这些事情之前一直被认为只能存在于科幻文学作品中。

可以预见，决策让渡将越来越普遍。背后的经济动因是，人们相信或者希望人工智能的决策、判断和行动是优于人类的，至少可以和人类不相伯仲，从而把人类从重复、琐碎的工作中解放出来。以自动驾驶汽车为例，在交通领域，90%的交通事故与人为的错误有关，而搭载着GPS、雷达、摄像头、各种传感器的自动驾驶汽车，被赋予了人造的眼睛、耳朵，其反应速度更快，做出的判断更优，有望减少人为原因造成的交通事故。

但在另一个层面，由于人工智能在决策和行动的自主性上正在脱离被动工具的范畴，其判断和行为如何能够符合人类的真实意图和价值观，符合法律及伦理等规范？在希腊神话中，迈达斯国王如愿以偿地得到了点金术，但却悲剧性地发现，凡是他碰触过的东西都会变成金子，包括他吃的食物、他身边的亲人等。人工智能是否会成为类似的点金术？家庭机器人是否会为了做饭而宰杀宠物？以清除病人痛苦为目的的看护机器人是否会替人类选择结束生命？诸如此类。

在人工智能代替人做决策的过程中，无论是图像识别还是强人工智能，都会面临一个问题：机器的决策是否与人一样，具有某种随机的应急反应特征，这其实是伦理的问题。

因此，可以看到，人工智能这一领域天然游走于科技与人文之间，其中既需要数学、统计学、数理逻辑、计算机科学、神经科学等学科的贡献，也需要哲学、心理学、认知科学、法学、社会学等学科的参与。2017年7月，在国务院发布的《新一代人工智能发展规划》中，"人工智能伦理"这一字眼出现了15次之多。未来，对人工智能进行多学科、多维度研究和探讨的重大意义，将逐步显现出来。

科学技术的进步很可能引发一些人类不希望出现的问题。英国哲学家大卫·科林格里奇在《技术的社会控制》一书中提到："一项技术的社会后果不能在技术生命的早期被预料到。然而，当不希望的后果被发现时，技术却往往已经成为整个经济和社会结构的一部分，以至于对它的控制十分困难。"这就是控制的困境，也被称为"科林格里奇困境"。

随着人工智能相关应用的深入，我们需要处理日益复杂的情况以及可能引发的安全问题。要避免人工智能技术创新的治理陷入科林格里奇困境，就必须预先研判，提前布局。尽管人们对人工智能未来将走向何方众说纷纭，但对人工智能加以伦理规制，已经成为一个基本共识。

设定人工智能行业的统一规则是很有必要的。如果没有规则，或者仅靠企业自己设定规则，那么产业的发展将受到限制。在遇到新技术时，以往的方法是技术先发展，等到技术成熟之后再制定规则，但是对于人工智能，可能要规则先行。

二、各界关于科技伦理的研究

当前，人工智能和包括机器人在内的智能化自动系统的普遍应用，不仅仅是一场结果未知的开放性的科技创新，更将是人类文明史上影响甚为深远的社会伦理试验。因此，英国上议院、欧盟委员会、阿西洛马会议、美国计算机协会、韩国国会、德国交通部伦理委员会、谷歌、腾讯、百度、IBM等组织和机构也纷纷提出相关伦理原则，尽量避免AI技术对人类社会的冲击和危害。

2018年4月，英国上议院发布报告《英国人工智能：发展的计划、能力与志向》（*AI in the UK: ready，willing and able?*），人工智能特别委员会主席钟斯勋爵（Lord Clement-Jones）指出："在人工智能的发展和应用中，伦理必须占据中心地位。"在伦理道德方面，这份报告起草了纲领性的五大原则，包括发展人工智能是为了人类的共同利益；人工智能应当保证公平，并且让人容易理解；人工智能不应当被用来侵犯人们的隐私；所有公民都有权利接受教育，使他们能在精神、情感与经济上和人工智能一起繁荣发展；人工智能不应被赋予伤害、破坏或欺骗人类的自主能力。

2019年4月，欧盟委员会发布《可信赖的人工智能道德准则》。该准则是由欧盟委员会2018年12月公布的《人工智能道德准则草案》演变而来，提出了实现可信赖人工智能的七个要素，要求不得使用公民个人资料做出伤害或歧视他们的行为。同时，欧盟委员会宣布启动人工智能道德准则的试行阶段，邀请产业界、研究机构和政府机构对人工智能道德准则进行测试和补充。这份人工智能道德准则提出了实现可信赖人工智能的七个要素，分别是人的能动性和监督，稳健性和安全性，隐私和数据管理，透明度，多样性、非歧视性和公平性，社会和环境福祉，问责。

2018年6月，谷歌公布了人工智能七大指导原则，阐述谷歌在研发和使用AI时将遵循的目标。这七项原则包括对社会有益，避免制造或加剧偏见，提前测试以保证安全，对人类负责，保证隐私，坚持科学高标准，从主要用途、技术独特性、规模等方面来权衡。此外，谷歌提出了四种坚决反对、也不会发展的人工智能技术，包括导致或可能造成整体伤害的技术、武器或其他用于直接伤害人类的技术、违反国际规范收集或使用信息进行监视的技术、违反被广泛接受的国际法和人权原则的技术。

为使人工智能发展符合人类伦理道德，腾讯公司董事会主席兼首席执行官马化腾在2018世界人工智能大会上提出了"四可"原则，即可知、可控、可用和可靠。腾讯公司积极促进人工智能正向价值的发挥，重点打造"救命的AI"。腾讯觅影是首款将人工智能技术运用在医学领域的产品，它能够辅助医生筛查食管癌、肺结节、糖尿病、视网膜病变、结直肠肿瘤、乳腺癌等疾病，是医生的"数字化助手"。基于人脸识别技术，腾讯优图实验室联合福建省公安厅打造"牵挂你"防走失平台，该平台上线14个月就成功找回681人。人工智能正朝着向善方向大步向前。

与人工智能类似，机器人、基因编辑、大数据、3D打印和纳米技术等前沿科技都可能会引发伦理道德危机，其中涉及的数据滥用、个人隐私和歧视问题，具有一定的相似性。这些伦理危机如不能提前预防、有效化解，对前沿技术的发展将造成严重阻碍。对此，我们应从战略上高度重视前沿技术的影响研究与应对，积极探索契合前沿科技发展的伦理准则。

　　人类社会需要在其发展的所有阶段积极主动地考虑新技术的伦理规范、法律体系和社会影响，而不是采取自由放任的做法，到事后再应对挑战。这需要政府、企业、学术界和社会多元机构相互合作，促进新技术的伦理标准和法律体系的发展。

弥合数字鸿沟，释放数字红利

我们正身处人类有史以来最伟大的数字革命进程之中。与之前历次技术革新的传播速度相比，数字技术普及到发展中国家的速度要快很多。蒸汽轮船发明160年后，印度尼西亚才享受到其便利；电力产生60年后，肯尼亚才通上电；而计算机出现15年后，就应用到了越南；手机和互联网只花了几年时间就出现在发展中国家。如图1所示，世界相对贫困的20%的家庭中，将近70%的家庭拥有手机[1]。更多贫困家庭拥有手机，而非厕所或清洁用水。

相较其他技术，数字技术是一种更为普惠的技术。我们必须充分利用技术迅速变革的契机，建设更为繁荣与包容的世界。虽然和过往的技术应用相比，其普

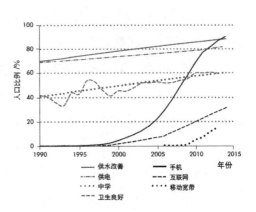

图1　数字技术在发展中国家普及迅速（来源：世界银行）

---

1 世界银行：《2016年世界发展报告·数字红利》，2016年。

及率大大加快，但在数字技术普及的过程中，还有许多无法利用数字技术的人落在后面，无法充分参与数字经济，也正因此，数字红利仍未得到充分释放。

一、数字鸿沟的表现

数字鸿沟又称为信息鸿沟，是指数字技术在全球的发展和应用所造成或拉大的国与国之间以及国家内部群体之间的差距，主要包括数字基础设施接入和使用两个方面。

一直以来，世界发达国家与发展中国家之间存在着明显的数字鸿沟。发展中国家的互联网使用人口比例不到发达国家的一半，而非洲只有发展中经济体平均水平的一半。一些发展中国家甚至未曾拥有先进的信息与通信技术（ICT），尚未建设现代的电信基础设施，可用的宽带连接往往速度较缓慢且昂贵，ICT人才极度缺乏，它们与发达国家的数字鸿沟正在不断拉大，无法享有平等的数字红利。

各国内部的数字鸿沟，主要表现在不同地区、不同阶层、不同年龄、不同性别以及城乡之间数字接入和使用的差异。发展中国家在实现全网覆盖方面仍面临严峻挑战，必须采取创新方法加速网络的普及。我国东西部、城乡之间在网络接入方面存在明显的差距。截至2018年第四季度，固定宽带家庭普及率，东部地区达到98.8%，分别比中部地区和西部地区高22.1和18.6个百分点；移动宽带用户普及率，东部地区达到108.0%，分别比中部地区和西部地区高29.2和19.9个百分点[1]。截至2018年12月，我国农村互联网普及率为38.4%，城镇互联网普及率为74.6%[2]。

残障人士在生活和工作中已有极大不便。在数字时代，人们更应通过数

---

1 宽带发展联盟：《中国宽带普及状况报告》，2019年。
2 数据来源：中国互联网络信息中心（CNNIC）。

字技术为残疾人创造合理便利条件，弥合数字鸿沟。腾讯秉持"科技向善"的理念，努力让所有人能平等、方便、无障碍地获取并利用信息，多款产品已针对残障用户进行优化。例如，手机QQ已实现2425个无障碍特性，开发出声纹加好友、QQ表情读取、语音发红包等创新功能，无障碍功能全年有超6000万人次在使用。此外，为促进残疾人包容发展，联合国教科文组织设立了"数字赋能残疾人奖"。而腾讯公司是全球首家获奖的企业，也是亚洲首个获奖的组织。

在数字技能方面也存在着一条"鸿沟"。数字技术提高了生产力，令许多工作自动化，但如果劳动者不掌握相关的数字化技能，就会导致更严重的不平等。在许多发展中国家，常规劳动所占国民收入份额大幅下降，越来越多的收入流向资本而非劳动力。另一个相关趋势是劳动市场的两极化或空心化，高技能与低技能岗位的就业比例提高，而中等技能岗位的就业率在大多数发展中国家都有所下降。

二、弥合数字鸿沟

数字鸿沟的产生与发展水平密切相关，但其存在不利于数字技术的扩散应用和数字经济的持续发展。若数字化只能惠及少数人，不仅会削弱投资激励措施的力度，还会抑制数字溢出效应。世界银行原行长金墉指出："有史以来信息通信的最大飞跃，只有惠及全球所有人，才具有真正的革命意义。"提高数字经济的参与度，将为消费者和企业家创造更多可能性，并为数字技术提供商持续创新提供动力。因此，在提升数字竞争力的同时，我们要兼顾公平，弥合数字鸿沟，让整个国家和地区共享数字红利，实现可持续发展。而想要弥合数字鸿沟，应从以下几步着手。

首先，加大网络基础设施建设的投入，促进网络普及。提供高质量的、个人可负担的宽带是保证数据中心、云计算、大数据和物联网等数字技术使用和发展的必要条件。因此，发展中国家有必要加快建设高覆盖率、高速、可靠的数字基础设施，以缩小与发达国家之间的差距，也缩小国家内部不同地区的差距，从而减小收入、个体经济参与度等方面的差距。

其次，提高网络使用能力，释放网络服务潜在需求。低收入国家互联网使用率低的主要原因是人们的购买力较低，对互联网的认识缺乏，对网络环境的信任也较缺乏。根据联合国贸发组织宽带委员会的研究结果，可以通过采取以下措施来促进人们使用互联网：

（1）向弱势用户群体提供直接补贴，用于购买设备，从而降低其网络使用成本；

（2）降低该领域的增值税和ICT设备的进口关税；

（3）提供免费公共互联网接入服务；

（4）加强关于互联网内容、应用和服务的宣传；

（5）为不同层次的用户群体提供差异化的ICT技能培训，促进网络在家庭、学校和工作环境中使用的普及率。

最后，提高劳动者的数字技能，以适应数字经济发展需要。由于数字技术变革速度快，所需的技术种类也在快速变化，因此劳动者需要在整个职业生涯中不断更新数字经济所需技能。在此方面，政府可以提供有效的激励机制，让企业和劳动者建立终生学习的体系。同时，面对劳动市场的变化，政府也需要完善社会保障和征税体系。

数字技术促进就业的结构性变革

技术是增长之源，就业是民生之本。让每个人有体面的工作，是最大的"善举"。数字技术的发展，一方面提高了人们的生活品质，另一方面，却有可能使一部分人失去工作，带来"技术性失业"。

历次技术变革对就业的影响大致如下，技术进步会节约劳动力，最初可能会对就业产生消极影响。随着技术加速增长产生的乘数效应，最终会创造新的就业机会。尽管技术进步对就业的整体影响是积极的，但由于这一过程需要较长时间，且对各类人群影响不一，因而人们对技术性失业的担忧一直存在。

一、数字技术淘汰部分就业岗位

人类发明机器的最初目的就在于替代工作场所的人力劳动。数字技术的进步，将推动传统产业转型升级，接管一部分原本由人执行的工作，改变就业市场，这给一部分人带来了阵痛。

数字技术对各行业就业的影响大小不同，与各行业特点有关。印度尼西亚和菲律宾将有超过85%的零售工人被自动化销售替代[1]；东南亚的纺织、服装和鞋类行业中，面临失业危机的工人比例也非常高。麦肯锡在2017年发布的研究报告《未来的工作——自动化、就业和生产力》中提出，中国、印度、日本和美国这四大经济体将有2/3的雇员会被自动化取代，技术可行性、开发和部署解决方案的成本、劳动力市场动态、经济效益、监管和社会接受度五个关键因素将影响自动化的普及速度和程度。

二、数字技术创造新的就业岗位

在过去的一个世纪中，机器在很多任务中取代了工人。然而，从总体而言，技术进步创造的工作岗位数量大于其淘汰的岗位数量。正如马克思在《资本论》中所言："虽然机器在应用它的劳动部门中必然排挤工人，但是它能引起其他劳动部门就业岗位的增加。"技术进步通过降低常规工作对工人的需求量，提高了许多部门的劳动生产率。而且通过这样的做法，技术的发展打开了通往新领域的大门。数字技术的广泛应用无疑会创造新的就业岗位和职业类型。2019年4月，人社部、国家市场监管总局、国家统计局发布了13个新职业信息，其中有12个职业是因数字技术而产生的。

相对而言，数字技术直接创造的就业数量比较有限，但间接支持的就业非常可观。在美国，一个高科技职位能在其他部门带动产生4.9个职位[2]。微信就是个很好的例子，2018年微信带动的直接就业机会有527万个，其带动的总就业机会达2235万个[3]。数字技术的广泛应用，给许多人的生活带来了更多的选择，也让人们的生活更为便利。通过包容、效率和创新，数字技术为贫困及弱势人口提供了以前无法企及的机会。

---

1 联合国贸易和发展会议（UNCTAD）：《2017年信息经济报告》，2017年10月。
2 世界银行集团：《2016年世界发展报告·数字红利》，2016年3月。
3 微信、中国信通院、数字中国研究中心：《微信就业影响力报告》，2019年3月。

与此同时，数字技术还能提高人们的收入水平。作为一种先进生产力，数字技术的赋能效应、倍增效应十分显著。数字技术从业人员具有更高的收入水平。根据美国商务部经济分析局数据，2017年美国数字经济领域雇员的平均年薪高达13.2万美元，是全美平均薪酬的1.93倍。数字技术越密集的工作岗位，其薪水水平就越高。英国纯数字技术工作岗位的平均年薪为42578英镑，不需要数字技术的岗位平均年薪为32477英镑，需要一部分数字技术的工作岗位的平均年薪为35277英镑[1]。

三、人机协作将是未来

机器替代人工也有限制。卡耐基梅隆大学机器人研究所汉斯·莫拉维克指出："让计算机在智力测试或者下棋中展现出一个成年人的水平是相对容易的，但是要让计算机拥有犹如一岁小孩般的感知和行动能力却是相当困难甚至是不可能的。"这便是人工智能和机器人领域著名的莫拉维克悖论。

莫拉维克悖论指出：和传统假设不同，对计算机而言，实现逻辑推理等人类高级智慧只需要相对很少的计算能力，而实现感知、运动等低等级智慧却需要巨大的计算资源。

几十年来，机器人和人工智能虽然在智力上已经达到了很高的境界，但依旧难以拥有看似简单的与物理世界交互的能力。和机器相比，人类拥有巨大的灵活性优势。因此，未来不是"机器换人"，而是"人机协作"，机器作为人类的工作伙伴、工作助手，人类与机器共同协作把工作完成。

总之，技术进步对就业影响的内部机制是非常复杂的。既有挑战，更会创造新的机会。只要应对得当，就可以更好地提升人类福祉。

---

1 英国科技信息平台（Tech Nation）：《科技国家2018年报告》（*Tech Nation Report 2018*），2018年5月。

重视网络安全，加强用户隐私保护

安全与隐私问题一直伴随着互联网的发展。随着人们在互联网上花费的时间越来越多，这一问题在近年变得更加重要。

一、网络安全日益成为重中之重

"没有网络安全，就没有国家安全。"当前，世界范围内非传统安全问题凸显，网络安全日益成为国家安全的重中之重。

网络信息安全威胁持续呈高发态势，网络攻击、网络犯罪、隐私泄露等各类安全问题日益突出，网络安全成为事关世界各国和地区安全的重要问题。欧盟网络与信息安全局表示，78%的网站存在安全漏洞，其中15%属于重大漏洞。美国联邦调查局表示，僵尸网络给美国造成的损失高达90亿美元，给全球造成的总损失约为1100亿美元，每年全球大约有5亿台主机受害。

随着数字化、网络化和智能化的发展，越来越多的物理设备连接在一起，容易受到来自网络的攻击并逐级放大，产生"多米诺骨牌"效应。加上目前物联网的安全防护较为薄弱，导致保障物联网安全的难度远远大于互联网。市场调查机构HIS的数据显示，到2025年全球智慧城市相关设备的出货量将增长至12亿台，但很多物联网设备安全防护不足甚至没有安全防护，特别是关键信息基础设施网络安全形势日趋严峻。物联网的发展带来了前所未有的网络安全挑战。

二、用户隐私保护问题愈加迫切

数字经济时代的重要特点是网络广泛连接、数据大量流动。人、机、物等通过网络连接在一起，同时信息被数字化后，人们采集、获取数据和信息变得更加容易。由于数据中蕴藏着价值，包含着重要的信息（特别是用户隐私），数据的不当利用将给人们带来重大损害。因此，需要确保数据安全，防止用户隐私泄露。

滥采滥用数据将给个人权益带来损害。部分智能手机应用程序在消费者使用过程中违规搜集消费者的行踪、偏好、人际关系和个人习惯等数据信息，有时这些信息甚至会在使用者并未意识到的情况下被收集。通过分析个人信息，互联网商家可以给每个用户定向提供搜索结果，甚至是屡禁不止的虚假广告。特别是一些企业利用大数据和人工智能对消费者进行价格歧视，根据消费者的行为、需求和支付意愿实时调整产品或服务的价格，即"大数据杀熟"。由于利益驱动，个人信息的非法获取、交易和利用已经形成了黑色产业链条。个人信息泄露，轻则造成财产受损，重则可能会影响个人的身心健康和人身安全。

用户数据泄露也会给社会带来冲击和影响。比如，通过对人口健康数据、基因数据的挖掘可以得出国民身体健康的趋势，通过对移动支付的数据挖掘可以得出精准的国民消费等金融数据，通过对文化大数据分析可以得出国民的文化喜好和心理意识等，这些数据可能会从多个维度影响社会行为与安全。

2017年12月，国家信息安全标准化技术委员会发布了《信息安全技术个人信息安全规范》，明确了个人信息的收集、保存、使用、共享的合规要求，为个人信息保护提供了指引。未来，还需要进一步完善数据安全保护的规章制度和标准，明确数据在收集、使用、处理、交易等各环节的安全要求，加强数据资源的监督管理和风险评估，提升数据保护能力，从而为数字经济发展保驾护航。

第二章

共建信任基石：**向善是一种选择**

"科技向善"项目提出以来，经常会被问到的几个问题是：为什么现在提科技向善，如何定义科技向善，判断善和恶的标准是什么，科技向善是否和商业兼容……

这些问题的提出，是一个项目从理念到落地过程中必经的一项挑战，也正是这些问题，不断促进我们思考，推进项目不断深化。我们根据自己的思考和项目实践，把我们经常遇到的问题汇总起来，总结为五个方面的核心问题，进行了回答，也即前言中所提到的科技向善的五个核心问题。

在科技向善成为公司使命愿景的过程中，为进一步提升对科技向善的认知，我们带着这些问题拜访和请教了更多学界和业界的专家大咖。他们有当代国际顶尖的社会学家和传播学者、全球知名计算机科学家，也有来自法律、管理、生命科学、艺术等多元领域的学者，以及来自风险投资和业界的大咖。

正是他们的多元视角和前沿思考，让我们对与科技向善相关的认知有了进一步提升。科技向善并不是数字时代的"特产"，而是工业时代技术向善的一种延续，只是向善的载体和机制在不断演变；虽然向善的目标是提升社会福祉，但可能并不适合用一刀切的方式来定义"善"，每个主体、机构的定位和使命不同，其践行向善的方式也会有区别，因此推动科技向善的关键不是要定义"善"，而是要推动"向善"；科技向善从企业的自主选择到成为默认选项，再到成为科技产品的商业竞争力，需要构建宏观、中观、微观的机制保障，为"向善"的行为建立明确的反馈机制。

这些来自多元领域专家学者、业界大咖的观点和建议，不仅拓展了对科技向善的认知，也为更好推进科技向善落地提供了切实可行的建议和措施。

曼纽尔·卡斯特：
"善"应成为科技产品的商业竞争力

作为当代国际顶尖的社会学家和传播学者，曼纽尔·卡斯特（Manuel Castells）教授写于 20 年前的重磅巨著"信息时代三部曲"《网络社会的崛起》《认同的力量》《千年的终结》，可以说开启了社会科学领域对信息技术与其社会影响的研究。这三部著作从出版至今对学术界的相关研究具有重大影响。伴随互联网技术这些年在全球范围内的爆发式应用，这三部著作更显示出其准确的预言性、惊人的前瞻性与无可替代的价值。

卡斯特教授以一名社会学家和传播学者的细致观察与分析，很早就对早期互联网崛起时极客们流露出的乌托邦倾向提出了质疑。他一直强调技术与社会之间复杂互动的关系，强调技术的文化属性，并保持着对信息技术发展带来的各种新型社会问题的关注和担忧。关于"科技向善"的问题，卡斯特教授通过邮件答复了腾讯研究院。虽然言简意赅，却一针见血，字字珠玑。

如何评价近20年来互联网产品和服务带来的改变？你认为，最大的成就与最大的问题何在？

曼纽尔·卡斯特：互联网彻底变革了人类活动和个人生活。它本身无所谓好或者坏。它是我们社会——这个网络化社会运行的基础，就像电力之于工业时代。

互联网最伟大的成就是它将一切都连接起来并且网络化了，包括所有人和所有事，包括触达海量信息、自由沟通、打破信息垄断和沟通管制等。而它带来的最大的问题，在于人们隐私的丧失，以及我们被数据商品化的这种转变。

互联网、人工智能这一波技术革命，与工业革命对经济社会的改变、对人们的挑战，是否相同？有哪些可以借鉴的经验，有哪些需要警惕的？

曼纽尔·卡斯特：工业革命彻底改变了能源生产和分配的模式，而互联网改变的是信息生产和分配的模式。相比之下，我认为互联网带来的变革更加深刻，因为我们是信息生物，我们的大脑在所有物种中是独一无二的，如今，可以说，人类大脑已经全部相连。

人类正面临着同样的挑战：在不知道很多技术产品运行代码和机制的情况下，我们不得不去使用这些产品，大多数人对此是恐惧的。这种不可知性、不可控性，意味着技术越强大，它们潜在的破坏力也就越大。工业革命引发了两次世界大战和对第三世界的剥削，并建立了一个新的生产系统。这个系统威胁着人类在地球上的生存，由此它引发了一系列气候问题，而气候问题恰恰是这个生产系统最引以为傲的汽车工业造成的。

你如何理解科技向善？

曼纽尔·卡斯特：改善健康、教育环境，推动社会平等、两性平等和环境保护，并将这些工作都集成在负责任、民主的治理体系中。

你认为有哪些互联网产品或服务是科技向善的好例子？又有哪些是负面例子？

曼纽尔·卡斯特： 教育工具和应用往往是好的。目前的一些游戏应用不太好。

践行科技向善，你觉得科技公司最应该做什么？

曼纽尔·卡斯特： 在发布产品之前，应该像测试产品的功能性一样测试产品的社会影响。

科技公司践行科技向善，你觉得最大的困难何在？

曼纽尔·卡斯特： 它们有可能被并不怎么善良的公司从商业上击败。它们应该获得一个"善"的认证，类似于技术专利，这能让消费者信任它们，从而获得更多市场优势。

你个人最为关切的，科技对人与社会影响的问题是什么？

曼纽尔·卡斯特： 是信息技术对我们大脑的入侵，无论是控制还是沉迷，我们正逐渐成为高度自动化机器的奴隶。

玛格丽特·奎惠斯：

技术不是目的，更好的世界才是目的

斯坦福大学和平创新实验室（Peace Innovation Lab）是最早关注数字化技术对用户带来的各种潜在威胁的机构之一，而且实验室以"劝导技术"（persuasive technology）的方式，从代码层面深入介入一些互联网产品的测试、设计、改进工作，比如社交媒体上女性用户的安全问题等，致力于制定通用标准，帮助新技术产品变得更加公平、多元、友好。其出发点与目标，与"科技向善"不谋而合，具体实践也极具启发和探索意义，非常值得期待。

玛格丽特·奎惠斯（Margarita Quihuis）作为斯坦福和平创新实验室主任、"劝导技术"实验室核心成员，和腾讯研究院分享了他们团队的想法和做法。

你如何评价过去几十年互联网产品和服务带来的改变？它最显著的成就和最大的问题是什么？

玛格丽特·奎惠斯：对于当下的每个人来说，新兴的技术产品让人类拥有更多可能性。比如，20世纪90年代初的互联网有极强的人道主义目的，它将人们团结在一起、让家庭重聚，真诚地相互连接，这在历史上是绝无仅有的。

然而，让我们没有想到的是技术的武器化。20世纪90年代初期，很多人认为，人们会像对待另一个人一样对待技术。然而在现实人与技术的互动中，技术其实无法像人一样去影响另一个人，它会直接说服人们去做一些事情，在后续的测试中技术的这种说服力也会被证实。这说明技术有潜在的威胁，但同时并没有太多人关注我们如何去避免技术的威胁。在这种环境中，很多人在不知不觉中就利用技术做了坏的事情。如果将技术比喻成一种影响力或说服力，它可以鼓舞、说服别人成为更好的人，同时也有可能利用说服力驱使人们做糟糕的事情。这些说服的技能和策略是相同的，只是看它被用于好的结果还是坏的结果。

显而易见的是，技术已经被用于做坏的事情，但是我们没有意识到问题的严重性，更别说评估它的风险，所以我们也无法从社会、经济、政治的层面采取任何措施。这也是为什么斯坦福大学希望关注技术带来的问题，去研究技术伦理学、产品设计伦理等。我们希望创造一个基于价值而非基于效用的世界，只追求利润、投入回报比、商业战略会让企业损失很多，比如损失信誉、尊重，这种损失是用金钱难以弥补的。

你如何理解科技向善？

玛格丽特·奎惠斯：我们做的事情和科技向善是一脉相承的。我们经常谈论伦理道德，不要这样做，不要那样做。但如果从一张白纸开始，我们想要生活的世界是什么样的？有花、有草、有新鲜空气……然后我们开始填充这张图片，并逐渐让它成为现实。如果我们从不想要的东西出发，工程师会无从下手，所以我们需要彻底想象10年、20年后我们期待怎样的世界，并朝着这个方向努力。我们需要拥有技术，并尝试找到目标，将其传达给工程师们。总而言之，技术不是目的，创造更好的世界才是。

作为一个行为设计师（behavior designer），你如何将价值伦理运用到产品实践中？

玛格丽特·奎惠斯：我们有一套数据标准，可以用这套标准去测量产品，让测试结果来说明产品效果是不是人们所期待看到的。不同的产品经理看待世界的方式不同，他们做出来的产品对用户影响的差异也会很大。比如，一些社交平台主要是由男性设计的，很多男性对安全的敏感度远远没有女性高。身为女性，如果我们置身于一段糟糕的关系中，也许会被困住、被骚扰，甚至有遭遇暴力的风险。如果这种风险发生在社交平台上，可能很难被男性工程师所感知。但试想一下，如果发现这种风险的是女性工程师，她们也许会提出一些方法来阻止这些潜在暴力的发生。

我们下一步要做的是将我们的标准产品化，即设计一套可以记录的嵌入代码。我们可以凭借这一代码来检测用户是否正在遭受骚扰或是发生异常，然后请工程师立即进行修正。标准产品化最大的好处在于，如果事情正在往不好的方向发展，我们能早早发现苗头加以控制，而不是像50年前，香烟已经对人们身体产生了负面影响，直到多年后癌症被发现才意识到这个问题。

面对人工智能，我们也建立了以人为本的人工智能研究院（Stanford Institute for Human-Centered Artificial Intelligence），去探究当下算法的公正性如何。因为算法是人在设计和控制，但他们甚至可能并不知道机器和数据集本身是含有偏见的，计算机进一步学习有偏见的数据，产生有偏见的结果。这就跟教育孩子一样，人们不会故意教小孩子一些不好的东西，都希望他们礼貌、正直。机器和数据是一样的道理。

你认为，技术公司践行科技向善的动力何在?

玛格丽特·奎惠斯：有一些外部动力。政法监管部门出台相关法律，对科技公司的行为进行规制，认为互联网平台上的某些功能成为暴力事件的帮凶，其平台效应是推动者。外部的强监管所很快让互联网产品变得安全。

同时，有很多年轻企业家，他们确实希望做正确的事情，用技术让世界变得更加美好。我们可以为他们提供工具和框架，他们也十分愿意采用，因为他们正在变得越来越价值导向。

事实上，我们的社会正在面临严重的问题，气候危机、社会极化、信任崩塌，如果我们无法信任彼此，就无法协作解决当下的难题。所以更多的年轻一代会意识到，如果不去做正确的事情，去解决真正的问题，我们甚至会难以生存。

在科技公司实践科技向善的过程中，最大的挑战是什么? 意识还是行动?

玛格丽特·奎惠斯：我觉得最重要的是意识的变化，然后才有做某事的欲望。但是当下的情况是，很多企业在转变的过程中害怕风险，或者不知道如何改变，所以我们致力于研究系统性创新，帮助企业实现积极的转变。

和平创新实验室如何定义自己的角色? 更倾向于和年轻企业家合作，还是独立制定标准?

玛格丽特·奎惠斯：我们制定标准，并将标准工具化给予企业使用，同时，我们也跟企业合作。理由很简单：谁具有充足的人力、资金来创新性解决问题? 当然是企业。我花很多时间去跟想要创新和转型的公司CEO沟通，帮助他们制定转型策略，我的要求是他们的业务必须对社会产生积极的影响、能塑造合格的公民。我认为，对于很多已有市场规模的公司来说，还有很多有社会意义的事情可以做，同时这些事情可以盈利，也可以解决社会问题，并且我们可以用技术的方式快速实现这些需求。这是需要创造力和勇气的事情，有CEO惊喜地发现："哇，这真的可以实现！"所以，我们的机构更像一个保护伞，帮助企业开始一些创新性的尝试。

当下人工智能产品中的隐私问题，你认为是否有好的解决方案？

玛格丽特·奎惠斯： 当下的算法黑箱很像20世纪90年代的芯片黑箱问题，消费者并不关心电脑中的是AMD还是Intel芯片，于是Intel就在品牌战略活动中，请第三方来评估芯片的安全性，并将审查证书呈现给消费者，消费者当然愿意购买安全性更高的芯片。目前苹果手机在隐私上的策略也是这样，它会说：我们的手机和技术将保护你的隐私。隐私在某种意义上成为奢侈品，所以苹果的售价也更高一些。但是这种隐私策略让一些人成为苹果的死忠粉，最终隐私保护变成了市场竞争优势。

威廉姆·科瓦契奇：
强大的技术可能压倒选择"向善"的能力

威廉姆·科瓦契奇（William Kovacic）是英国竞争与市场管理局非执行董事、美国乔治·华盛顿大学教授，曾任美国联邦贸易委员会主席，在国际反垄断学术界和执法界具有巨大影响力，是当代国际最著名的竞争法专家之一。

作为对中国经济社会情况了解极深的学者，威廉姆·科瓦契奇在与腾讯研究院的对谈中，以全球化视野，从技术发展与公共政策的角度，分享了他对"科技向善"的深刻见解。

如何评价近20年来互联网产品和服务带来的改变？你认为，最大的成就与最大的问题何在？

威廉姆·科瓦契奇：总体而言，互联网为社会带来了大量福祉。在我看来，最重要的成就是，互联网鼓励越来越多的人去充分发挥自身潜能，实现健康的自我成长。比如说：互联网提供了新的工作方式，能够满足不同人的需求；提供了海量的知识接触渠道，使人们能在更大范围内参与学习；形成了新的人际交往方式，展现全世界不同人群的共有特质。

最大的问题是互联网为不端行为提供了更便利的工具。同时，互联网显著降低了欺诈行为的发生成本，并增大了任何一个国家搜查和处罚不法行为的难度。如果这些问题得不到解决，人们可能会因为风险问题而避免在互联网上交易。

互联网、人工智能这一波技术革命，与工业革命相比，对经济社会带来的改变，以及对人们带来的挑战，是否相同？有哪些可以借鉴的经验，有哪些需要警惕的潜在问题？

威廉姆·科瓦契奇：得益于科学技术和组织形态的迅猛发展，我们并不是第一批经历经济社会巨变的人。从19世纪90年代末到20世纪20年代，在这30年间，我们见证了无数变革性的技术、产品、服务的诞生：汽车、飞机、轮船、无线电、电话、收音机、电影以及作为发电手段的交流电。这些发明带来的变化一定会让生活在彼时的人们感到困惑不已。而今天的不同之处在于，变化发生的绝对和相对速度都已经在加快了。

我们可以通过几种方式获得早期的经验。其中最重要的一点是看到公共机构需要投入更多精力来研究当下不断发展的商业化进程，尽快扩充政策制定所依据的知识基础。过去的经验也强调了关注不当私人行为的重要性，同时，缺乏远见的公共政策会导致故步自封，阻碍人们享受新商业模式、新产品和新服务带来的便利。

过去的经验还表明，促进向新环境过渡的公共政策和社会保障措施的实施尤为重要，这可以有效缓解个人和地区因迅速的商业变革而遭受的打击。最后，被忽视的社会需求往往是引起社会不满的根源，10年前的金融危机暴露了美国政府规制和市场规制的双重失灵，也直接或者间接地导致了现今很多灾难的产生。我们应当避免在新的技术革命中重复当年的错误。

你如何理解科技向善？

威廉姆·科瓦契奇：这个概念似乎是包含了这样一种认知：考虑到新信息服务技术所蕴含的强大力量，企业的经营者有责任去关注他们经营的产品和服务所带来的深远社会影响。为了更重要的社会价值，企业有责任预见并减轻社会危害。

你认为有哪些互联网产品和服务是科技向善的例子？

威廉姆·科瓦契奇：科技向善的一个重要例子是，互联网成为一种优化教育的手段，使得个体最大化地发挥个人能力这一事情成为可能。教育的质量是个人能力成长的决定性因素。如今，许多公司都在努力铺开线上教育和其他指导项目，以求触达更广泛的受众。这一点在充分提高各国人民满足感、挖掘他们的潜能方面还大有可为。

第二个例子是医疗保健领域，过去无法抵达的边缘地区也能通过网络得到良好的医疗服务。第三个例子是手机银行，让偏远的地区也能获得针对初创企业和个人理财的核心服务。

践行科技向善，你觉得科技公司最应该做什么？

威廉姆·科瓦契奇：科技公司应该有意识地去努力，通过企业内部审议以及寻求广泛的外界协商，贡献出非同寻常的更具创新性的产品和服务，以助力于建立更好的社会。

科技公司践行科技向善，你觉得最大的困难何在？

威廉姆·科瓦契奇：一些公司并没有意识到它们存在于一个巨大的社会和政治环境之中，而社会赋予的重大责任不仅仅是实现收益最大化。这些公司也没有意识到在社会进步方面的付出，恰恰是它们未来成功和盈利的必要基础。

关于科技对人与社会影响，你最为关切的问题是什么？

威廉姆·科瓦契奇：我最大的担忧是技术如此强大，发展过于迅猛，以至于压倒了大多数人以及研究机构掌握技术和做出向善选择的能力。我担心这些技术的成长速度太快了，而这又同时伴随着极为重大的影响力。在这样的前提下，我们可能会在技术使用方面做出错误选择。一旦失去了对技术的控制，我们就成了技术灾难的制造者。

张志东：

信息过载时代，科技如何向善

大科技时代，各种新的社会问题和矛盾不断浮现。基于产品人的角度，应该如何去解决问题，如何建立正向的鼓励机制？作为"科技向善"理念的最早提出者，腾讯主要创始人张志东分享了他的看法。本文根据其在"2018科技向善论坛"上的发言整理而成。

我是一个"技术男"，从大学时代开始写程序和热衷互联网，几乎天天与电脑打交道。毕业后工作20多年，一直从事产品和技术类的工作，算是长年泡在电脑、手机、互联网里的资深网虫。对于数字化社会的"过载"问题以及产品技术问题，我想分享自己的一点思考。

这几年，智能手机给我带来了很多的便利，也给我带来了过载的苦恼。最直接的就是腰椎的毛病、视力的下降，这都和自己使用手机过多直接相关。很多时候，我睡觉前看手机，蹲马桶时也带着手机。孩子也会"投诉"我，说爸爸有时一边和家人吃饭，一边还拿起手机。

我从2017年开始用一个叫Moment的APP统计手机使用时长，想看看自己的时间到底是怎么分配的，是怎么被手机占用的，统计结果远远超过了自己的预估。手机使用时间少于3小时的，在一个月里没几天。使用时长达四五个小时的天数最多，超过六七个小时的天数也不鲜见。这个数据让我挺震动的。

图片摘自微信公众号：丁香医生

技术在给我们的生活带来许多方便的同时，也对身体健康产生很大的负面影响。近期在微信上看到一篇有关低头玩手机的文章，该文用2升的大可乐来类比低头看手机时颈部所承受的压力。

这个图片带给我挺大的触动，一台智能手机大约只有150～200克重，在不当使用和不好的姿势下，可以引发15～20千克的颈椎压力。

20年前，再前瞻的预测，也

很难想象到今天移动互联网带给人们的巨变。记得1999年的时候，中国互联网的网民不到百万级。当年有一个被广泛报道的赛事，叫网络72小时生存挑战赛。参赛者每人领到1000元钱，然后被关在酒店房间里，只能用PC和互联网，不能打电话和外出，看参赛者能否从网络上买到食物、水和生活用品，三天不出门也能生存。

20年后的今天再看这样的比赛，估计连小学生也觉得太简单，手机上的京东、美团APP一下就搞定你的多数需求了。我是一个乐观的科技主义者，过去20多年一直很热爱和享受科技和技术的进步给人们带来的便利。3年前我离任腾讯的管理团队后，可以有较多的时间来观察技术对社会的影响。

一方面，我深信在大科技时代技术会给人们带来巨大的赋能力量，科技将会取得一个又一个巨大突破；另一方面，我开始感觉到，大科技时代也会对社会带来巨大的冲击和产生新的社会问题。

今天，国内智能手机的用户已接近10亿量级。这个数字后面蕴藏着巨大的产业创新机遇，这是令人欣喜的地方。另一方面，智能手机帮人们骤然打开了一个极为便利的新世界，同时也会给人们的生活带来很多过载的冲击。

之前在网上也有一个非常有趣的视频《导向助手》（*Guiding Hand*），通过几个常见的场景，包括走路时、开车时、吃饭时、路边休息时，向我们展示了使用手机的人时刻都需要有人在旁边协助。

全面数字化的时代正在到来。我们说"改变"的时候，似乎都默认为是好的改变，我们对负面的改变关注的程度也许还比较低。一个好的应用可以通过移动互联网快速传播；同样，人性的弱点，也会被同时放大，人们容易在高度便利的网络中沉溺。

作为一个资深用户，我还遇到了信息过载和人际关系过载的问题。我本来是一躺下就可以入睡的人，但这几年，如果晚上睡觉时不把手机放得远远的，夜里起来喝口水时就会不自觉地拿起手机，而且一拿起就放不下，很影响睡眠。手机上的资讯类APP给我永远刷不完的资讯。

我的人际关系也开始过载，微信联系人过了千人之后，每天我都会接收大量的消息，有时一些重要信息反而被淹没了，没能及时回复，这给我带来了尴尬。

面对过载问题，技术/产品可以做些什么？怎么解决这些问题呢？也许需要社会多方面的参与，除了需要科技行业从业者的参与，心理学家、社会学家的参与，还需要法律和道德软环境的进化。作为一个技术人员，我个人感觉技术/产品端还有很大的可作为空间。这里举两个腾讯产品改进的例子。

第一个例子是游戏产品的改进。公司有一款非常火的英雄竞技手机游戏（简称手游）产品。这个产品团队投入了很长时间研发，他们经过很多的努力，在公平性和可玩性上面做得很优秀，赢得了用户的喜爱。

这款手游在2017年的受欢迎程度非常高，每天有好几千万活跃的用户。而此时，来自家长的声音、来自媒体的声音反映出有不少未成年用户在上面投入了过多的时间，严重影响了学习和生活的平衡。

腾讯互娱运营团队也看到了这种现象，参考PC端游戏的经验，他们开发了手游的"成长守护"系统，让家长可以设置子女一天用多长的时间、消费限额等，这是团队很好的尝试方向，开启了手游上防止过度使用的尝试。

我跟团队交流过几次，我个人觉得他们的产品理念尚有不少可以提升的空间。因为他们目前是1.0的版本，是家长管制子女的方式。这种方式在实际应用时会遇到不少问题，现在许多十来岁孩子的IT水平已远超父母，如果两代人之间形成猫抓老鼠的斗智斗勇的对立关系，效果和影响都不会太好。子女一个账号被管制了，他们可以另开小号，家里的设备不给用，可以放学去邻居家或者是同学家偷偷玩。

团队的同事们也在思考，是不是有更好的方式。于是他们正在酝酿2.0版本，会更多地引入父母和子女之间相互鼓励的形态，比如说子女自律有进步了，家长是否可以拍拍肩膀点个赞？是否可以通过技术和产品让家长和孩子之间能更信任？是否可以在产品中，让有经验的家长来分享对子女的鼓励之道？

一个行业领先的产品，当用户投入了很多时间的时候，团队就有了额外的责任，应帮助用户健康有度地使用。这里特别需要团队的聪明智慧和创新尝试。我也很希望，他们可以为行业做一些试验，把亲情鼓励做成一个用心的产品，能进行1.0、2.0、3.0的持续迭代，希望他们不仅仅是出产很好玩的大作，还能帮助父母和子女改善关系。

第二个例子是微信公众号的辟谣体验的改进。许多老年用户是直接从智能手机开始接触网络世界的。他们缺乏PC互联网时代虚拟和现实之间形形色色的洗礼，对网络信息的识别能力、自我保护能力比较弱。有些自媒体会针对老年人这个弱点，用诸如《重大突破、治愈绝症》《举国沸腾、震惊全世界》之类的夸张失实的养生文章和耸人听闻的标题来拉动点击量，从而牟利。

下面这个截图是微信团队在2015年之前的应对方法，团队投入很多力量，识别这种夸张文章和虚假新闻，然后删除文章和封号。这种方法有一定的治标能力。但对于用户提升数字社会的常识，提升自我识别能力和保护能力，则帮助不够。

下面是微信团队在2016—2017年的改进，团队引入了科普界的专业机构，对识别出来的这种夸张文章盖上"不实信息"的章，以及附上了科普机构的澄清。这个产品体验比起上一个图的体验有了比较大的进步。

2017—2018 年，微信的公众号团队继续在这个用户体验的基础上延伸，他们通过大数据技术，帮助用户可以更方便地看到，哪些文章曾在他的朋友圈里出现过，后经科普机构辟谣证伪。更长期来说，如何帮助作者、读者、转发者之间建立更良性的信用生态体系，应该会是团队努力的方向。

这类的案例，目前在腾讯内部并不多，还处于尝试阶段，需要时间去积累经验教训。更多产品团队的主要时间精力放在如何提升用户量、提升收入、完成 KPI（关键绩效指标）上，对于产品的社会性的观察和思考还比较少，敏感度还很不够。

大科技时代，各种新的社会问题和矛盾必然会不断地浮现。从产品设计者的角度来看，出现问题并不可怕，关键是能否有力地应对和是否拥有正向的鼓励机制。科技公司是时代变革的受益者，科技公司的员工年轻有朝气、知识密集，具有很强的思辨能力，企业该如何转化这样的能力去面对社会问题？各家科技公司面对的问题不一样，各家企业的文化和组织也不一样，如何从被动应对舆论到更主动作为，或许有一些共性的地方，值得科技产业同行交流切磋。

我个人相信，用心解决社会问题和发展产品，两者之间并不矛盾。上面举到的案例，都是一些不显山露水的小型创新，虽然这些尝试并不会增加产品的点击量，不会增加用户的时长，不会增加产品的收入，但我能感受到，产品团队和技术团队的年轻人们在尝试这样的事情时，他们是很有热情的。我相信，只要给予年轻人机会，让他们可以尝试用产品和技术去缓解社会问题，他们就会有很多很好的创新和创造。

一个好的互联网产品，并不是用户花时间越长越好，也不是在单个用户身上产生的消费数额越高越好。友善地鼓励用户合理有度地使用，理性消费，以及使菜鸟用户提升在数字化时代的识别能力，我相信，这些努力可以转化为用户的信任，也可以激励团队，并不会耽误产品的发展。

这种改变不会一步到位。一方面，社会问题不像用户量、营收，这些很容易量化成企业的KPI考核数字，社会问题很难量化，企业的本能是求生存和求发展，企业总是处于业界各种强烈的竞争环境中，如何在企业里鼓励这方面的尝试，尚需要时间的探索和实践。

另一方面，中国的很多应用已走在世界的最前沿，并无多少可以参照的前人经验，我们需要摸着石头过河。腾讯研究院发起的Tech for Good（科技向善）这个项目，也是一个试验性的项目，希望能够形成一个多方对话、研究、行动分享的平台，希望可以让更多的人参与进来，一起探讨大科技时代如何用科技来缓解数字化社会的阵痛。

吴晓波：

科技向善，需要明确的反馈机制

吴晓波先生是著名财经作家、"蓝狮子"财经图书出版人、哈佛大学访问学者以及《腾讯传》作者。他常年从事公司研究，2009年被《南方人物周刊》评为年度"中国青年领袖"。他将主要精力用在出版事业上，坚持以每年写作一本书的速度向外界传达自己的观点。

作为中国当代著名的商业观察家、评论家和作家，吴晓波先生可以说见证了中国现代企业的发展。从改革开放初期第一代民营制造企业，到最近10年崛起的新型互联网公司，吴晓波先生对中国企业与中国经济、社会、文化的关系，有着深刻的洞察和见解。尤其作为多家企业之企业史的官方授权作家，吴晓波先生对发展中的一拨一拨中国企业也寄予了期待和厚望。围绕中国互联网的发展与"科技向善"的主题，吴晓波先生跟腾讯研究院分享了他的观察和建议。

如果20年算一个节点的话，你觉得互联网给中国带来最大的成就和问题分别是什么？

吴晓波：互联网带来的最大改变就是行业迁移，具体而言就是信息产业的迁移。拿我来说，我学的是新闻，我们系[1]2019年建系90周年了，而今天，我们当年学的所有教材都已经过时，甚至整个业态都已经发生了转变。最早是信息产业，后来延展到整个制造业、服务业、金融业，都发生了大规模迁移。

就像工业革命一样，大量变化是在迁移过程中发生的。经历爆发性增长之后，第一，是游戏规则发生了变化；第二，是人本身对欲望的控制已远非原来的状态。比如，农耕文明时期的"善"和工业革命的"善"就不太一样。农耕文明是熟人之善，五千里之外做贪官没关系，但在家乡是要善的，因为死后还要进家庙；工业革命时期，城市里就不存在熟人之善了；而到了信息时代，变化速度更快，善的定义又发生了很大的变化。

关键在于，法治和公共评判标准在这种变化中都滞后了。现在最大的问题是没有建立起规范，或者来不及建立；也没有反馈机制，对"善"的褒扬以及对"恶"的惩戒都尚不完善。互联网以成败论英雄，成功本身最重要。就像泰勒讲过，成功是最好的除臭剂。这是当年好莱坞的法则，其在当下的中国互联网行业也成立。

过去40年，中国企业家掌握财富的速度是罕见的。财富导致了两个结果：第一，企业家拥有了巨大影响力；第二，专业知识由原来的知识分子向企业家或科学家转移。

工业革命时期，学科和生产不如今日般高度细分，知识分子还能高度理解生产方式。到了信息化时代，知识分子对生产的理解已经非常有限，他们身为反馈机制的一部分，不再能有效地推动社会前进。因此，企业家变成了

---

1 指复旦大学新闻系。

社会的推动力量，同时又能够为自己代言。财富与话语权发生重叠，这在历史上是第一次。

你怎么理解科技向善？

吴晓波：我觉得现在提科技向善正当时。互联网已经渗透到所有的领域，需要建立规范和反馈机制。在告别野蛮、告别动物性、进入到"人"的阶段以后，就该建立规范；规范本身又能促成反馈机制，二者是社会秩序的重构。人脸识别技术进课堂之所以会引起争议，就是由于规范缺失。有些事大家不知道该不该做，做的边界在哪里。

善是一种体系，是规范和反馈机制。规范建立不是很难，提出问题才能有答案。但问题是现在反馈机制不健全，自媒体时代看似传播的门槛降低，人人都有传播的话语权，但人为制造的反馈也可以快速覆盖全网，而公众缺乏反馈的机会。

当然，现在的"向善"还是以利益驱动为主——企业做任何善事，最终还是出于商业利益。当商业利益和向善发生冲突时，企业解决问题时的思考和行动如果还能是正面的，才能被定义为"科技向善"。

善是公共性的，科技向善短期内可能没有回报，也不应该先考虑回报，而要考虑公共责任。管理学大师德鲁克说，做企业就几件事情：生产好的产品、合法纳税、善待员工、维护企业跟社区的关系。科技向善就属于第四个维度。企业应该自我约束，正如人要有教养，第一步就是克制。

关于科技向善，你认为有哪些好例子？

吴晓波：人类进步是科技推动的，科技本身有大善的一面：节约时间，提高效率，增进我们对世界的理解，提高我们的生活质量。从这个角度上说，所有的科技产品，本质上都是一种善。

但利益本身带有动物性，当善和利益产生冲突时，科技就会被利益所驱动。工业发展时期，烟囱越多越好，因为可以赚钱；后来发现烟囱多了造成空气污染，但企业还是想赚钱。过去20年没有提科技向善，而到现在才开始思考，客观上是因为互联网野蛮时代已经结束，企业如果还仅仅靠利益驱动，就不能再高速增长了。

亚当·斯密的《国富论》说，人虽然自私，但最终也会贡献于社会。比如，一个人做鞋子并不一定是想做好鞋子，而是想养活家庭；但要想养活家庭，鞋子就要做得好一些，最终还是做好了鞋子。所以向善肯定是对的，是一件好事。

你认为互联网在当今社会扮演着什么样的角色？

吴晓波：有人把互联网比作水和电，我不是很认同这个说法。水和电无处不在，但它们不会接管你的生活，而互联网却通过各种技术接管了我们的生活，其表现就是我们的生活被深度数字化了。互联网不仅是一种商业载体，还承担了管理责任。

在这种前提下，互联网平台间的关系就与每个人息息相关。平台间会基于各种考虑而相互封闭，这在前几年是讨论比较多的话题，但现在已经较少讨论了，因为大家都已经明白：没有绝对的"平台开放"。

过去曾有人倡导世界主义，认为国界不应该存在，现在看来已经不太可能，国家之间一定会有边界。如今一个大公司的用户和增长完全自成体系，也需要一个边界。平台之间的关系应该是"开放式"的，但平台间的开放需要规范，有规范才能管理。现在规范之所以没形成，是因为各方还没有达成共识。

你觉得科技向善会成为科技界的共识吗？

吴晓波：现在很多公司都在用这个slogan（口号），没有企业会说自己不向善。关键还是在于有无规范和反馈机制：到底什么是"善"？一家企业带头向善，其他企业的向善和它一样吗？违反规范，要受到什么惩罚？如果没有建立起反馈机制，就不要空喊口号——毕竟大家都想当善人。

在治理角度上，企业内部应该设立伦理委员会——提出问题，在公司里讨论，由委员会决定。在此之上，互联网行业或者整个信息行业也可以有伦理委员会，建立秩序，形成反馈机制。向善或向恶，应有相应的鼓励或惩罚。

你对科技领域有什么期待？

吴晓波：科技是工具，它能不断满足人类的需求，但是人类的需求列表还很长。过去20年，我认为传统意义上的移动互联网对人们生活改变最大，之后可能是由人工智能、制造业的进化或者生物医学来扮演这一角色。就像传感器的发明带来了物联网，物联网又带来更多新的转变……信息革命本身变成了新的基础设施，不断推动着技术变革。

在这种推动下，人类的需求也发生了变化。生产产品是为了满足人的物质需求和精神需求，但如果需求不变，满足需求的成本就会越来越低。随着技术发展，我甚至认为任何东西都会冗余——物质会冗余，精神供给会冗余，甚至人也会成为冗余。我们应当想办法解决由此带来的问题。

陈春花：

科技公司的最终使命是实现社会期望价值

北京大学国家发展研究院**BiMBA**商学院院长陈春花教授，是腾讯公司第三次文化升级的关键人。作为长期研究企业文化、数字时代的组织活力等领域的管理学大咖，陈春花教授半年来在为腾讯做组织文化诊断与升级的过程中，深度参与了腾讯"用户为本，科技向善"这一使命愿景的更新以及企业文化的升级。

在接受腾讯研究院访谈时，陈春花教授更加深入细致地回答了互联网对世界、对人类生活方式的具体改变，以及它与之前技术革命的不同之处。基于此，陈教授对科技公司如何践行科技向善、如何将科技向善的企业文化与价值观落实到员工行为与具体产品中，给出了清晰的建议。

如何评价近20年来，互联网产品和服务对社会带来的改变？你认为，其中最大的成就与最大的问题是什么？

陈春花：谈互联网技术带来的影响和改变，要回到商业的视角去看。我们对商业的理解，应该围绕它对人的价值和意义去切入。因为商业的核心价值是提供生活问题的解决方案，而不单纯是为了盈利或者仅为促进自身发展。如果商业不能够帮助人们使生活变得更好，那它就没有存在的意义。

按照这个逻辑去看，商业当中的技术，实际上是拓宽了人的空间，或者说让人的生活变得更加便捷、更加舒适。比如说空调会提升人们的生活舒适度。所以技术本身让生活空间变得更大、更舒适、更便捷。互联网也是按照这个逻辑在发展，它也是应用于商业中的一个技术。

和以往的商业技术不太一样的地方在于，互联网技术渗透到了人们几乎所有的生活方式中。以往的技术可能只是应用于某一个方面、某一种功能或者某一个维度，比如说交通。但互联网的奇特之处就在于它直接渗透进了我们生活的方方面面，它本身就变成了一个生活方式。

过去我们看商业中的技术，会有三个维度的功能：一个是它的工具性功能，一个是它的商业模式功能，最后一个是生活方式的功能。互联网可能是历史上首次集齐三个功能的技术，它既是技术工具，也是商业模式，又是生活方式。这是它跟以往所有技术完全不一样的地方。

在过去20年的发展里，无论是在互联网泡沫期间还是在今天，其实互联网力图解决的，还是怎么让人的生活方式借助于这一技术有一个根本性的改变。当然，首先它是从沟通和连接开始的。

你认为沟通和连接是互联网技术应用于商业的起始点？

陈春花：对，从沟通和连接开始。它并不是去解决某一种技术本身的功能问题，而是解决人与人之间的沟通和连接问题，即怎么样提供一个更便捷、高效、随时随地的沟通方式。所以互联网从一开始，从某种意义上说就已经是从一个社交属性切入的，而不是一个纯粹的技术功能。**互联网在这20年当中，从提供人与人的沟通渠道开始，到提供人与物、物与物、人与社会的沟通，再之后就是为人与未来的沟通创造可能。**我们看到的很多设想，其实就是基于对人与未来沟通的可能性的探索。虚拟世界中很多被创造出来的东西，就有跟想象力以及未来世界进行沟通的意味，这是蛮奇特的地方。

我们之所以在今天要特别讨论技术对人的影响，或是技术对伦理的影响，是因为它已经变成了人类的一个成员。以前技术可能是一个附属，但这一次它是独立的，因为它完全有力量在人的生活当中发挥独立作用。这个时候，它涉及道德准则与行为约束，所以就要讨论技术对人的生活和生存方式会产生多大的影响。

你认为当下以互联网为代表的数字技术，对人的生活方式带来的最根本改变是什么？

陈春花：今天我们看到的所有行为，都可以称之为"数字行为"。在日常研究中，我们可以比较清晰地去界定所有资源要素的功能，但是在这个过程中起决定价值作用的还是人自己。比如说生产力要素，它早期等同于"土地"，而后随着外延扩张又被认为是"自然资源""资金"等，再然后则被视为"技术设备"。以互联网为代表的数字技术出现之后，你会发现数字技术也成了生产力要素，但它与其他所有生产力要素均不同——**数字技术与人的关系，并不局限于近距离接触，还延伸到了深度互动层次。**

关于生产力要素对人的生活方式所产生的影响，我认为可以从经济学家彼得·德鲁克（Peter F. Drucker）对人类历史中三次重大技术革命的回顾中获得一些解答思路。**德鲁克指出，自工业革命开始，所有的技术变革都基于人类对知识的运用。**在第一次技术革命中，人类把知识运用于生产工具，推动了出版业的诞生及工业革命的繁荣。换言之，印刷术取代了口口相传的知识传授模式，使得更多人可以通过出版物获取可复制的知识。这就是我们所说的"知识运用于生产工具"，它带来了一个"生产力革命"。在第二次技术革命中，人类把知识运用于作业流程，其背后折射的是一种通过分工来促进效率的意识，因而我们称之为"效率革命"。而第三次技术革命是人类把知识运用于知识本身，即"管理革命"。当人类同时把知识运用于生产工具、作业流程与知识本身的时候，便创造了19世纪至20世纪的巨大产出，这就是知识的作用。到第四个阶段，即互联网阶段之后，前三个阶段都可宣告结束了。这一阶段，人类实际上把知识运用在了整个系统创新，所以我把这次革命称为"知识革命"。

那么，知识革命造成的最可怕后果可能是什么？

陈春花：前三次技术革命都是机器革命，并没有对人的身份与地位进行调整。但是第四次的知识革命，在把数据变成生产力要素的同时，也冲击了人类固有的社会结构。前面三次革命中的"人机互动"，都表现出了协助人类改善生活方式的良好目的，例如铁路意味着便利交通，计算机意味着提高工作效率；但这一次革命，技术体现出极强的替代性，它似乎成为一种可取代人类的存在，比如，生活或工作程序中所有可量化的部分都可让机器代劳了。

在这次彰显"智能化"的革命中，我认为最根本的变化就是人机关系的变化，从帮助人到取代人。所以，我们又可称之为"人机协同"。当技术要参与到这个社会的建设中，也就是我刚刚说**知识运用于整个系统创新的时候，我们并没有办法回避它的约束问题、价值观问题**。而对于提供底层技术的公司来说，他们可能要旗帜鲜明地阐述自身的价值取向与价值观，也就是一定要回答：科技的作用到底是什么。

那么怎样是比较好的"人机协同"关系？

陈春花：不管技术如何变化，我们首先要接受的是技术与人在互联网阶段是互为主体的，这是因为技术已经是一种可以对人的生活方式做出巨大改变的存在了。但是，人有主观能动性，无论互联网环境对我们产生多大的影响，都不能直接把生活自主权全交给技术，当然也不能反其道而行之，对技术变化视而不见。人要充分认识到自身的主观能动性，而这种意识将决定我们在这个人机关系的互动中最后要实现的结果。

我和梅亮2019年在《哈佛商业评论》上发过一篇讲人机关系的文章，提到有四种情况：第一种情况是"互利共生"，表现为智能技术在自己发展的同时，也推动人类社会进步；第二种是"偏利共生"，即一方单方面发展，而另一方并不因此产生任何正面或者负面的变化；第三种是"偏害共生"，即一方发展，另一方则受损；第四种情况最可怕，它叫"吞噬替代"。杀人机器就是吞噬替代的典型例子，但吞噬替代并不完全是负面色彩的，比如说无人驾驶技术。这四种情况根本上都要求有一个科技伦理，即针对机器发展要有一个共同的约束，而我们人在这个约束制定上是可以发挥很大作用的。

你提到的这四种人机关系，会不会因为人群的不同而产生不同的结果？比如，会不会有一些技术精英发明和设置一个算法或产品，来实现对另外一群人的控制或影响？

陈春花：假设这一小撮人的载体是一家企业，我们可以想想这家企业为什么会存活于这个世界。从经济学交易理论的角度来看，如果把所有的生产力要素都给予一家企业，那么这家企业的产出将会是巨大的，它肯定能活下来。但是从企业的角度去看，一个能在激烈的市场竞争中存活下来的企业应该做四件事情：第一，提供好的产品或者服务；第二，提供就业；第三，盈利；第四，实现社会期望的价值。我是用这四个维度来衡量一个企业是否能实现可持续发展。总之，不管企业规模多大，其拥有多少员工，最终要完成的使命就是实现社会期望的价值。当一家企业违背了社会期望，大众会用自己的选择来给出一个评判，在国内的科技公司中，其实已经有这方面的案例了。

那么对于一家大型互联网公司，怎么去界定社会对它的期望价值是什么？

陈春花：首先，当一种技术成为我们生活中的一个基本工具时，我们会期待每一个人都能以较小的成本付出来获得这种工具的使用权。以"提供微信服务要不要收费"这个问题为例，从纯商业的角度来讲，面对数亿用户，公司如果选择收费将会快速获得一些利润。但是因为这个产品已经成为人们生活中非常重要的一部分，那么"收费"这个概念在我看来就不可接受，这和"米不能太贵""空气不能收费"的道理是一样的。对于人们生活使用的基本工具，我们不能收费，或者只能收取极少的费用——这大概就是大家对它的期望。

简而言之，这种价值取向背后依赖的就是共生关系。企业如果对其提供的生活基本工具收取违背社会期望的费用，它不仅会失去用户，而且这个企业也就失去了存在的意义。另外，由于数据自身的"透明性"，我们还会期待企业注重数据隐私、数据安全问题。

你觉得公司规模与社会价值践行之间有必然关联吗？

陈春花：一家企业是否产生巨大影响力，并不取决于规模大小，而在于它能否推动整个社会的进步与改善人的生活方式。换言之，价值是一家企业的立命之本。查阅全球企业发展史就会发现，那些存在时间长达百年的公司并不以规模取胜。企业盲目追求扩大规模的时候，往往容易忽视文化价值的建设。反观那些低调践行社会价值的企业，它会更加长久地运作下去。因为它专注践行的这个价值，恰好就是一小部分用户所喜欢的，然后这些用户会成为忠实的朋友，与企业一起前进。

对于大的互联网公司来说，企业文化如何能够落实到具体的产品服务中？

陈春花：无论是苹果、微软，还是腾讯、阿里，我们在评价这些企业的时候，最终都会落到价值观层面。企业文化并不是虚构出来的，它聚焦于员工行为与产品特征。例如在产品特征方面，苹果始终坚持简洁、舒适、漂亮、引领的文化价值观。早期，苹果曾经因为其系统过于封闭而运营困难，但它后来还是坚持封闭系统以贯彻其简洁、引领的价值观，不同的是，它开始面向合作伙伴开放系统。

而微软的文化核心价值观是"我要给人类看世界的一个窗口"，在此之前，微软首先要提供一个用以观看世界的物体，所以就导向了"每一个人都应该有一台电脑"。但是，微软实际上提供的仅仅是一个操作系统，而与之相配的硬件来源于其他企业。换言之，微软给每一个人赋予力量，所以它很早就开始面向公众传达微软系统所象征的意义。所以，当它朝这个方向设计产品的时候，如果能让大家感受到其中的能量，那么这就是企业文化。

就国内企业的产品来说，最早让我感受到腾讯"科技向善"的，其实是腾讯99公益项目。在互联网公益平台出现之前，公益行动主要是有钱人在践行，普通人是比较难参与到公益里去的。然而，人心之善不在于捐款的多少，而在于一种付出精神。有了互联网技术，有了公益平台，就极大地降低了普通人参与公益的门槛。每一个普通的人，都能够借助这个平台，解决很多他之前根本不可能解决的问题。

我们再以游戏产品为例，在设计游戏产品的时候，应该遵循怎样的文化理念？是让用户通过游戏学会与这个世界相处，进而建构与这个世界更好的关联？还是让他们去产生暴力倾向，或者产生在虚拟世界生存进而排斥现实世界的想法？再进一步来看，其实未来我们的很多学习都要借助游戏的方式去推进。我们能不能从现在开始，在这个方向上投入精力，把现在很多中小学的学习内容进行游戏化开发，促进他们的学习？其实这些都是科技向善怎么体现在产品上的一些方向。企业文化的真正体现，最后一定会落在两个地方，一个是产品，一个是员工。

对于员工规模庞大的企业来说，怎么防止企业文化的稀释和变异？

陈春花：它需要企业全方位了解自己的架构、文化等，这囊括了产品设计、制度设计等各个方面。企业文化需要渗透到每个员工的行为之中，需要传递到员工的日常工作之中。对于员工规模庞大的公司而言，防止企业文化的稀释和变异就显得尤为重要。

要做到这一点，首先需要企业有明确的价值观，倡导什么、反对什么都必须旗帜鲜明，这样可以让员工得以明确理解。其次，企业文化一定要体现在制度之中，体现在规则之中，因而企业需要在制度建设和规则确立中，完整地体现企业文化，体现企业的核心价值观。接下来，需要有可被确立的好的榜样，文化是需要正向传递和显现的，给员工以榜样的力量，员工就有了真实的方向。这就是你在决策的时候，你的价值观是什么，你的文化是什么，其实体现的是非常清楚的，一点都不虚。

"科技向善"的企业文化和价值观，会和行业的激烈竞争局面相冲突吗？你觉得"科技向善"能否成为科技行业的新竞争力？

陈春花：它们没有冲突，二者是相伴相生的，根本不是对立关系。如果企业没有竞争力，文化就失去了讨论的土壤；而如果企业没有好的文化，则失去了一项重要的竞争力。当然，我们可能会说激发人的善，与激发人的恶相比更加困难。但我觉得，**企业像人一样，如果要发展、要进步，首先要学会去做一些难的事情。**

饶培伦：

科技以人类福祉为本

当我们强调以用户为中心的时候，是否真正覆盖了所有可能的用户？以人类福祉为中心的设计，是社会责任的凸显，还是会带来更大的商业生态？长期关注和研究人因工程、人机交互、福祉设计的清华大学工业工程系教授饶培伦分享了他的看法。以下内容根据其在"2018科技向善论坛"上的演讲整理而成。

在差不多20年前，我成为中国互联网用户之一的时候，很纳闷一件事情：当时的网页上，有非常多的标题链接、五颜六色的版块、夸张甚至炫目跳动的横幅广告，用户找得到他要的东西吗？

有一次我碰到一知名IT公司主管设计的高管，我忍不住内心的好奇问了他一个问题："这样的网页设计是你们在学校时被传授的吗？你们定义的交互设计是这样的吗？"这个提问并无讽刺意味，我想也是诸多用户的一个疑问。

答案我想很多人可以猜得到。他说："当然不是，这个是客户要的，没办法。"可是用户的体验不是很重要吗？后来我就进行了一项小小的研究，请了一群用户，让他们在一些网站上，完成一个视觉搜索的任务。

简单来讲，就是让用户找一找某个链接、某个信息，可想而知有些是找不到的。之后访谈这群用户找不到时的感受，很多用户说："虽然我们找不到，但我们觉得这样的设计也可以接受。"

不管怎么样，这是在用户体验设计背后、交互设计背后很重要的一个方法和思路，就是针对特定的用户、针对特定的应用需求，我们去研究开发。

不过我要讲的是关于人类的福祉问题。区别在哪里呢？主要在：我们在设计的时候要为人类的福祉而设计，要为所有人是不是能够过得更好而设计。而要做到这件事情并不是那么简单。

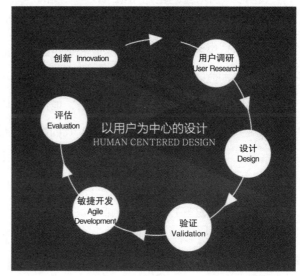

上图是我们常见的标准的以用户为中心的设计。一开始要定义用户，不仅是用户体验四个字，还要有用户画像，很多互联网公司认为，我们知道用户是谁，也可以描绘出他们的需求，然后形成设计的概念。产生了这个设计，然后把它设计出来进行评估，甚至进行迭代，就能取得成功。

从以用户为中心到以人类福祉为中心，有两点不同。各位都听过蝴蝶效应，简单的解释就是，我们在一个平静的水面，滴下一滴水，你会看到水纹慢慢地扩散开。同样，当人类接触新技术、新科技、新产品的时候，我们所受到的冲击绝不只是某个特定的用户以及某个特定的需求而已，它会慢慢地散播，进而影响所有人。

所以我们强调的是不要只考虑特定的用户。举个例子，假设游戏公司设计一款有趣的网络或者手机游戏，目标受众就锁定为学生群体和年轻的白领，考虑用户体验，所以游戏很好玩儿，大范围传播，就会形成蝴蝶效应。那么未成年人呢？他们怎么办？被吸引沉迷于游戏的未成年人是设计游戏时所没有考虑的，可是，如果设计之前，是以人类福祉为中心全方位考虑的话，我们就得说："等一下，这款游戏对未成年人的保护也要注意到。"

我们要充分考虑这些运用新兴技术研发的产品，它们对弱势群体，尤其是未成年人所带来的影响。我们应该如何帮助这些未成年人、他们的监护人，甚至是学校的老师，更好地认知和运用这些产品呢？特别要注意，在这个蝴蝶效应扩散的过程当中，弱势群体受到的影响可能是最大的，他们可能是最容易受伤害的。当然如果运用得当，他们也可以获得更多的好处。

只做到这些还不够。老年群体呢？我们都不是石头里面蹦出来的，我们也有长辈。当你坐上出租车的时候，看看路边，很多长辈拦不到出租车。不是师傅不想载他，而是多数司机师傅都在平台上接单，而我们的长辈不是那么熟悉如何运用这些打车软件，结果就打不到车。

蝴蝶效应的影响是会影响到我们每一个人的，长辈打不到车你要不要解决，你要不要帮忙？这是你的烦恼，也是我的烦恼，可是这样真的还不够。

如果以人类福祉为中心而设计，你可能会说，我们专门为老人家设计一个打车平台不就好了吗？

前边说过以特定用户、特定需求的思路不行。老人家不会用手机，我们就出一款适合老人使用的手机，知道人工智能很火、机器人很火，所以就出老年人工智能、老年机器人、老年大数据、老年物联网、老年自动驾驶，这样问题就能得以解决吗？

我们已经见识到在高速的互联网时代，整个社会可能都受到了影响。现在中国积极发展5G技术，在建5G的基础建设标准的时候，我们考虑到这些平台、工具、模型、应用该为所有人类的福祉而设计了吗？

回到前面的例子，甚至可以说，刚才说针对未成年人，其实还不够。你只是被动的防范，未成年人玩的时间太久，难道我们就没有别的事情可以做吗？难道我们不能够多跨出一步，帮助未成年人吗？所以，简单讲我们得为人类福祉而设计，是指在我们考虑产品、考虑技术应用的时候，不要只针对特定的用户、特定的需求，而应该评估所有人，尤其是弱势群体（包括利益相关人）的福祉。

这件事情也并不是纯粹地做慈善，对IT企业来讲，这个考量是有利可图的。做电商的要搞社交，做外卖的要考虑交通。大家都想建一个生态系，希望每一个用户的需求都能在我们平台上得到满足，希望这个用户身边的人也能一起得到满足。所以对IT企业来讲这个升级版，是基于现在知道的已经在采用的方法，而且是必然发展的趋势。

有一次我到北欧去开会，碰到一位瑞典的前辈，聊到了一件事情，他非常骄傲，他说："你看电脑的使用，现在都有屏幕保护功能了。"我说："对。"他说："这是我们的团队想出来的。"

他把他的理念分享给我：使用电脑确实带来了很多方便，可是他在使用过程中，隐隐觉得有一点不太对劲。在没有使用电脑的时候，屏幕也开着，甚至会开很久，有时候会忘记关闭电脑。这些情形就会造成不必要的浪费和安全隐患，于是他的团队开始研发屏幕保护功能。其实这个技术并不难，让它自动休眠甚至关闭（到现在已经成为所有电脑的标配），难的是从用户福祉去考虑。

这个例子告诉我们，做得到并没有那么困难，而且这个世界上没有人能够预测所有的新技术，以及科技发展后续所产生的影响和裂变。但我们亡羊补牢是可以的，如可以在5G时代汲取4G时代的经验和教训。这个并不困难，而且绝对是有利可图的。

另外，也不只是利益这么简单，我们手中掌握了技术，代表我们有更多的责任和使命。不管是在学校的训练里，还是在实践当中，相信你已经或者开始发现，在无形中，无论企业还是个人的发展，都被动或主动地开始考虑人类的福祉，为人类福祉而设计。它会是一条底线，你没有遵守，你跨越了这个底线，你得到的会是负面的眼光和态度，这对个人、企业都不是一个好的现象。

对于我们每一个技术从业者，手上握有技术、先进资源的人来讲，为人类福祉而设计是我们的底线，也是我们的本色。

王小川：
先回答"我是谁"，再讨论"善"

作为技术背景出身的CEO，王小川思维中所具有的丰富性、多元视角、人文主义色彩，让人印象深刻。或许正是这种丰富多元又兼具人文色彩的思维方式，让王小川对"科技向善"这个命题，既有极大的认同，又充满耐心、宽容与乐观。

一方面，他认为科技公司相比传统企业，应具有更强的向善的能力，承担更大的向善的责任。另一方面，他强调向善必须要回到每个人、每个主体、每个机构的定位和使命，不应用粗暴的、一刀切的方式来定义"善"；要警惕让"科技向善"这件事，变成一拨人对另一拨人的道德批判。

你第一次听到"科技向善"这四个字是什么时候？

王小川： 在极客公园的一场讨论会上，我第一次听Tony（腾讯主要创始人张志东）提到"科技向善"这个词。我最早接触到这个概念，也是因为知道Tony在思考这个问题。后来它上升为腾讯的新使命愿景。

听到这个词的第一印象是什么？你会觉得科技是中立的吗？科技为什么要向善？

王小川： 张志东给我的印象是一个特别克制的人。他提出在技术里要特别小心防范隐私泄露和作恶，这特别符合他的人设。这是我当时的感受。

但是"科技是中立的"这句话，我并不认同。技术是中立的，或者技术没有价值观这种说法，只是一种观点，不是事实。我不认为"技术是中立的"可以被用来当作底层公理。

我记得在那场讨论会上，当时主持人给你们所有人一个标签——"技术乐观主义者"。互联网应用大爆发有20多年了，为什么一群技术乐观主义者会在这个时间点突然提"向善"？

王小川： 因为大家认为技术相比之前更加主导我们的生活，一些科技公司变得更加强大。技术一直都是双刃剑，可以用来杀人，也可以用来救人。当技术这把武器变得越来越锋利，越是懂技术、越是乐观的人，越应该去寻求技术的意义是什么。我觉得恰恰是技术乐观主义者才能意识到这一点。

也有一种观点认为，最初互联网兴起的时候是一拨极客在主导，体现了理想主义的价值观。随着互联网走向商业化，虽然技术得到了应用、普及和爆发，效率也提高了很多，但也制造了很多问题。你认为互联网的初心、极客的初心，还在吗？

王小川： 我觉得大家对这个过程可能有点过度紧张了。历史发展一定是持续演进的，出现阶层固化，再打破这个阶层固化，像春夏秋冬，循环往复。人是会被自己所处的位置所局限，被商业利益所驱导的。这是一个十分人性的过程。

对于这个过程，我的判断是，需要有市场上的其他力量来制衡它，打破固化。当年大家觉得IBM是不可撼动的，所以乔布斯在他的广告片里挑战了IBM；后来大家觉得微软不可战胜，就出现了谷歌，出现了Facebook。历史就是一个不断迭代演化的过程，需要有良性的竞争，同时也需要我们每个人在思想上不断提升、进化自己。

我相信每个人都是既趋利避害又心有菩提的，这是人的本性。趋利避害是本性，但不能说你现在有利益可得了，就开始批判别人。我们应该考虑如何把人们心中善的部分放大，与其趋利避害的部分更好地结合。这会是一个比较温和的方式。

很多时候我们看到技术前景的危害，是因为看到了每个人欲望的曲线。但我们不能轻易给他人贴上恶的标签，这样做也许只会让其变本加厉。所以当我们提科技向善的时候，我特别害怕它变成一群人对另一群人标签化的批评。我们相信每个人都有善的一面，我们要做的是把这一面激发出来。

大家都认为数据和算法是黑箱，与工业革命时期的技术不同，很难监管。你怎么看？

王小川：我认为这个问题如果已经被大家看到了，那就不再那么棘手了。说明我们开始理解，信息即权力。原来是工业社会，现在是信息社会。智能化是信息化社会演进的高级阶段。因为今天的机器还是基于统计规律，是模式识别。即便是深度学习，也是一种归纳和统计，它并不代表推理。所以我们离想象的机器颠覆人还有距离。

既然在今天，信息是一种巨大的权力，这种权力怎么分配，就不只关乎用户隐私，而是要放在更大的价值分配体系里看。这不是一个简单的谁在作恶的问题，而是关于我们整个人类未来价值和命运的更高层面的问题。

从技术与社会关系的角度看，可能很多东西都需要被重新定义，需要新的共识。那么这个新的共识或者秩序的形成过程，如何推进？

王小川：不同角色对善的理解不一样。比如极客讲究己所不欲，勿施于人；而CEO的责任可能更大，要考虑社会价值。但我认为在探讨这个话题之前，首先要弄清楚"我是谁"。每个人在讨论善的时候都是从自身视角出发的。我们不能赋予他人太大的责任压力，不能给他强加另外一个身份来定义善是什么。古话说，达则兼济天下。如果你是中国人，那么你站在中国公民的角度会有自己对善的定义；如果你是世界公民，你对于善就有世界公民这层身份的定义；如果你是一个狂热的科技爱好者，也许你会把赋予机器人权力也作为你定义的善的一部分。所以，我认为在谈科技向善之前，要先想清楚"我是谁"。

那么定义了"我是谁"之后，在数字时代，我们还有没有一种共同价值？

王小川："向善"。人的善本身是多面的。从生物学角度看，基因所定义的善跟人定义的善是不一样的，个人定义的善跟一个种族所定义的善又是不一样的；而心理学讲的是人有本我、自我、超我；社会学讲个人有他的欲望，但是社会有它的道德和秩序。而我们说的"善"讲的其实是第三层，不是个人，而是种族；不是本我，而是超我；不是欲望，而是道德和秩序。在这个道德秩序范畴内，我们要理解善是为哪一个群体服务的，这里面会有一些区别。

所以这就是为什么讨论科技向善要先回答"我是谁"的问题，然后才是讨论客观上科技在未来会具备什么样的能力。现在我们讨论科技本身的能力多一些，但是"我是谁"属于人文层面的思考。因此，"科技向善"一方面需要人文思考，另一方面又需要很强的技术性，但是大家通常不在一个频道上对话。

作为公司，可以提出未来的方向就是科技向善。但是对于未来，每个公司或者每个人都有自己的定义。不管是企业界、政府，还是社会学家，都需要更多的空间来讨论"我是谁"，以及技术在未来会带来什么问题，并且最终在这两个问题上达成共识。

其实我们也从科技向善的维度分析过搜狗，你们的产品都是工具性、功能化的，做到了让用户用完即走。如果按你的思维框架，搜狗是谁？搜狗怎么定义自己的未来和善？

王小川：其实我在讨论搜狗是谁的时候，也是在寻求对自己的认知。我在很多地方待过，我曾在成都七中读书，我希望七中更好；我曾在清华读书，我希望清华更好；我在搜狐工作过，也希望搜狐更好。

让身边跟你合作过，甚至孵化你、培养你的人或者机构，都能因为你的生存和发展而受益，我觉得这是我们每个人力所能及的事。这里的受益不光是指寻找自己的位置，而是指对周边的社会生态做出更大的贡献。所以我觉得公司越大责任越大。对于小公司来说，善的边界很小，只要影响身边几个人就行。

说回搜狗，现在我们没有出海，那我们就希望让中国的网民更好。这是我们善的边界。这个边界是一种可以叫作小我或者忘我的思维。作为中国企业家群体的一员，我看到其他企业家也会想：我们跟你是一起的，所以我们不仅要自己发展好，也要让他们发展好。我心中会装着这些角色。

科技公司如果加上向善的维度，你觉得这会成为它的竞争优势，还是会有损它的竞争力？

王小川：对于这个问题答案，我觉得是"底线"和"上线"的区别。底线是你得确保自己活下去，然后才能做大做强。而"上线"则是要做得多大多强。做大做强的目的是让自己不容易死掉，或者更多人认同你，从而获得安全感。这只是实现意义和价值的一种方法，不是唯一的追求。这需要跟你的能力、你的社会价值相匹配。在确定"上线"前，我们要先找到自己正确的位置。

因此这里要回答的核心问题还是"我是谁，我要做什么样的公司"。要保证不触碰底线，你首先得活下去，在生存权之上就有能力去做这种选择了。

从长期来看，"向善"是有意义的。人类走到今天，内心会有善，也是这么多年进化而来的。一个公司也是这样，但这种进化需要跟周围环境相匹配。如果环境是恶的，那"独善其身"的难度就会大很多。如果周围的人都是善的，你更容易把善释放出来。所以我们不能孤立地按照自己内心刚性的道德标准看这件事，要看大环境。

你认为数据驱动和工具理性能否和一些非客观的维度，比如"善"融合起来？

王小川：我觉得可以。如果单看数据和工具本身，不可能没有一个主体去使用它。当你使用它的时候，就已经赋予了它一种价值取向。所以我很佩服张小龙（腾讯副总裁、微信创始人），微信就是极大化了人的价值和意义，尽可能减少机器在其中做出决策，使得个人自由和个人的主张选择，得到最大化的保护。

但是另一种做法就是机器帮助或者引导用户做选择，帮助用户提升效率、节省时间，尤其是平台型的工具。那么用户自主性和平台的引导性，这两者之间的边界应当在哪里？

王小川：这个问题不存在标准答案。小龙说人人皆佛，就是把每个人放到最高的位置，把大家都连接起来，这是一种倾向。但是我们要承认，人是不完美的，因此有人需要省时间，有人需要被帮助。

不同的人有不同的选择。我们都不是上帝，我们自己的认知都有局限性，所以在做选择的过程中，如何判断这到底会提高还是降低社会发展的效率？其中最大的难点是，我们自己可能是特别小众的群体。虽然大学现在不断在扩招，但大学生占总人口的整体比例并不高，也就是说整个社会其实大学生非常少。在我工作的第一家公司，一屋子全是清华学生，如果有人不是名校出身就会显得特别异类。在这种环境中是很难看清社会现实的。

因此我们首先要更多地提升自己的认知，要接受自己是一个小众的个体，接受你自己本身就是有缺陷的，也尊重其他人的缺陷。这样做，我们才不会孤立地将一个观点套用在所有人身上。

以一个科技公司CEO的身份来看，你觉得哪些科技产品拥有特别强的生命力和竞争力，可以算是科技向善的好案例？

王小川：我刚才提到微信用信息把大家连在一起，让大家能够更好地沟通和交流，这就是个特别好的案例。举微信的例子大家可能会觉得没有新意，但它确实做到了让每个人都得到足够的尊重。还有陈睿做的B站。2019年，他们举办的BML（Bilibili Macro Link），就是B站的大型同好线下聚会，我也去了。B站让很多年轻人的心连接在一起。

让每个人的价值最大化，使得每个人都有自己的活法，满足自己的价值；与此同时还要形成连接，互相不产生冲突，并且兼顾跟整个国家和人类文明之间的正向走向，我觉得这种事情特别有意义。

让每个人的价值最大化，这个特别动人。但是更多时候我们看到每个人都被数据化了。有的公司为用户提供了更好的服务，有的更侧重拿用户数据变现商业利益，这个问题你怎么看？

王小川：我认为技术还是应该给人赋能的。在今天这个竞争激烈的时代，我认为信息要足够公开透明。你做了什么事，就直接告诉大家我做了，别拿了数据不承认。给大家知情权，然后让社会各界充分表达自己的意见。国家、学界和企业界的多方讨论会让每个人更加敞开心扉。

我认为数据的问题本质上并不在于有什么巨大的冲突，而是目前每个人都只站在自己的立场说话。

其中有一派立场说个人隐私不能侵犯，数据得保留在自己手里。我认为这样做只是让每个人自己得到了保护，但会削弱推动整个集体进步的力量。要让技术更了解人，必然会涉及数据的使用。但是使用数据的公司，也要为整个集体谋福利，而不能只为追求公司自身的商业利益。CEO不只是一个商人，也是社会的一部分。我之前听做动漫的朋友说，动漫内容的尺度就在于你是否愿意给自己的孩子看这个动漫。我认为这个标准放在这里也是适用的。

另外，我们不要只站在当下讨论数据，而应该看到未来。传统企业的技术带来的变革可能不多，所以在工业时代，企业的"善"大多变成了慈善。但是对今天的科技企业来说，行善更优的方法其实是把企业的使命做好。你的主张得到大家的认可，远比一手赚钱、一手捐钱更优。作为一家科技公司，你做的事情是一种责任，你的使命是你对未来世界的一个承诺，再投射到现在的选择，就有一个最优路径——善。在自己的核心轨道里做事情，向善相较于单纯的捐钱，是巨大的进步。

虽然我们刚才说"科技向善"首先要定位自己，然后再去定义善，但还是想知道，不管是作为一个技术极客还是科技公司的CEO，你觉得哪些价值是要坚守的？

王小川：我觉得一个是使命，一个是乐观。作为一个CEO，你需要有一种使命、一种责任，这是基础。再往下走，还得有一种忘我或者超我的境界，要去思考是天下为公还是天下为私这种层面的问题。如果你一直停留在本我，就没法探索向善的事了。

你说的乐观，是对技术乐观，还是对人、对机制、对这个复杂生态的乐观？

王小川：凡你想的事，你保持乐观就行了。如果你是做技术的，就对技术乐观；如果你是做企业的，就对企业乐观。总之，你要对自己的使命乐观，而你自身会因你做的事而变得更好。

邵亦波：

科技向善所面临的结构性难题

邵亦波是哈佛大学工商管理硕士（MBA）、哈佛大学物理与电子工程双学士，1999—2003 年创办易趣公司并任首席执行官，2007—2018 年参与创办经纬中国并任管理合伙人。邵亦波现为 Evolve Ventures and Foundation 创始人和董事长，该机构致力于投资和资助对社会以及人类心理健康和心灵成长有益的企业和慈善机构。

作为 Evolve Ventures and Foundation 创始人、知名投资人，邵亦波无论是对中美现代公司体制还是商业运作模式都有着深刻的理解。在与腾讯研究院的对话中，他介绍了美国公司在科技向善方面的一些经验与实践，并探讨了企业家在其中应当扮演的角色。

你怎么理解科技向善？

邵亦波： 在谈科技向善之前，我先来谈谈企业向善。企业在现代社会中起到的作用比几十年前要大很多，它应该是目前全世界最为重要的实体之一。但最近30年，股东利益最大化成为企业经营最主要的一个目标，甚至是唯一的目标。这种转变造成了很多不好的社会影响，因为股东利益最大化并不代表社会利益最大化。深入考察当下大多数企业的出发点，你会发现它们并不是在造福人类，而只是在为股东创造利益。

在美国，有一些人已经开始注意到这个问题。最近10年有三种公司形式相继出现，目的就是改变这个状况。

一类是公共利益公司（Public Benefit Corporation，以下简称PBC），PBC鼓励公司在制定决策时，除股东外还考虑多个利益相关者（如社会、工人、社区和环境）的利益。当优先考虑的是"公共利益"而非直接股东利益时，PBC公司董事可以受到保护，在一些情况下可以免于被股东起诉。截至2018年，美国共有31个州可以接受PBC公司的注册，在册公司数量超过4000家，其中不乏Kickstarter和This American Life这样的知名品牌。

另一类叫作B Corporation（共益企业）。B Corp认证（或称为B Lab认证）是由全球非营利机构B Lab为营利公司颁发的私人认证。认证企业需要通过一系列在线评估并达到最低分数线才能获得机构认证，评估标准主要涵盖对社会及环境的影响力等维度。认证企业需要将B Lab要求的企业主对股东的相关承诺纳入公司内部章程。如需维持认证身份，企业需要缴纳数额为500～50000美元的年费，同时，B Lab每年还会对10%左右的认证企业进行抽查监督。截至2016年，全球50个国家130个行业共计1863家营利企业获得了B Corp认证。

此外，还有一类公司形式是社会型企业（social enterprise），主要从事的是公益性事业。它通过市场机制来调动社会力量，其法人身份可以是营利性质的，也可以是非营利性质的，表现形式可能是共同合作模式、成熟的组织构架、非独立实体、社会商业或慈善组织。目前，美国很多企业都宣称自己是社会型企业。

你认为现有的企业履行社会责任或从事公益活动，与"科技向善"有什么区别？

邵亦波：如果企业的整体目标是向善，可能会更好地解决一些问题；但如果是一只手在抓经济利益，另一只手在做社会善事，效果就不会太好。拿社交网络来举例。目前很多研究发现如果过度或过早使用社交网络，会对使用者的心理健康造成一定负面影响，比如青少年的抑郁症和焦虑症就可能与过度使用社交网络存在一定关系。一些公司在公开场合对此不太承认，但与此同时，他们又捐了很多钱给医院。我想说的是，如果他们愿意改变社交网络的一些设计，对人类健康的帮助可能远远比捐助医院大。

另外，有些大企业家捐助孤儿院，这当然是好事，但他们对公司旗下几十万的员工并不体恤。其实向善可以从身边、从企业内做起。从深层次看，这样做其实比捐钱困难得多，因为对企业主而言，无论是赚钱还是捐钱，操作都相对容易，而且捐钱鲜少有人指责，甚至还会受人崇敬，使股东满意，但是公司向善却很可能导致短期内股票表现糟糕，权衡之下就很少会有人做这样的"傻事"。要做到真正的企业向善，需要企业家自身的修炼，需要他或她有更多的智慧和爱心，包括真正地爱自己，不依赖外在的赞许。

除了了解自身带来的问题之外，科技向善如何引导科技为社会带来更多福祉？

邵亦波：确实，科技是一把双刃剑。企业可以用科技真正造福人类，提升人类内心的幸福感。硅谷现在也有一小部分人在做这个，比较有代表性的是一个叫 Transformative Technology Conference 的组织。其创始人 Nichol Bradford 是原动视暴雪高管，曾经将《魔兽世界》引入中国。有一次她参加了一场为期7天的冥想活动，后来就离开了公司，去从事一项全新的事业。这个组织每年会把几百个有相同愿景的创业者聚集在一起，帮助他们起步。

另一个实例是Parent Lab。父母的教育会对孩子的一生造成巨大的影响，但大多数家长对育儿这件事并不是太了解。很多父母缺乏与儿童大脑和心理成长有关的基础知识。开车需要考驾照，育儿反而不需任何学习和准备。结果是家长心力交瘁，而孩子在成长过程中也受到很多有形和无形的伤害。Parent Lab花了两年时间系统性地采集和整理了育儿知识，每个年龄段涵盖20多个课题（比如家长如何处理6岁小孩和手机、iPad的关系等），通过开发一些产品普及这些知识。中文的产品也在准备中。

你觉得目前国内外大型科技公司实践科技向善时，最大的障碍有哪些？

邵亦波： 我觉得首先是一个价值判断的问题。现在我们的社会衡量一家公司的价值，基本上取决于公司的预期利润。如果采用这样的估值方法，那公司的价值就与其社会贡献没有太多的联系。

举个简单的例子，两个设计者共同设计一款社交软件，其中一个设计者比较关心这个产品是否能真正给用户带来好处。他设计时并不着重考虑让用户每天使用他的产品，而是更注重于建立一些长久的、深层次的、有意义的人与人的连接；而另一个设计师的想法是，做一个比较浅薄的社交媒体，最大限度地提高用户的使用时间，让用户天天刷屏。相比较而言，后一种设计思路很有可能会比前者吸引更多用户，带来更多的广告收入。如果再提供一些容易使人成瘾的游戏与服务，那这个产品的利润也就更好了。

而我想做的，是帮助用户建立线下的、更深层次的连接。虽然线上会有一些吸引用户的设计，但是也不需要每天、每一小时甚至每一分钟都要用户使用产品；而且在挑选游戏时，也会倾向于挑选一些不太容易让人上瘾的游戏，甚至是可能对身心健康比较有好处的游戏。这种产品会更多地造福于社会，但在现有的经济环境里，第二种产品可能会获取更多的利润，更加容易得到 VC（风险投资）的支持，企业估值也会更高，几年过后，它会在市场竞争中获得胜利。

总体来看，问题的本质是资本市场对企业价值的定义——根据公司赚钱多还是少来决定价值——所造成的必然结果。

但是在某种程度上，我觉得我们是可以去做一些调整的。例如近几代苹果手机提供了"屏幕时间"的功能，用户可以评估自己的使用时间。Google 现在也在 Android 上推出了类似的软件。Google 的前员工 Tristan Harris 还专门创立了 Time Well Spent 组织推动整个行业和全球这样做。

我觉得应该推动科技向善，但是要看到根本的问题——我们衡量一家公司是否成功主要还是看创造的经济价值多少而不是社会价值多少，所以科技向善成为普遍的行动指南还有很长的路要走。

科技向善是否能成为企业的竞争力？社会价值与商业价值是否可能一致？

邵亦波： 我觉得二者在有些地方是重合的。在一些情况下，做向善的事情，能够帮助公司更好地实现商业目标。比如说一个社交媒体提倡做"干净"的产品，页面内没有很多广告，因此用户会获取更舒适的体验，同时增加产品的使用频次。从这个角度出发，用户的使用黏度以及对产品的喜爱度可能会更高，这对企业也是有益的。在这种情况下，向善的结果和公司的商业目标可能是一致的。

但有时也会存在不一致的情况，例如之前提到的社交产品设计的例子，所以我觉得不能一概而论。从更深层次看，这其实关乎我们每个人是否能够做出最好的选择。一个用户选择购买某个产品或服务，就意味着这个产品或服务对他来说是有益的吗？答案是，不确定。人类经历了几百万年的进化，很多生理上的反应其实对我们是无益的，比如吃糖。在猿人时代，我们的种族很少能碰到糖，一旦碰到就要大量摄取，这是当时的最佳策略。这一身体反应一直保留到今天。我的意思是，我们的生理反应并不一定代表着最佳选择。

从底层逻辑向上推演，其实我们今天做的大多数决定对自己而言是不太好的，包括长时间使用手机、开车时的路怒情绪以及采用暴力的方式教训自己的小孩等。这些决定并不利于自身长久的幸福。

在科技领域，一些企业雇用了大量的程序员和科学家，去发现和利用这些古老的生理机制，比如很多产品是在利用人脑的多巴胺机制吸引消费者，它们与吸毒调动的是同一个机制。

关键在于，被人们需要的不一定就是好产品、好企业。如果是对社会有意义的企业，它所考虑的是如何基于对每个用户的了解来推动他们做一些对身心有意义的事情。要做到这件事，需要企业家有更多的智慧和爱心。

科技向善的突破点在哪里？

邵亦波：首先，科技企业的员工会成为科技向善的一个撬动点。以前，科技行业中的大多数员工都是为自己所处的公司与行业而自豪的。当他觉得这个公司是造福于人类的时候，他愿意为这个公司去奋斗、去创造。

对于高科技企业来说，人才是它最重要的财富。如果大部分员工对公司或行业失去敬仰，这将会引起公司甚至整个行业巨大的震荡。

其次，公司最高层决策者也需要谨慎思考，界定自己的人生目标。因为许多人对身价、排名还是十分看重的。但对一些富豪来说，拥有更多的钱不再有太大意义。这个时候他可能会做出一个"向善"的决定，但这需要很大的决心、毅力和智慧。

周以真：

信息伪造是数字社会的巨大挑战

周以真教授是全球知名计算机科学家，现任哥伦比亚大学数据科学研究院主任、美国计算机协会（Association for Computing Machinery，ACM）会士，曾任微软全球资深副总裁。她对"计算思维"（Computational Thinking）简洁清晰的定义获得了计算科学界广泛的认可。同时，她也是数据向善（Data for Good）的积极倡导者。

就"科技向善"的主题接受腾讯研究院访谈时，周以真教授认为，科技向善的一大困难是，目前的数据科学家大都没有接受过足够的伦理训练；而数字社会发展至今的一个巨大技术挑战是，伪造信息泛滥且难以根除，那会侵蚀数字社会的信任基石。

你是数据向善的倡导者，你如何理解数据向善？

周以真：我认为数据向善有两层含义。一是通过数据来解决棘手的社会问题，比如气候变化、医疗健康、能源与社会公正问题。以数据为导向的研究在各个领域中都有很多，比如公共卫生学、生物学、气候科学、地球科学以及社会工作学等。所以如果这些领域可以运用其数据来解决社会问题，他们就是在践行"数据向善"。

二是在运用数据时要对其负责，和我们使用技术一样，这就是解决算法偏见与公正问题的关键所在。我们希望在收集公民的数据时，保留用户权利并保障用户隐私。我们希望确保以负责任的方式来管理他人的数据。当我们分析数据时，我们希望保证对那些提供数据的人做出公平的推断。

因此，当我提到数据向善时，我指的是数据要造福社会，并要通过负责、公平、道德和隐私保护的方式良好地使用数据。

当用数据造福社会与负责任地使用数据产生冲突时，你认为哪一个更加重要？

周以真：我认为两者并不会冲突，它们更多是互补的。实际上当冲突出现时，就不在我所提到的"数据向善"的两层含义之中了。第一层数据向善的含义与解决重大的社会挑战有关，这些问题不能够依靠一个学科、一个人或者一个国家来解决。比如，气候变化就是个全球范围的问题。医疗也是如此：全世界每个人都可能得癌症，这不是某个国家的特例。如果我们能够理解癌症的机制并治疗癌症，就能造福所有人。

第二个含义是以负责任的方式使用数据。这是公平、道德和隐私发挥作用的地方，也是可能发生冲突的地方。人脸识别技术就是一个典型的例子：当这项技术被警方和执法部门善用，就可以帮助我们发现坏人和罪犯，听起来是件好事。但这也可能是件坏事。受到环境、文化、政治和社会的影响，人脸识别技术也会被认为是侵犯隐私的。比如在欧洲，人们非常重视隐私保护，因此他们应该不会愿意在公共场所引入人脸识别。这就是冲突所在。

技术本身是理智的，但我们使用技术的方法可以是"向善"或者"向恶"的，这是一种文化或一个社会对于善恶判断的价值体系。在一个国家被认为是好的东西，在其他国家可能不是；同样在某些国家被认为是恶的，在其他国家可能相反。因此，价值体系、社会规范、文化和社会都在定义什么是善、什么是恶中发挥了作用。对于任何技术都是如此，对核武器是如此，对枪支也是如此。

如果我们要治疗癌症，并需要个人信息来帮助我们的技术进步，我们需要在确保合理使用个人信息的前提下进一步开发技术。这是否意味着负责任地使用技术比技术发展本身更重要？

周以真： 我认为我们不应该说哪一个更重要，这只是一个边缘的案例，它是建立在我们有隐私保护技术的基础之上的。例如，允许医院在不泄露患者信息的情况下共享患者数据。但当你不能发明一种技术来解决隐私保护问题时，就需要将政策、指导方针或实践付诸实施，并需要做出主观判断。无论是谁指导这一过程，都是在权衡一件事是否比另一件事更重要或更好。这需要依靠主观判断来做出决定。

你在世界人工智能大会上提到了保护个人隐私、算法透明度，在我们的实际工作中，这些应该如何保证？

周以真： 这取决于具体属性。一些属性，比如公平，实际上是可以被形式化的。公平包含多个概念，每个概念都可以被形式化。一旦你可以形式化其中一个属性，那么理想状态下，你就会希望能自动地确定一个机器学习的模型或算法是否公平。

当我们谈及带有偏见的机器学习模型时，我认为重要的是要记住，偏见来源于我们用来训练模型的数据。你可以去修正模型，去收集更多数据，你可以做许多事情来减少模型和决策系统的偏见。

当下，我们没有自动化的方式去检测我们的模型是否有偏见。我们只能为工程师提供指导，在不同的数据中集中测试模型是否会做出带有偏见的决策。如果的确如此，你就需要修复模型或收集更多的训练数据集。这是我们现在能做到的极致了。目前我们最前沿的认知只是"认识到机器学习模型存在偏见"，好在我们现在已经意识到了这件事。下一步，我们要展开行动，且最理想的状态是通过自动化的方式。否则，就要依靠人类来完成这种乏味的修正模型偏见的工作。当然，我所谈及的这些都是研究要做的事。

还有一些属性是很难被形式化的，比如伦理。几个世纪以来，哲学家一直在讨论一些伦理问题，并且没有数学方程式可以采集伦理原则。伦理原则是定性判断，是社会规范和文化差异的表现。因此，指导一台机器去遵守伦理、判断一台机器或机器学习是否符合道德是很难的。

有哪些产品或服务，你认为是科技向善的例子？

周以真：就数据向善的第一个概念而言，有无数的正面例子。因为每个学科都有数据，每个学科都在使用数据试图解决问题。比如，有很多项目试图通过数据来了解癌症并治疗患者，或者通过数据了解气候变化。

践行科技向善，你觉得科技公司最应该做什么？

周以真：首先，科技公司需要确保获得客户的信任。科技公司在提供服务时，他们收集客户的大量数据，并用数据为客户提供服务。腾讯就是如此。

在此之上，最重要的是要让客户在提供个人信息时保持信任。当科技公司收集用户的数据时，应该要对用户负责，在未经允许的情况下不能够分享这些数据。如果企业所在国有允许企业与他人分享数据的规定，企业在遵守规定的同时要知道，这件事最终关乎客户的信任问题。一旦科技企业让客户数据被不良使用或泄露，或让客户感到难堪，对科技公司而言将会是一个恶性公关事件。

到那时，客户可能不愿再使用该公司的服务，这对于企业必然造成不利影响。因此，对科技企业而言，重要的是通过良好保管客户的数据来确保信任。这是企业和客户之间的一份契约，客户会期待科技企业以某种方式来对待他们和他们的数据，因此科技企业不能违反这份契约。

当科技企业想要改变条款时，需要告知客户。假设企业突然决定与其他公司或者政府共享数据，企业最好告知用户这一决定，让客户知道你是如何使用他们的数据的。

对科技企业的工程师而言，因为没有自动化的工具来判断一件事情是否是公平或者道德的，那么他们能做的就是拿出一套原则，包括针对工程师的指导方针。当工程师收集数据、存储数据、管理数据、分析数据、为客户提供产品或服务时，你可以将他们必须考虑的东西付诸实施。

对内，企业可以考虑建立一些审查流程，比如成立内部审查委员会。假设一家科技企业想要推出一个新的APP，且这个APP需要从特定人群中收集数据，那么工程师们应该接受审查委员会的审查，确保他们是通过正确的方式收集数据、存储数据，并实施了所有的安全和隐私保障措施。这样，只有需要访问数据的人才能获得权限。如果工程师正在构建机器学习模型，他们可以测试其是否存在偏差，因为指导方针会包含这样的规定。

因此，科技企业首先要做的是拿出一套原则，就如微软的六条原则一样。不同领域的科技企业可以根据自己的情况自行制定，也可以效仿其他领先公司的条款。这一套原则要包括针对工程师，以及负责审计整个程序、确保工程师遵守指导方针的审查委员会的指导方针。

对于科技企业而言，践行科技向善，你觉得最大的困难何在？

周以真：就科技向善而言，我认为目前最大的障碍是我们正在讨论的许多问题，比如公平、道德、透明度等，都是工程师没有接受过训练但要去思考的问题。作为一个计算机科学家，我上学的时候从来没有上过伦理学课。你知道，工程师通常不需要考虑伦理问题。当他们遇到问题，他们会创造一些技术去解决问题，然后继续应对下一个问题。但现在，社会意识到数据可能会被用来做坏事。我认为最大的障碍是工程师需要对这些涉及公平、道德和隐私的问题保持敏感，但他们没有接受过此类训练。

对于目前最大的技术挑战，我有一个不同的答案：伪造信息变得非常容易。对此我还没有想到一个很好的解决办法。数字信息是非常容易被改变的，你只要改动一点，整个文件都会被更改。改变一条新闻、一个图像、一些信息……每个人都可以轻而易举地做到这件事。因为数字信息就像是电子，它只是一个很小的点，而不是一个物理制造的物体——要改变这类物体，你必须拿锤子敲击它或者将它重新包装。因此，数字信息非常容易被改变和传播。数字技术与其他类型的技术有很大区别，而数字技术社会没有预料到的是，坏人利用这些特性来传播虚假信息有多么容易。

我们无法确认自己在互联网上读到的内容是不是真的，获得的信息是否是可信的——这就导致了社会对信息的不信任感。社会机构（比如媒介）、政府机构、银行以及科技企业都会遭受危机，因为任何事情都可能是假的。这就是为什么信任关系如此重要。如果客户相信一家科技企业，那么他们会对该企业提供的内容保持信任，尽管我们都知道破坏这种信任是很简单的。

这就是我认为对我们而言最严峻的技术挑战。目前，我不知道有什么技术手段可以解决这个问题。因为这种攻击不是针对数据本身，而是其载体，即我们的大脑和认知。那些试图通过假信息愚弄我们的人，实际上是在试图操纵我们对世界的理解。我认为我们都应该意识到这个问题有多么难以解决。当我们平息了某一处谣言，它会迅速在另一个地方出现。这种情况下我们如何才能制止谣言的传播？这不是单单依靠技术就可以解决的问题。这个问题与我们之前谈到的人脸识别带来的冲突一样，需要依靠判断做出决定。

例如一家运营新闻业务的科技企业，可能有一些新闻会对特定人群造成伤害，或者被错误解读、煽动暴力，这种情况下要不要把这些新闻压下去？是不是会对言论自由造成影响？这种冲突是很难解的。

你如何看待学界、业界、政府在科技向善中所扮演的不同角色？

周以真：我认为政府、学界与业界在科学的进步与技术生态环境的创新中有各自的定位。学术界的角色是做长期的基础调研，提出那些我们在未来10年、20年可能都不会遇到的问题。但这正是长期研究的意义所在。学术界还要培育训练下一代学生，他们将会成为未来的企业员工。

行业的角色不在于不断发展最先进的技术，这是学界需要研究的事。他们的重点在于雇用从高校毕业的学生来提供技术和创意，通过创造产品与服务来造福社会、获得盈利。

而政府的角色在于为基本研究提供资金。在高校中，只有拿到资金才能够为研究生、教职工支付工资，为实验室支付研究经费。通常来讲，这些经费来自政府。

总的来看，这是一个良性循环。三者相互依赖、相互支持。学界培养出训练有素的人才，为业界工作；业界制造销往消费端的产品并获利，从而为员工支付工资。在学术界，做研究需要经费，这些钱通常来自政府。政府的受益则在于，行业盈利后会向政府交税，这些税款则可以帮助政府为学术研究提供资金支持。

张江：
警惕看不见的技术黑洞

北京师范大学系统科学研究院张江教授就目前信息技术高速发展带来的各种问题、可能的解决方案，分享了他的观点。

作为一名研究复杂系统的科学家，张江教授是从人类文明的前景、地球大生态的角度思考科技向善的；作为最早一拨上网的超级网民，张江教授希望互联网兴起时出现的开源精神、分享精神、协作精神能重新回归，以对抗互联网发展中衍生的种种负面问题，应对数字社会与人类未来的各种挑战；作为一名教育工作者，张江教授期待新科技能更多地应用于教育、开发人类大脑的潜力、弥合人们的认知鸿沟。

作为一名复杂科学领域的科学家，你如何理解科技向善？它是必要的吗？是可实现的吗？

张江：其实善恶是一个二分关系。按照哲学的观点来看，善和恶是互生互克的、动态的、可以互相转化的。也就是说，科技只要发展，善和恶这两个方面必然都会存在。只要你有所为，就必然会有一些不善的东西出现。哪怕你在追求善的方向，不善的东西也会随之释放出来。但我们通常都把注意力集中在善，集中在进步的地方，而忽视了不善的东西。二者其实是同时发展的，当不善的部分越来越大以后，就无法忽视了。

人类文明的进程跟科技发展是密切相关的。我理解的科技向善，应该是站在很高的维度，从人类发展、人类文明进程的方向去思考的全球性的问题。科技向善绝不仅仅是一家公司的事，也不局限于互联网行业，只不过我们在讨论它时，可以具体到互联网的发展上。

我特别同意善恶历来是同时存在的，但是这一轮信息技术的发展，尤其是人工智能技术的发展，与之前的技术有哪些不同？它带来的善和恶较以前又有哪些差异？

张江：太不一样了，因为它的能力太强。具体来讲，它跟热力学定律、跟熵的问题密切相关。

在使用互联网等新科技时，我们通常关注的是信息，但实际上互联网发展中所有的计算过程、数据存储都需要物理实现，而与之最相关的物理定律就是热力学第二定律。任何计算都在产生热、释放熵，任何一个工业和技术过程都伴随着熵的产生。这种熵的产生，就体现为各种各样的环境污染、人性堕落，这是必然的。只不过我们把注意力更多地放在了科技带来的社会发展上面，而忽视了它释放的熵。目前我们对熵的度量是缺少的，只有少数搞环保的人会去考虑这个问题。但是环保人士做的事情，也并没有跟科技、跟人工智能联系起来。

善在这里具体就是指科技进步，进步的东西出来了，恶的东西同时被释放出来。其实两者的规模法则（scaling law）是一致的，这也就意味着它们的增长曲线是一致的。所以在科技爆发、人工智能走向奇点的同时，也可能伴随着环境的污染。有人预测，在2050年左右会出现一个大的拐点。到那时，一方面科技发展可能实现了超级人工智能，另一方面，地球环境可能全面崩溃。我认为科技向善要放到这个大的生态框架中去考虑，才是真正本质的科技向善。

在那个特别恐怖的奇点到来之前，我们能做点什么脚踏实地的事情？尤其是落到互联网行业上。

张江：回归到互联网，我觉得首先我们要认识到，互联网已经对人类社会进行了翻天覆地的改造，它比之前几轮科技革命的影响都要更加深刻。之前的工业革命再怎么改、再怎么厉害，还是停留在替代人的身体、替代体力劳动这个层面。而这一波以互联网为主的发展，围绕着人的认知系统进行改造，它的发展会改变人脑。人脑目前是地球的主宰。从这个角度来看，互联网对地球的改变是非常彻底的，伴随着巨大的力量，所以每一步都要走得小心谨慎。目前互联网的发展太缺乏审慎态度，甚至在无意识、野蛮地生长。

互联网公司的发展要考虑对环境的影响以及对人的改变。在我看来，科技发展对环境的影响更大，因为这是我们最容易忽视的一块。我的观点是理想化的，做起来确实很难。人们更多会站在人文和社会的角度看问题，不大容易看到生态层面的问题。但实际上生态是更大的问题，现在地球已经给到我们很多负面反馈。

回到人的角度，我之所以关注这个侧面可能也有我独特的理由。我觉得互联网最大的好处就在于它开源、开放的精神，在早期这种精神彰显得特别好。中国引入互联网大概是在1996年，我有幸成为最早一拨感受互联网发展的人之一。

那个时候互联网给我的感觉是一个另类空间，而且是有一些理想主义者在的。当时大家基本上都是善的，大家的分享精神、开放精神、协作精神，都体现得淋漓尽致。包括国外，我们谈到互联网，就会想到开源软件、众包项目等，比如维基百科。但是从21世纪初开始这一切就悄悄变了，互联网逐渐被商业接管，把开源成功地转化成一种商业模式。比如说搜索平台，它的信息是开源的，你可以免费使用搜索引擎，但它的流量实际上是可变现的。这种情况下，一下子就催生出一拨新的互联网巨头。这些互联网巨头出现的早期整体上还是很正面、向善的，但是这几年慢慢开始暴露弊端，比如数据问题。

数据的使用是问题的根源。希尔斯是做"意愿经济"的学者，他提了一个"小数据"的概念，我觉得蛮有意思。因为意愿经济的整个思维框架，就是重新审视互联网。互联网应该以客户、个体或用户为中心，这也是我的观点——所有互联网产品和服务的开发都要以围绕人的注意力为逻辑。这里的注意力包含你的认知、行为，以及围绕这些产生的数据。这是理想情况。而现实情况恰恰相反，一些互联网公司还是按照工业生产的方式，以生产方为中心来展开业务，简单粗暴地将用户的数据作为生产资料进行加工，并以此牟利。

那这个逻辑怎么能改过来呢？

张江：要改正这点很难，但至少我们可以有一种新的思考框架。我们每个用户要认识到，你的注意力，包括每一个微小的动作所产生的数据其实都是有价值的。注意力的付出是一种资源，我们要知道它背后的价值与权利，并把它保护起来。只有当个体觉醒之后，才有可能去影响一些政策、改变游戏规则。

大数据就是指大量的人的行为数据，但是这些只是某个人一部分的、短时间的数据，是横向的，因为每个用户的社交、购物、娱乐等数据会分布在不同平台上。

所谓的小数据正好反过来，它是以用户为中心，每一个用户的数据都是全的、完整的。一个人从早上起来就在产生数据，这些数据可以用科技手段完全记录下来，获得一种纵向的数据。基于这样一个纵向全数据对人进行分析，人工智能的准确性会更高。那么是不是二者可以做一个交换，让不同的科技公司拥有用户横向的大数据，每个用户拥有自己纵向的大数据？这种情况下，有没有可能出现一种新的数据使用模式？我们不知道，但是可以畅想一下。

这个逻辑听起来很好。但是个人持有自己数据的能力太小了，大量的普通用户实在没有足够的能力去保护、使用或者交换自己的数据。

张江：所以我觉得实现这点的前提是，互联网重新找回最初的开源精神。如果让人去掌管数据，无法克服私心的问题，那么是否有可能通过技术让机器去掌管数据？其实现在区块链可以通过技术让机器运用算法掌管你的账簿，使你的账簿存储完全公有化。我们期待未来也能够在技术上实现对数据的完全去中心化的控制。

这两年大家都开始反思流量变现的模式，而且流量也在见顶，流量越来越贵，等等。你刚才说，流量变现打破了互联网早期的开源精神，那流量变现走到一个尽头，是不是会有一种新的模式出来？

张江：我相信会的。就像早期的比特币一样，会是一种新的模式，但是比特币现在还是太单一，也许以后会有新东西出现。

回到现阶段我们可以做的事情，科技企业能为自己和大生态的可持续发展做些什么？

张江：我觉得主要有两个方向，一个方向还是从技术的角度，实现去中心化，把真正的决策权、使用权等交给机器。将这些权力完全交给第三方，而不是人或者机构，这样做实际上可以马上解决问题，但是现在没人这么干。另一个方向就是让用户意识到数据使用的问题，意识到自己是拥有跟互联网公司做交换的资本的。如同我前面说的，纵向数据的深入开发是一个大的金矿，大家还没有开始做起来。

如果你觉得善恶是一体的，是不断交互、动态变化的，那还有没有科技向善的好例子和坏例子？

张江：坏例子有很多，好例子很难想。

绝大部分人都没有把自己的头脑和认知当作一种资源，没有意识到我们的认知系统会被污染、被掠夺、被不健康地引导。认知包括概念、语言这些东西，这是我们大脑里面的世界，与物理世界不同，这是我们还远远不熟悉的世界。

比如，一拨人喜欢科幻，在科幻里扎得很深，另一拨人喜欢二次元世界。这两拨人有自己的玩法，完全没有共同语言。这种分裂趋势可能会被科技的力量进一步地拉大。我们知道，物理学上，宇宙的黑洞有引力作用会将物体拉伸，一个人掉进黑洞会像意大利面条一样被瞬间拉长，然后撕碎。我觉得现在人类作为一个群体也正在被黑洞撕碎，只不过这个黑洞不是物理上的黑洞，而是可以叫作技术黑洞或者认知黑洞。

既然大脑是可以被改变的，是不是意味着我们还是可以做一些事去引导大脑、改变认知？是不是可能出现一批新的数字化产品，去引导人的耐心、同理心等？斯坦福大学有一个实验室，就是通过科技产品引导和激发人们的创造力、同理心、专注力等正向行为。

张江：我觉得其实存在着大量的空间待开发。比如说游戏，现在大部分人还是把游戏当成一种娱乐消费，但是国外有很多的严肃游戏，可以利用游戏去养老、去反腐等。有一本书叫《游戏改变世界》，里面有特别多这样的例子。我觉得这方面就大有价值可挖，尤其是在中国。

　　现在的80后、90后，甚至00后，其实是渴望得到正向引导和教育的。像我自己从事教育行业，我就希望能把科技用于教育，把枯燥的教学变成一种游戏，让学习变得更有趣。所以我们可为的空间还很大，做得还太少。我觉得这个世界整体还是往善的方向发展，最后还是善的东西会占主流。

　　我们最近在思考科技向善和数字社会的关系的时候，也在探讨科技向善的逻辑：科技是一种能力，向善也是一种能力，"科技+向善"会是面向未来的更大的竞争力吗？你怎么看？

　　张江：这个逻辑我觉得不对，尤其是"竞争力"这三个字跟向善的本质还是违背的。从更长的周期和更大的范围去看，一定是善的东西才能够往前发展。发展我是同意的，创新也是赞同的，但是竞争就意味着不是你死就是我活，是一个零和游戏。但现在我们的社会已经可以非零和了。肯定还是会有一些零和游戏，但是不见得就非要竞争。换句话说，是不是可以换一种思维：只要自己一直在变好就行了，不去与别人竞争，别人好或不好并不影响我。我觉得这个逻辑更向善。

　　你觉得要实现科技向善，最大的难题是什么？不管是人类社会，还是科技公司做这件事情，最大的阻碍是什么？

　　张江：我觉得最大的障碍还是认知层面的障碍。大家的思想观念没转变过来，所以需要认知升级。

　　目前有很多研究也在探讨算法，比如算法黑箱、算法歧视、算法的局限性、算法有没有价值观等。你觉得这些问题要更好地解决，是要靠算法设计的自我觉醒、优化、完善，还是需要其他力量去介入？

　　张江：我们不妨换个角度来看。算法的各种问题，与其说是负面的，不如说它会更早地让你发现问题，思考解决办法。就像当年计算机病毒出现以后，一系列防病毒的方法就会出现。魔高一尺，道高一丈。这是一个技术自己进化、优化的过程。弊端出现得早，也就意味着这种技术还没有造成更大的伤害，这是件好事。

按照这个逻辑，你是不是认为，技术带来的各种问题其实还是要通过更新更厉害的技术来解决呢？

张江：别的力量太弱了。比如道德约束和监管，有一定的滞后性。还不如让这种技术快速地开源和扩散，让它变得更加平等化。也要依靠众包的力量，群众总是会想出更好的解决方案。

从你个人的角度看，这一轮科技带来的问题哪个更紧迫，是你刚才提到的生态问题，还是对人类大脑、内心的影响？

张江：生态环境问题更紧迫。要解决问题，首先要让人们意识到问题的存在。现在大家对生态环境问题还处于认知黑洞，比如我们不曾想过人工智能的开发会影响环境。我说的环境是一个广义的概念。要衡量对环境的影响，不是简单地计算一个服务器产生了多少碳排放，这中间有一个很长很隐蔽的因果链条。但没有人知道这个链条是什么样的，它是一个恐怖黑箱，我们甚至不知道什么行为会影响它。

科技向善，关键在于怎么向善。有一种观点是说，更加自然的科技也许才是真正的善。我理解的科技向善，用一个很好的例子来形容就是李冰修都江堰。本身没有对自然改造太多，而是以巧妙的模式去创新。

如果让你用三到四个关键词来描述，你认为科技向善应该包含的元素或者说价值，有哪些？

张江：开源、环保、克制、回归本源。

董洁林：

不成为"作恶工具"是科技公司的底线

董洁林老师的大部头著作《人类科技创新简史：欲望的力量》，以马斯洛需求层次理论为框架，角度新颖地讲述了人类科技创新的漫长旅程，是一本严谨且生动的科技史作品；更有价值的是，该书相比其他同类作品，详尽客观地分析了中国科技创新的发展历程、与其他国家的对比、在全球科技创新版图中的地位等；此外，对于一些经典命题与新近的热点问题，比如李约瑟难题、人工智能技术的现状问题，该书都给出了清晰有力的回答。

相比其他科技史类著作而言，董洁林老师书中更扎实的推论、更平和的讲述，能够让读者更理性、更客观地理解科技发展的内外因素、潜在影响，从而更明智地采取行动。董洁林老师从整个人类科技创新的历史背景角度，向腾讯研究院分享了她对于科技向善的理解。

从全球范围来看，你认为互联网发展至今，最大的成就是什么？最大的问题又是什么？

董洁林：过去20年，互联网最大的成就是推动了全球化。互联网使世界真正成为一个global village（地球村），全世界的人得以联通，不同的语言和文化得以交流、融合，从而达成商业、文化等方面的合作。

而最大的问题在于，互联网在让人连接远方的同时，使人们下意识地忽略了身边的人与事。我觉得，无论是PC互联网时代还是移动互联网时代，所有的产品都有一个共性，就是它能让你非常方便地跟遥远的人建立联系。但是，人的时间和精力都是极为有限的，在这种情况下，你就会忽略身边的人以及现实生活中更重要的事。人们不能再像以前那样，跟身边的人建立和维系亲密关系，最后，整个社会的交往模式都发生了改变。

人类的社会性驱动人与人之间建立关系，久而久之，人们在心理上也形成了期望彼此建立深度连接的需求。但现在，你有了一个工具，它的技术可以辅助你与远方的人建立关系，如果这种技术与心理需求相悖，就会使人的内心产生一种强烈的冲突感，从而引发集体心理层面的问题。

我不知道在技术方面，未来是否会出现一类产品或游戏，能够让人们与身边的人进行更频繁、更亲密的互动。要知道，很多人，特别是自制力不强的人，他的需求会被一些外部工具，比如手机APP带着跑，于是就很少主动倾听身边的人、关注身边的事物。如果互联网公司能够关注到这些问题，在设计产品时以一种比较平衡的状态去处理，我觉得会是一种很好的"向善"。

你认为互联网信息技术革命给社会带来的影响，未来又会有什么趋势？

董洁林：未来20年，信息技术领域的重要趋势是AI与机器人会越来越普及，这两种事物实际上是过去几十年自动化发展的一个延续。

但是，人工智能的发展速度会逐渐趋缓，因为它尚有很多技术难题无法攻克，因此会陷入发展瓶颈期，不会出现尤瓦尔教授所预言的，快速突破并导致社会激进变化的情况。同时，成本过高也是问题之一，我一直觉得，人是上帝创造的最智能且性价比最高的计算机，以现在人工智能的水平，想要在很多事情上取代人，计算量很大，成本极高。

机器人的广泛运用，使工厂需要的人员越来越少，这一趋势对社会发展会产生比较大的影响。尤其是在全球分工方面，它会让发展中国家的低成本优势变得越来越没有意义，而资本家在全球范围内寻找最便宜劳动力的游戏也会趋于终结。全球供应链布局因此受到影响，一些供应链会从发展中国家回流到发达国家。

你写作了一部有关人类科技创新历史的专著，那么，如果放到人类科技创新的大背景中，你会如何看待目前这一轮数字化技术革命？如何看待科技向善？

董洁林：从科技史的角度看，一项科技不仅会在近期产生效应，往往还会带来很多远期影响，有点像蝴蝶效应，难以预测。科技的发明，往往是为了解决一些当下的问题，满足一些暂时的需求。至少在发明之初，它看上去都是向善的，因为如果不是，它很容易就会被淘汰。但要知道，它所带来的问题可能会发生在未来的某时某刻，而你在此时此刻未必能看得清楚。对科技长期效应的关注，是旨在"科技向善"的科技公司需要特别考虑的。

你觉得科技向善可以成为互联网公司的商业竞争力吗？

董洁林：我觉得互联网公司存在的基础与价值，就是通过设计、发布一些产品，来挖掘、满足人和社会的需求。长久以来，互联网公司做了许多新鲜的尝试来探索人的不同需求，这些探索会把人和社会的发展推向一个特定的方向。这个新方向可能很好，但很多时候会事与愿违，出现很多问题，而这些问题实际上会变成新的商业契机。

"科技向善"不是为了"善"而"善"，而是应该具备一种洞察力，去洞察人潜在的需求和社会问题，从而抓住下一次创新的机会，在"向善"的同时，创造商业价值。只有这样，"科技向善"才具有可持续的生命力。

科技本身肯定是有一定公益性的，但如果是把"科技向善"纯粹当成一种花钱的公益行为，我觉得会很难成功，因为它难以持续。

从人类整体的角度，你觉得就科技发展本身而言，存在一个共同的价值观吗？

董洁林：我想共识肯定是有的，但不同地区可能稍微有些不一样，比如美国、中国就会有一些差异，但有一些基本的东西应该是一致的。

互联网界的人们喜欢谈论公平、普惠这些价值观，但我觉得，这些价值观有一点乌托邦的意味。一个公司在设计产品的时候，大概较难实现这些价值观，而效率类指标比较容易追求。互联网发展了几十年，我并不认为互联网给社会带来了根本改善。但无论在美国还是在中国，某些底线是共有的，比如，不能创造出一种科技，让一个群体去侵犯、伤害另一个群体等。这未必是核心价值观，但至少是必须坚守的底线——互联网公司不能成为某些人作恶的工具。

你觉得我们从工业社会进入数字社会，会出现或者需要一套新的价值观吗？还是会延续之前的价值观？

董洁林：即使是西方社会现在的价值观，实际上也是从英国工业革命、法国启蒙运动到美国建国这样一路慢慢形成的。互联网发展起来后，并没有改变基本价值观，但同时也形成了一些新的、特别的价值观，比如开源和共享，其核心要义是让信息和知识属于全人类，而非为少数人所独有。

如果从科技公司到全社会，都推行科技向善的话，你觉得最大的阻碍会

是什么？

董洁林：我觉得对于一家公司来说，盈利肯定是决策时最重要的逻辑之一。在这个逻辑主导下，如果"科技向善"这样的追求与赚钱相抵触的话，这个公司可能会倾向"赚钱"，而放弃"向善"。

其实，规模越大的公司选择的机会就越少，因为公司的规模大到一定程度，成长空间非常饱和，很容易陷入增长困境。比如有些科技公司会为了商业利益，做一些跨越底线的事情。但正如我刚才所说，如果有人具有非凡的洞察力，能够发现社会问题，并进行科技创新，那么科技向善可能恰恰是企业最重要的商业竞争力之一。

邱泽奇：

科技产品需要"使用说明书"

科技产品或许可以参照药品使用指南，为用户提供一份"使用说明书"。

这是北京大学社会学教授邱泽奇在科技公司推出新产品与服务时的建议。虽然，这个想法在可行性上还有待思考和评估，但这个想法能启发科技公司恪守以用户利益为本的原则，让用户更健康、更高效地使用互联网新产品。

邱泽奇教授是腾讯研究院"科技向善"项目的长期顾问，几年来他与腾讯研究院一起，深入思考数字社会的机会与挑战、科技向善对数字社会的意义，以及科技向善应该如何展开与实现等问题。

在与腾讯研究院的合作过程中，邱泽奇教授进一步阐述了这一轮科技产品与工业时代科技产品的差异，及其带来的一系列新的逻辑和关系。对于有关科技产品如何更好地为更多人谋福利，并尽量避免对用户和社会产生负面效应，他也提出了一系列崭新的建议。

当我们现在提科技向善的时候，和之前的工业时代有什么不同？

邱泽奇：在回答这个问题之前，有两个问题需要探讨。第一，为什么在这个时候提出科技向善？科技向善的问题其实历来存在。第二，为什么现在科技向善比以往更重要？科技过去向善了吗？现在向恶了吗？

科技向善历来是社会的期待。从辩证的角度来看，科技的影响必然分为正反两方面，既可以用来行善，也有可能拿来作恶。在历史上，科技向善通常是通过政府管制和企业自我约束来实现的。

一个典型的例子是枪支。枪支看起来只是一个工具，其背后也是一项技术，这种技术的致命性让政府管制变得非常重要。从枪支管制的例子来看，之前的技术是通过产品直接呈现善和恶的，这在工业化时代最为明显。理论上，政府代表的是公众的利益、道德观、价值观，由政府来约束产品向善或向恶。但是，中国对枪支实施的是强管制政策，美国对枪支却是弱管制政策，很难说枪支本身是善还是恶，不同的管制理念和政策，是基于对技术不同的判断。当然，人类社会也有很多共同判断，比如毒品，世界各国都对毒品实施强管制。

通过这两个例子，我们可以获得一个清晰的逻辑：工业化时代的科技被企业用于制造产品，以产品为载体，呈现出科技的向善或者向恶。对产品向善或向恶的约束，则主要通过政府制定各种规制来实现，向善的产品会获得鼓励，向恶的产品会受到管制。在这个逻辑里，政府承担了对科技产品善恶进行判断和规制的主要职责。

数字时代的产品逻辑发生了什么变化？

邱泽奇：可以从产品形态来看数字时代的产品和工业时代的产品有什么不同。过去的产品更多的是工具性产品，中国人讲"器为所用"，就是讲它的形态和功用。今天的产品既有工具性产品，也有交互性产品、互动性产品、参与式产品。虽然产品在严格意义上依然是工具，可是产品的形态变

95

了，用法也变了。过去，产品纯粹是工具，而今天的产品是用户体验产品，与产品进行交互，这样的产品形态逐渐成为主流形态。

因为产品逻辑变了，所以产品与用户的关系也变了，同一个产品，不同用户会有截然不同的使用反馈。玩一个小时手机，有的人觉得时间很合适，有的人则觉得非常影响生活和工作。在数字时代，人们对科技产品善恶的判断，个体差异非常大，受年龄、教育程度、个人兴趣爱好等因素影响。从政府规制这方面来看，显然不能一禁了之，简单地禁止一个产品，解决不了任何作恶的问题。

随之而来的是企业与社会关系的变化。互联网诞生之前，企业以产品面对社会，如今，企业依然以产品面对社会，但是数字产品和用户界面、交互方式发生了本质的改变。过去，企业开发一个产品，经过权威部门审核批准之后差不多就算完成了，剩下的是批量复制。而现在，数字产品都是动态产品，需要根据交互数据对产品不断进行优化迭代，通过产品升级、算法升级以满足用户需求。与互联网之前的产品相比，两者有本质的区别。

这种产品形态的差别，让科技向善的逻辑也改变了？

邱泽奇：对，因为约束企业向善的参与者角色和数量变了。过去，可以不需要用户参与产品的生产和迭代——用户主要通过政府实现对产品向善的诉求，政府要求企业的产品合格。如今，企业要实现产品向善，不是单次约束，而需要产品不断迭代，这是第一；第二，这一波技术革命对社会经济的改变，对人的影响呈现出非常大的差异性。只有每一个用户直接参与到产品的生产与迭代中，才能对产品的善恶进行归责。因此，在过往的经历中，有哪些经验需要借鉴，有哪些教训需要吸取，还缺乏一个明确的参照。但有一点没变，就是互联网科技与未来的人工智能技术最终还是要服务于人，以人为核心，以服务人类为核心目标。科技产品必须以人为中心。

问题是，不同的科技产品，以人为中心的实现路径不一样。过去，政府承担规制责任，企业承担产品责任。如今，政府依然承担着规制责任，但是企业除了承担产品责任，也需要承担起规制责任。把用户纳入产品的开发、生产与服务之中，是企业获得规制和管理合法性的重要保障。这一点要特别强调，如今，科技的善与恶不单是企业的问题，也不单是政府的问题，而是政府、企业、用户三者之间共同参与、建立规则的问题，这是核心所在。

这里讲的企业是大公司还是所有企业？

邱泽奇：所有企业。开放，让用户参与，已经成为企业生产运营服务过程中非常重要的环节。一个产品，不管它在技术上有多先进、多前沿，它的核心，还是要为大多数人谋利，让大多数人快乐。当然，一些新科技、新产品在研发初期可能会遇到一些问题，需要一个不断优化的过程。因此，对新事物，不宜武断地否定。

科技向善，从宏观层面看，首先要为大多数人带来便利、带来红利。社交产品、电商产品、娱乐产品、物联网产品等，在解决人与人的连接、人与物的连接和物与物的连接方面发挥了关键作用。至少在初始阶段，为用户提供便利是最大的善。当然，科技向善也可以表现为具体的社会行动，像互联网公益对慈善的推动，通过技术方式大大降低了人们参与的门槛，不仅改变了具体项目，还使公益生态发生了改变，让公益更接地气。还有，像"为村"这样的产品，专注解决社区的连接，帮助上万个村庄更好地融入互联网世界，也是科技向善。

如果用几个关键词来界定科技向善，你认为有哪些？

邱泽奇：第一个我会选择"改进"，促进效率和效益的提升，改进人类运用资源的方式，尤其是提高资源利用的效率；第二个是"普惠"，让大多数人从中受益；第三个是"包容"，容纳不同的内容、不同的群体、不同的诉求；第四个是"诚信"。这四个关键词里面，第一个是效率问题，第二个是社会覆盖性问题，第三个是兼容性问题，第四个是社会整合性问题。我认为，科技向善应该包含这四个价值。

善分大善、小善，任何科技都是一把双刃剑。如何最大限度地降低科技的负面影响，这是制度安排问题，而选择科技朝哪个方向走，却是道德问题。

这个道德选择由谁来做？

邱泽奇： 由社会大众共同决定。善恶在规制方面通常被划归道德领域。过去解决道德问题，无非是两种方式，一是建立社会道德，二是把部分道德约束纳入法律范畴。在当下和以后的科技领域，除了加强法治，社会道德建设更加重要。除了产品研发和迭代太快，法律难免滞后，还因为社会有机会直接参与产品的研发与迭代的过程，本质上就是用户筛选、社会筛选的过程。对于从动机上就向恶的科技，社会会有一个选择的过程。随着这个过程的发展，期待的是社会对技术产生有限的免疫力。当然，在科技向善的发展中，总会出现各种问题，用中国的经验来讲，发展中的问题要在发展中解决。

在实践科技向善方面，你觉得科技公司最应该做什么？

邱泽奇： 我认为，科技公司的责任比原来更大了。工业时代，政府和行业制定技术标准，企业只管执行技术标准，产品产生的社会问题，由政府或社会解决。现在，科技公司面对的情况不一样了，简言之，面对的责任、难题更多了。其中，有些科技产品的影响很难马上界定，产生影响的关联因素也很难厘清和量化，这些社会后果政府也不知道该怎么解决。在这种条件下，为了推动产品研发和迭代，科技公司不得不直接面对产品引发的社会后果，这就是不同。面对这些新的挑战，科技公司应该更多地与社会交互，更多地从社会中吸收智慧，关注社会对一个具体产品向善的界定和期待。

当科技公司直面这些新的社会问题，提出解决方案的时候，它的边界在哪里？会不会影响用户的自主选择权？

邱泽奇：这其实是一个平衡问题，在不同市场可能要采取不同的措施。比如，中国和欧洲的应用环境就有很大差别，一些产品在欧洲应用可能不会带来什么不好的影响，但是在中国市场可能就会产生不好的反馈，这跟两个市场的用户习惯、文化传统有很大的关系。即使是在同一个市场，不同用户群体也有不同的使用反馈。

尤其是当一个新的科技产品出现，用户并不知道产品会在什么时候产生负面效果，在这种情况下，科技公司要尽可能告诉用户潜在的负面影响，科技公司的告知就是一种向善。事实上，这一做法是要告诉用户产品的正面后果和负面后果，鼓励用户选择正面后果，避免负面后果，这是科技公司应该承担的责任。科技公司对产品后果充分告知，不仅不会剥夺用户的自主选择权，反而会赋予用户更大的自主选择权。

比如公交车刷卡。北京公交车刚刚开始推广刷卡的时候，每个车站都有人教你怎么上车，上车之后教你怎么刷卡。直到现在，车内广播都会反复告知乘客如何正确地刷卡。与此同时，技术和规则也在不断迭代，过去只能刷公交卡，现在可以刷多种卡；过去是上车刷一次就完了，现在变成了分段式计价，上车要刷卡，下车也要刷卡，为了让乘客熟悉规则，车内广播不断地提醒你下车也要刷卡，否则就要被扣全程票款。

这意味着科技公司也需要去推广和普及一些规则，或者数字时代的素养？

邱泽奇：对。我们举个特别简单的例子，在家里，当看见小孩拿着菜刀，大人会怎么办？肯定会制止。当一些新科技出现的时候，它潜在的负面影响就像小孩手里拿着的菜刀。现在使用科技产品的很多用户，就像拿着菜刀的小孩，不知道手里拿的东西会有什么危害。这个时候，就需要科技公司、社会、用户共同去面对可能出现的潜在风险。起码要告知，既要让用户更好地使用科技产品，也要让用户明白可能的负面影响，然后是引导，再是预防，最后是提供针对负面后果的解决方案。

随着这些规则和意识的普及，对科技产品应用而言，当下遇到的挑战在3~5年之后可能已经不再是问题？

邱泽奇： 我始终认为，眼下的一些问题都是转折期的问题。转折期有几个特征：第一是社会对产品不熟悉，对产品的特征不熟悉；第二是对产品的社会后果缺乏预见；第三是在遇到问题之后，缺乏科学、合理的解决方案。

随着科技产品的普及，社会各方了解的深入，这些问题都会迎刃而解。不过，有一个问题需要特别注意，如今，科技产品的迭代速度远远快于工业时代产品的迭代速度，就意味着用户始终会面对新的科技产品，这是最大的挑战。我们前面讲到的告知、引导、预防和解决，不是针对一个产品而言的，而是面向不同的科技产品，有一套解决问题的机制和策略。希望科技产品有一天也能像药品一样，不仅能列出自己的"功效"，还能标明它的"副作用"，有一个详细的"说明书"。

在形成这套机制和策略的过程中，政府有规制的责任，社会有选择的责任，科技公司则有技术的责任。我认为，未来科技产品在研发的时候，还可以更多地让专家参与，对一些问题进行前瞻性研究。

这样做的优势是，当最新科技产品推向市场的时候，不仅有来自企业的技术告知和引导，还有来自专家的社会评估。也就是说，在前面提到的告知、引导、预防、解决四个环节之外，还可以引入外部专家参与，作为第三方来承担科技行业与社会、政府之间的沟通桥梁。

这个科技产品的"说明书"听起来很棒，但是会不会和当前科技产品快速开发、迭代的节奏相矛盾？

邱泽奇：对有些产品的研究，需要的样本量并不大，也许几千个样本的行为数据就足够了；而对另外一些大类产品的研究，比如社交产品、电商产品、游戏产品、短视频产品等，每一类产品都有相同或相似的社会特征，什么人在用？有什么影响？应该如何用？当把大类社会特征研究清楚之后，就可以提供预防式的建议和策略，而不是像现在这样，等出现问题了才推出应急措施。

当针对大类产品的研究形成积淀，在新产品出来时，就可以写说明书，给出预测性建议。就像现在的药品一样，很清楚地说明适用于哪些人，哪些人禁用。以后的科技新产品也可以提前做出告知，哪一类产品建议怎么用，让用户自己去判断和选择。

目前这方面的研究好像还不是太多？

邱泽奇：的确不多。我认为主要有两方面的原因，第一是科技企业没有对外开放，第二是学界对这些领域的研究还不太重视，不认为这是他们的责任。其实，很多新问题其实是理论创新的源泉。不过，无论是理论创新还是解决实际问题，这样的研究都非常值得去做。

对科技公司而言，这些措施会和追求商业回报的目标相冲突吗？

邱泽奇：我认为没有冲突。举个例子，一个产品，你可以只告诉大家怎么用，也可以除了告诉大家怎么用，还告诉大家怎么用更好。现在，第一步我们已经做得很好了，但结果是，有的人用好了，有的人用坏了，出现了负面问题。

大家喜欢用，说明产品很有吸引力。在这个基础上，如果能让用户更好地使用，等于是为优质的产品提供了优质的服务。这是一个正反馈，而不是一个冲突。我始终认为，一家科技企业告诉大家怎么把自家的产品用好，不会使利润下降。

科技向善会带来逆向选择吗？或者说会出现劣币驱逐良币的情况吗？

邱泽奇：即使有逆向淘汰，也只会是一个阶段，不会是永久的。为什么是阶段性的？因为逆向淘汰说明还存在着一些没有被满足的需求，也可以理解为，用户内部的差异性导致的需求多样性没有被满足。这里，有一个更重要问题，如何让产品都具有科技向善的价值，让向善成为行业的一个基本准则。

在推进科技向善方面，企业与政府、学界之间应该是怎样的关系？

邱泽奇：对于新出现的技术与应用，政府需要有比较深入和准确的了解，需要对它的社会影响有比较全面的评估。要达成这样的目标，学界可以发挥很好的沟通和桥梁作用，学界还可以为企业补充商业视角之外的一个更为全面和客观的社会视角。政府方面，如今很多创新科技产品很难用已有的标准去衡量，不仅国内没有可供借鉴的经验，在国际上也没有参照。这就需要政府在监管方式上进行创新，企业、政府、学界三方共同探索数字时代的新规制。

因此，科技向善不仅是科技公司的责任，也不仅是大公司的责任，而是所有公司、政府和社会共同的责任。

金兼斌:

科技向善，是社会真善美的题中之义

　　作为长期研究科学技术的社会影响的传播学者，清华大学新闻与传播学院金兼斌教授对各种新的争议性技术的发展，以及其引发的公众舆论尤为关注，比如发生在2018年年底的基因编辑事件、智能算法推荐引发的隐私和伦理问题等。从这些新近发生的科技与社会的伦理争议切入，金教授向腾讯研究院分享了他对科技向善的理解与思考。

　　金教授认为，科技向善恰逢其时，具有重要性和迫切性。无论是科技的善，还是公司的善，都是既必要也可能的。但另一方面，在这一轮以生命科学、人工智能等技术为核心所引发的，对社会发展和人类自身的改造中，如何贯彻和实现科技向善，以更好地控制科技发展的不确定性带来的社会风险，也是人类所面临的严峻挑战。

你如何理解科技向善？

金兼斌：理解科技向善，首先要看大背景。

人类历史发展到今天，已来到一个转折点。2018年、2019年可以说是非常明显的一个转折点，有一系列标志性事件接连发生。

2018年11月26日，原南方科技大学副教授贺建奎宣布一对基因编辑婴儿于11月在中国健康诞生，这是人类第一次跨越以生殖为目的的人类胚胎基因编辑活动之红线。这一事件对人类作为一个物种所具有的潜在风险是，被修改的基因将通过两个孩子最终融入此前一直保持"自然纯净"的人类基因池，使人类今后在物种演变过程中可能面临巨大的不确定性——这是就此事件对人类整体的影响而言。至于两个活生生的基因编辑婴儿，同样面临着伦理困境：她们的将来怎么办？以后是否应该允许她们结婚？是否应该允许她们生孩子？人类从最早的共同祖先开枝散叶到现在，第一次可以通过非自然的方式改造自己的物种遗传基因并付诸实施，这种造物主般的"行径"，是前人不可想象的，也是前人不具备的能力。

现在，全世界范围内有这种改造能力的组织和科学家并不少。如何确保在贺建奎之外不会发生类似的越轨事件，其实是对人类整体的协同能力的巨大考验和挑战。人们已经意识到，先进科技可能带来不可收拾的多米诺骨牌效应。科技使人有能力、权力，如何不滥用这种权力，需要高度的自律和协同。

另外一个例子，是2019年发生在巴西亚马孙雨林的大火。这场雨林大火可能已经永久破坏了地球生态系统中的关键一环。像全球气候变暖导致的北极冰川融化一样，这些累积的变化已经到了这样一个临界点，即全球范围内极端天气的发生将越来越频繁，地球家园的宜居性将受到空前威胁。从某种意义上来说，人们现在所能做的，无非只是在尽力推迟地球家园自我毁灭的那一天的到来。

还有，随着包括生化武器和人工智能等技术的发展，会有越来越多的人和技术具备对现在人类文明的发展进程造成结构性、系统性不可逆转的毁坏的能力。各国之间出于共同关切所签署的各种协议，充其量只不过是在试图防止和推迟地球自我毁灭的进程。由于主权国家和个体一样，具有天生的短视性和自利性，除非出现非常有力的全球范围内的强约束性协作机制，否则，人类已经很难完全防止一些意外事件，如类似贺建奎基因编辑婴儿这样的意外发生。无论是意外还是某种力量有意为之，无论是恐怖袭击还是技术疏漏，无论是生化武器还是核弹，总之，从根本意义上重创人类文明和整个地球生态系统的事件发生概率，今后几十年可能会成倍上升，令人防不胜防。马斯克等人意识到对人工智能的发展需要尽早进行规制，说明其实很多人已经意识到，技术作为人类的被造之物，对人类作为创造者的反噬，绝非杞人忧天，而是实实在在存在可能性。

我们谈论科技向善，首先要看到这些时代大背景。

有人认为，这一轮信息技术革命跟当年工业革命没有本质差异，人类历史已经经历了好几次这样的新技术变革，每次都会产生对社会的冲击，引发人们的恐慌和焦虑等，你怎么看？

金兼斌：我觉得有非常大的质的区别。类比有助于启发我们更好地理解现象，但这种思维有时具有误导性和麻痹性，因为类比本质上不是一种科学方法。认为这一轮以互联网和人工智能为核心的新技术革命，与此前的工业革命带来的变化没有太大差异的观点，本质上也许是出于技术发展的线性观。但其实，技术的发展并非——或者说未必——是线性的，无论是就技术本身所蕴含的推动力，还是就其带来的社会后果而言。

从某种意义上说，工业革命把人从直接的体力劳动中解放出来，劳动很大程度上变成对工具的操作和使用，因此出现蓝领和白领的社会分工；现在互联网和人工智能革命正在把人从大量的白领工种中解放出来。这一层面的解放，会带来什么样的社会后果，会如何重新建构人类的社会组织方式和运行方式，并不能按照现在的"初始条件"和我们对技术的有限认知简单外推。要知道，我们现在仍处于弱人工智能的阶段，这在一定程度上阻碍了我们对强人工智能一旦取得突破，社会和人类自身的生存方式将发生何种变化的想象力。我相信，两次技术革命所带来的社会变革方面的差别，在规模和层次上可能完全不是一个量级的。

从质的层面看，原来的技术突破很多是生产力的突破，现在的技术带来的挑战，则涉及对人之为人的特殊性进行的全方位解构或解析——除了那些真正不可被机器或人工智能替代的人的"神圣品质"，大量个人作为人类命运共同体在实用层面上的存在价值，即作为地球的开发者、建设者、保护者的角色，将受到空前挤压。这个层面的解构和解析，对人的心理和现实社会中治理政策上的选择，会带来非常深远的影响。

可以想象，技术像一把尖刀在前面孜孜开拓，与资本的力量策略性地结合在一起，在众多可能性中选择自己前行的方向和方式。技术将为人类社会带来什么，或者说把人类社会带到什么样的未来，取决于技术和资本相互作用下的发展与社会伦理制约之间，是否能够达到某种平衡。

但是，最终是达到某种平衡还是失控，以及达到某种平衡对不同的人意味着什么，则有很多不确定性。也许，我们面临的终极问题将是，当路线的选择主要取决于道义，而不是"生存还是毁灭"式的功利考量时，道义是否会成为权力不能承受之重？

正是在这个意义上，我觉得这一轮革命对人类整体带来的影响，与此前农业革命、工业革命相比是截然不同的。技术带着地球这个"挪亚方舟"，已经来到其命运长河的险滩，能否顺利穿越这一波激流险滩，考验着人类的整体协同能力和道德力量。

因为，首先，这一轮技术革命所涉及的类似基因编辑这样的技术，可以从根本上动摇原先人类作为物种所具有的定义性特征；更要命的是，这种技术的掌握和拥有者在世界范围内并不是集中式的，而是分布式和分散性的，集中管控即使不是绝对意义上不可能，至少也难度极大。这是人类发展过程中从未面临过的局面。

以往如果我们要确保地球作为人类命运共同体能够可持续存在和发展，只需要对风险点（如世界上存在的有限的核弹）进行集中式的技术和风险管控即可。而这一波技术革命赋权所带来的风险点的增加，不是算术级，而是几何级或指数级，完全有效的风险管控几乎不可能。

管控和协同的难度有多大？可以想想美国在枪支管理政策下频频发生的枪击案。当这种潜在风险增大到一定程度，我相信目前全球范围内基于主权国家的人类社会组织协调方式将难以应对，需要出现具有更大强制力和快速反应能力的新型全球治理协同机制。

我们当时提出"科技向善"后，做了一个调查，用户产生了强烈的共鸣。但从行业的角度，也有一些疑问：一是科技向善是不是和商业相斥？二是谁来定义善，什么是共同标准？

金兼斌：科技向善是否一定和商业相斥，这既是一个理论问题，也是一个现实问题。我想，任何一个公司，特别是现在平台为王时代，当其产品与服务所涉及的人数到达一定量的时候，这个公司的存在及其所建立的平台生态系统，就自动成为整个社会生态系统不可分割的一部分，这个公司作为一个利益主体与社会系统所进行的一切交互，就需要考虑其所担负的社会责任，而企业所提供的服务也必然同时具有社会公共品属性。因此，科技向善，一如同仁堂著名对联"但愿世间人无病，何妨架上药生尘"所体现的"仁者爱人"之理念，它本身不仅不是反生产力的，反而是成就一家百年老店闪亮品牌的关键。这也类似当初谷歌广为人知的"不作恶"的公司理念。

当然，"向善"比"不作恶"更进一步，这也是人类进入风险社会，作为社会创新发展主力的企业应该具有的远见和自觉。从长远看，任何一个伟大的公司一定会把向善这一发展伦理，视为自己可持续成长和发展的前提条件。能力越大，责任越大。伟大的公司需要在这方面有率先垂范的自觉意识，不能等着社会来提醒和鞭策。

至于如何定义科技之"善"？对这个问题的思考，也许可以从中国古人所讲的"礼"入手。孔子穷其一生倡导仁政礼教，这种理念不仅是深刻的，也是极具远见的。但我认为，人类之所以会一路进步，利益的驱动和礼法的规制，是不可或缺的一体两面。

科技公司向善，实际上类似在企业层面贯彻"礼"。礼不同于法，后者有法律条文，有社会的强制执行力量和机制；礼，本质上是一种价值观，它通常只有只言片语，来作为人们行事规则的指导，它本质上存在于每一个社会人的内心，即康德所谓内心的道德律。但礼又不是虚无缥缈的，它无时无刻不在起作用。所谓"合乎礼，不逾矩"，有了"礼"，人才能与世界和睦相处。企业也一样。从这个意义上来说，科技向"善"之善，本质上反映了企业对其所承担的社会责任的回应和理解。何谓"善"的定义，必然是企业和社会在互动碰撞中逐渐达成的共识。

现代社会有一种观点，认为商业本身就是一种善，公司盈利就是一种善，你觉得这种发展本身到底能不能定义为善？

金兼斌：我觉得这两者在本质上还是不一样的，也许客观效果上有很大的重合。这里的关键是如何定义和区分利益主体和利益共同体，即论述这个"善"时所基于的群体边界。

很多时候，个体的利益和发展，是与更大范围内的群体的利益和发展相冲突的，所以有时候为了整体的利益需要牺牲或者损害局部或个体的利益，为了长远的利益，需要放弃或忽略一些眼前的利益。企业基于自身发展所秉持的"商业之善"，和社会整体意义上的"善"，两者也有类似关系。

但这并不是说科技之"善"因为不同利益主体的各自考量难以确定，相反，我觉得这种"善"，一如我们在论述和感受何谓"礼"时一样，是很容易在一些底线上达成共识的。这些人人认可的底线，就像数学定理证明中的公理。科技向善之"善"，其包含的公理之一，就是社会、人类、地球的可持续与和谐发展。

人类作为地球上的主宰，无论是政府、企业还是个人，其行事决策的最基本原则，就是不要做加剧社会、地球和人类走向自我毁灭的事情。雪崩的时候，没有一片雪花是无辜的，讲的就是在人类共同命运之前，不作为也可能是在作恶。正是在这个意义上，我非常赞同和赞赏"科技向善"这个技术发展的伦理原则。我们现在到了这样一个历史节点：如果没有整个社会层面的制约、监督和协同，单靠个人和企业的道德自觉，技术带给世界不可逆转的灾难性失控和失衡，也许将比我们所想象的更早到来。

我们能否相信科技真的会向善发展？

金兼斌： 当然能，也应该相信科技能够向善。就像我前面说的，企业秉承向善的理念，可以和经营上的繁荣互为因果，并行不悖。世界上大量伟大公司的存在已经强有力地说明了科技向善是成立的，科技向善本身并不是逆人性或者反商业的。君子爱财取之有道，企业也一样，一定是有所为有所不为。

当然，仍会有不少企业唯利是图，见利忘义，罔顾企业社会责任，这就需要政府和社会加强对企业的监管和监督，以及通过行业组织和协会来进行同行约束。科技向善是社会真、善、美建设的题中之义。

对未来10年、20年的技术，还有哪些是你比较担忧的？

金兼斌： 我比较关注算法的问题，对算法所内嵌的价值偏向我有担忧。拥有大量用户的平台或公司，某种意义上拥有一种上帝视角：用户的使用偏好和日常所思所想，通过流经平台的各种行为性信息和文本性信息，统统为平台所掌握，平台对此尽收眼底，一览无余。这就是技术和资本的权力。在这种情况下，企业和平台如何慎用权力，有所敬畏，保持克制，关乎社会和用户对企业的信任。在这方面，企业或平台最好能够有清晰的，符合法律和伦理规范的产品和服务设计、使用原则和政策，并保持政策的透明性，接受公众和用户的监督。

新技术出来的时候，国外经常会立刻讨论，谁会是 winner（成功者），谁会是 loser（失败者），即哪些人将受益，哪些人将在洗牌过程中受损乃至被淘汰，丧失竞争优势。如何对待在重要技术革命影响下"失势"或失宠的群体或职业，是社会在进步过程中需要考虑的一个发展善后问题，这也是科技向善本身所涉及的社会性的重要方面。无论是社会主义国家还是资本主义国家，为了减缓市场竞争导致的社会收入分配差距过大现象，大多通过税收政策实行二次分配，对经济上的弱势群体进行救助。在技术劈波斩浪往前推进的同时，如何让技术最大限度惠及各行各业的人们，让科技真正成为一种向善的力量，同样需要国家、企业、社会乃至个人的分工协作，通过一种切实可行的创新机制，来最大限度地保障人们分享技术和文明发展所带来的红利。

你提到国家、企业、社会和个人的分工协作，在这波技术革命当中，公众的认知和态度会反过来影响科技公司的行为吗？

金兼斌：我觉得公众或用户对于公司行为是有能力产生影响的，包括通过消费选择影响公司的营收，以及通过各种舆论压力，借助政府监管部门和媒体的力量，来对他们不认可的企业行为进行抗议或抗争。从这个意义上讲，在现今这个时代，没有什么产品或服务的流行是纯粹技术驱动的，所有的产品和服务的演变，必然是一个多方力量和多种价值理念相互博弈、选择下的一种社会化建构过程。

新技术的风险点被大众或管理部门意识到后，是否能做出更好的调整？

金兼斌： 是的。比如算法推荐内容，这些年在社会和媒体的高度关注和监督下，特别是在政府主管部门的直接过问和干预下，有关平台和企业已经在用户隐私保护、算法公开、防止内容推荐、消费中的信息茧房效应等方面，有了大幅度的改善。而政府有关部门对新的技术的监管框架，也在不断地调整和演变，以更有效地发挥规制作用，引导技术和社会的良性健康互动。

你认为，科技向善的实现主要靠企业的自律还是更需要外力，诸如政府、公众的力量应该如何介入？

金兼斌： 内外都需要。一方面，任何有抱负和远见的公司或企业，一定也是高度重视企业社会责任和社会形象建设的。科技向善也许在不同企业有不同的表现形式，但一定是任何伟大企业的企业文化中的核心价值元素。现代企业的可持续发展，需要在利用技术利器的同时，主动承担社会责任，让技术造福社会和民众，而不是成为社会共同价值的破坏性力量。从这个意义上，科技向善的实现，企业的自觉自律是基础。

但另一方面，所谓法无禁止皆可为，企业在不违法的情况下，选择空间仍然是巨大的。因此，政府通过立法引导、民众通过媒体和舆论进行监督，对于企业切实履行其所承担的社会责任，也是一种必不可少的机制。特别是随着社会化媒体的发展，用户的信息和行为逐渐被有关企业和平台所掌握，但同时，平台和企业也时刻处于人民大众的社会化监督之中。这种相互监督和制衡，将是确保企业科技向善实现的终极机制。

在你看来，实现科技向善最大的阻力或风险可能是什么？

金兼斌： 技术革命一方面解放人，另一方面会重新调整社会的组织运行方式。我们现在工作5天休息2天，未来不一定工作5天，每天不一定工作8

小时。很多工作以后可能不是生产性的，而是服务性的、创造性的，以后，情感陪伴、家政服务可能与编程这些工作的收入差不多。从对社会发展形态演变的推动而言，管控好这一轮技术革命，乃至消除越轨行为，是确保这场科技革命能够最终把人类带到美好大同社会的关键。

从长远来看，你对这一轮技术走向是持比较乐观还是比较悲观的态度？

金兼斌：在"技术失控"这个层面上，我是比较悲观的。虽然会有各种各样的力量来规制技术的滥用，但由于这种滥用的风险点实在太过分散和多样，很难完全管控。在一个联系高度紧密而智能的时代，也许一个偶然的失误或者一小群掌握一定技术的反社会分子对某些技术的恶意使用，就会造成一系列灾难性的反应。就如墨菲定律所揭示的，凡是有可能发生的最后终将发生。从这个意义上来说，人类的自我毁灭也许只是迟早的事。

但是从另一方面来说，技术的发展和使用毕竟是人类自身切身需求和自主选择所致。也许，当社会生产力和文明程度发展到一定阶段，散落在社会不同角落的敌意和戾气会大幅度消散，人类社会的挪亚方舟最终能够奇迹般驶过命运的激流险滩，那么，大同社会的美好愿景，将是完全有可能实现的。

王立铭：

科技的善既要制约负面欲望，也要挖掘正向欲望

王立铭是浙江大学生命科学研究院教授、博士生导师。作为一名生命科学研究领域的教授，王立铭不仅带领团队揭示、探索生命的奥秘，也非常擅长用"接地气"的方式讲解专业知识背后的逻辑。由于独特的专业优势，他会基于人的欲望传导机制来看待技术的影响。

在他看来，人类已经越来越擅长利用技术挖掘欲望、迎合需求，但是，在如何给一些过度的欲望设置刹车机制，如何激发人类超越生物性的愿望、实现自我成就方面，还有很大的作为空间。

但是，不管是挖掘正向欲望还是制约负面欲望，关键是要使科技塑造的人类的生活方式与当下的社会生产力、承受力相匹配。

如果以20年为一个节点，你认为互联网给世界带来了哪些比较大的改变与挑战？

王立铭：我是从互联网使用者的角度来思考这个问题的，我认为，互联网解决的一个最主要的问题是，它让人类欲望的实现变得更加便捷，既包括衣食住行这些基础欲望，又包括表达欲望、社交欲望、自我成就的欲望等。**从这个角度出发，我认为互联网在本质上就是能够帮助人们更好地实现从底层欲望向高级欲望升级的一个技术工具。**

但反过来讲，互联网带来的问题同样与此相关。在某种程度上，所谓的"文明"实际就是对欲望的克制，包括底层的欲望，以及战胜他人、影响他人的更高层次的欲望。**文明的形成就是要求人能充分克制欲望，进而形成制度，并产生更高层次的追求。**所谓"一个脱离了低级趣味的人"，其实就是这个意思。

基于这个欲望升级的逻辑，你如何理解科技向善？

王立铭：我认为，第一层面，能满足人类欲望的科技，就是向善的。科技的发展使人的主观愿望变得难以抑制，从某种程度上讲，我们已经被各种各样的科技包围了、改变了，而且这种改变的速度非常快。500年前的人肯定难以理解我们现在的生活方式，我们肯定也无法理解500年后的后代的生活方式，这是客观现实。不同的生活背景、生产生活方式会产生不同的欲望，而能够通过技术手段实现"连接"，满足人们当下的欲望，那就是向善的。这一点大多数公司都能做得挺好。

第二层面，虽然满足人们的欲望是科技的使命，但也要克服人类欲望过度实现产生的问题。**我觉得衡量标准在于，科技发展的速度应该与人类观念的演进速度相匹配。**假如500年之后，人类社会的生活方式和社会结构已经完全改变，人类已经完全满足所有基本生活资料的需求，并且无性生殖和人造人这些技术也已经完善，那时候的人类就不用工作、不用结婚、每天只做自己喜欢的事情也无所谓。但如果这些状态在当下就出现了，那一定会产生很大的影响，甚至导致社会组织的崩塌。

所以，科技影响人类生活方式的速度并不应该与我们观念的演进速度差太多，**这是善的第二个层面，即科技应该在满足人们欲望方面充分克制，保证当下社会能够持续稳定发展。**我觉得科技公司能够在这个方面约束自己的行为，那就是最大的"善"了。

第三层面，我刚才说科技要便捷地满足人们欲望，这些欲望大多都是底层欲望。其实欲望是有不同层次的，有底层的、高层的，也有正面的和负面的，第三个层面的"善"就是挖掘、放大人类的正向欲望，消除负面欲望带来的后果，这是主动性的手段。比如，心理学研究证明，个体帮助他人会获得巨大的快乐，不分文化，不分人种，都有这个特点；人的自我成就、对他人产生的影响力，都会带来快乐和成就感，这些都是正向欲望。它们要比吃喝拉撒高级一点，但也是人类生物性的一部分。科技公司实际上有能力挖掘出这些欲望并且放大，比如学习就是一个很正面的欲望，通过产品设计，或者以游戏化的方式来鼓励人们学习、分享，就能帮助一些人把学习这件事坚持下来。**如果这些正向欲望能被充分挖掘出来，它有可能帮助我们真正抵抗底层欲望，帮助人超越生物性，实现自我成就。**我觉得这是更高层次的一种善。

你说的这三个层面，能否从正面和反面举一些具体的互联网产品的例子？

王立铭：正面的例子是微信。张小龙认为，微信首先是一个工具，用户在有需要的时候高效率地投入使用。基于这种用户需求，产品设计者不会设计一些"歪招"来刻意提升用户的停留时长。但有些产品就会设计某些功能，刻意延长用户的使用时间，比如在界面停留10分钟，就给用户发1分钱红包。

互联网公司在进行产品设计时，其实就是在挖掘用户的欲望与需求，**"善"的产品不会刻意地利用或煽动这些欲望。**利用心理学机制挖掘用户欲望其实非常简单，我是脑科学家，我们意识到游戏场景的刺激，其实是与人的成就感心理、多巴胺和本能欲望相连接的，你完成那个成就，多巴胺就释放了，继而会带来充分的满足感。脑科学的一个很重要的实验，就是给老鼠脑子里插入一个电极，直接刺激它边缘系统的多巴胺神经元，于是老鼠天天什么都不干，甚至放弃了吃喝和交配，最终饿死。这是容易理解的，因为世间的所有快乐，都不如激素分泌刺激的快乐来得强烈、直接。**我觉得一个"善"的产品，就是不要把产品当作"电极"，把用户当成那只老鼠，而要在某些节点中提供"理性的刹车"。**

你觉得相比过往，当下技术对社会的影响有什么新的差异？

王立铭：尤瓦尔·赫拉利在《今日简史》里说的很多内容，我不太同意。比如他说，技术影响的变化主要体现在覆盖速度变快、覆盖面变大，但其实古代皇帝下诏书过程中的影响力和传递速度也并不比现在小。我觉得更大的问题在于，曾经的科技是来自"常识"的，或者说科技是和常识相关的。它虽然有反常识的地方，但是它在很大程度上是会被常识所理解的。

比如牛顿提出"万有引力"，绝大多数人其实都是能理解的，因为它仍然可以通过常识来判断。过往，我们的社会运转其实都基于这些常识之上，一个盖房子的人，他不需要理解牛顿定律，但也能根据常识参与到人类社会的实践中。

但是，当AI或者基因科学发展起来的时候，这条定律好像就不成立了，比如自动驾驶系统如何判断前边的东西是什么，当遇到紧急情况应该停下来还是开过去……到底是根据什么标准判断，并不能以人类能够理解的规则来运行，它们都还是一个"黑箱子"。所以，未来能主导人类生活运行的东西，就不再是人能够理解的。

今天，知识和技术已经高度专业化，它形成的壁垒已经非常明显。跨专业、跨领域的知识都非常难以理解，在许多社会问题上也已经不存在共识了。这决定了技术对人类社会的影响已经很难用传统认识来衡量，也很难保证它的运行能保持在正确的轨道上。这个层面才是现今的技术对社会的影响最大的转变，而不仅仅是速度变快了或者使用的范围更快了。

你觉得推行科技向善可能遇到的最大阻碍是什么？

王立铭：从我的角度出发，我觉得阻碍还是会与人性或者说人的欲望有关。比如"七宗罪"所描述的七个底层欲望，在过去，我们通过满足这七种欲望来获得更大的商业利益，但是，**如果你开始自我约束，与底层欲望产生对抗，那你就可能会把利益拱手让给别人，影响商业利益和市场地位。**

这确实与人性紧密相关，人类会向着满足自己欲望的方向走。但是好在善恶的标准是流动的，会与时下的生产生活方式相匹配。所以，我觉得关键是，不管是挖掘正向欲望还是制约负面欲望，归根结底，能够使最终塑造出来的生活方式与当下社会生产力相匹配，那就可以了。

如果给"科技向善"定义几个关键词，你觉得是哪几个词？

王立铭：可知、可控，平衡、匹配。

罗立凡：

科技公司要以"向善"为本做出取舍

　　罗立凡是美国福特汉姆大学法学博士、哥伦比亚大学电子工程硕士和博士、清华大学电子工程学士，他1999—2011年在微软美国华盛顿州雷特蒙斯全球总部任职，先后担任微软服务器和工具业务的专利副总法律顾问、微软知识产权授权部门总监、高级授权律师、微软 Windows 业务的专利律师等职务。罗立凡现任微软公司助理法律总顾问、亚太研发集团法律事务总经理，全面负责微软亚太研发集团的法律事务。

　　作为微软资深的法务专家，罗立凡无论是对中美的法务工作，还是微软的运营体制都有着深刻的理解和洞察。在与腾讯研究院的对谈中，他介绍了微软公司在科技向善方面的一些经验与实践，并探讨了企业在其中应该承担的责任。

你如何理解科技向善？

罗立凡：我对科技向善的理解是，要用现有的高新科技，以人为本，以社会为本，为人服务。当下，我们正处于第四次工业革命的初期，本次工业革命的诞生，基于云计算、物联网、5G和人工智能的发展。同以往相比，有三大技术革新：一是大量的数据集中，比如个人和企业数据，可能今后大部分都集存于全球的一些大公司的云端；二是无穷的算力，云计算提供了无穷运算的可能，通过优秀的AI算法，能够把数据的真正价值挖掘出来；三是无处不在的数据化，互联网的智慧器件将人类的每时每刻都数字化了，而这些数据又集中存放，并通过5G技术瞬间传到全球各地。这些技术创新，一方面给人类生活带来了更大便利，另一方面也要警惕使用不当可能会造成的危害。与之相关的一个重要概念是"人的异化"。过去是人指使工具，现在反而是工具在某些情况下为人做决定。因此，作为领先的科技公司，要特别注意怎么用高科技最大化地做有利于人类社会发展的好事。

你认为现有的技术应用中，有哪些是需要警惕的？

罗立凡：其中之一是隐私保护，即个人数据或个人隐私的保护。如我所言，大量的数据被集中化。每个人，包括我自己的数据，都可以通过移动支付、人脸识别、个人位置信息等，加以收集。所以，保护个人隐私和网络安全至关重要。安全的底线一旦被攻破，数据一旦被滥用，个人信息可能会瞬间成为人人可见的公开资料。与之相关的技术应用，一个例子是Deepfake（深度合成）的出现，即通过AI技术仿真图像视频和声音，使个人信息被不法分子用来影响舆论。比如通过合成技术，让公众误以为某段发言是某人所为，并利用4G/5G技术散播全球，造成不良的影响。另一个例子是人脸识别，与身份证或指纹识别等其他方式相比，它无须个体在场，甚至会在个体注意不到的地方，攫取脸部信息。这些信息的泄露，可能会被用在非法的渠道，使隐私受到侵犯。

此外，还有与人工智能相关的例子。尽管人工智能如今很先进，但如果不对它的应用场景加以限制，也可能对社会造成无法预料的伤害。比如，人脸识别技术的局限。人工智能对一些偏远山区或肤色较深的少数民族，识别率较低，对这群人会造成一些负面影响。另外，在某些应用场景，特别是对人的生命、安全、财产或人生重要的场景，以人工智能产生的数据或判断，作为决策评判的唯一标准，也会产生很大的潜在问题。比如说，在课堂中采用人脸识别或其他软件，来追踪学生的行为动作和教师的授课方式，可能会带来有用的信息。但不能以此作为唯一的数据，来对教师进行考核，因为，学生不专注或者成绩不好的原因可能是多样的。所以，在重要的场景下，一定要以人为中心，由人做最后的决定。

微软成立了人工智能伦理道德委员会，它的运作机制是怎样的？

罗立凡：好的理念和原则的提出，都仅仅是第一步的工作，最难的是如何把它们落实到产品开发和应用之中。对此，微软也做了一些探索，其分为几个部分。第一就是确立组织架构，通过公司内部管理，为员工及不同的产品开发部门做咨询。由此成立的两个机构，一个是法律部牵头的"负责任使用AI办公室"，主要成员为律师，它管理从业务部门提出的关于负责任使用AI的咨询请求，从法律角度给出专业意见并做出最终决定；另一个是AETHER，即人工智能伦理道德委员会，A代表AI（人工智能），ETH代表Ethics（伦理），ER代表Engineering and Research（工程与科研）。该委员会由一些有名望的专家、工程师、技术人员和伦理专家等共同组成。委员们的技术背景都非常强，会从技术层面给法律办公室提供参考意见。当产品开发中涉及AI伦理的问题，两部门会统一协调，提供最后的咨询意见。

除此之外，在微软的全球分支中，包括各大工程团队，都建立了人工智能冠军项目（AI Champion）。它负责对员工进行AI伦理培训和提供第一线的咨询，并通过当地的法律部门上报敏感的AI案例到伦理委员会或相关的法律部门，获取意见和指导。微软也在不断建立和完善负责任人工智能实施的机制和流程，我们希望和其他公司、政府一起，一起为完善和实施一个大家共识的人工伦理机制而工作。另一方面，针对特别的领域和场景，微软也尝试出台更实用的细化原则。比如说，微软颁布的人脸识别的六大原则是基于人工智能的六大原则提出的两个较细节的方向：一是将人脸识别应用在公共的场景，要在合法合规和法律允许的范围内进行；二是要赋予被检测对象以知情权或同意权。更多其他场景的应用细则，后续估计也会出台。而针对委员会内部的组织架构，也有细化。比如一些成员主要负责敏感程度更高的伦理问题，如 AI 是否可以用在生与死上，另一些工作组则会关注 AI 歧视的问题，还有工程团队组成的工作组，会具体讨论采用什么样的步骤和工具来使原则落地。所以逐步完善运作机制，从大框架引申到具体细则，便于更好地指导业务过程中的案例。

同时，也要考量哪些场景会优先出台具体细则。当一些案例进入伦理委员会的视野时，该案例对社会和个人的影响程度，可以作为一个衡量标准。

不同的国家和地区、不同的文化社会，采用的伦理解决标准是一样的吗？

罗立凡：基本的原则是在世界各地经营时，遵守当地的法律法规。但是即便在各个国家的战略有些微差异，我们也会考虑全球性的共同价值观。

就伦理解决标准而言，微软是由上而下的机制，由总部的法律办公室和伦理委员会来统管微软在全球的负责任 AI 的事宜。这两个重要机构，会做最后的决定。具体到其他国家和地区，比如大中华区研发部门所有与 AI 伦理相关的案例，都会送到我的团队，做第一步的评估。如果我的团队能够做出判断，我们会做出一个决定；但如果问题比较复杂，我们也需要将该问题提交到总部的法律办公室，进行咨询与沟通交流，寻求意见。甚至有可能最后得到"不能做"的反馈，那就需要告知微软业务部门或客户这项决议。所以，或本地区自我评估，或听从总部的决议，二者皆有可能。

在本地区的评估上，所有的本地员工都需要学习伦理原则。为什么？因为第一步的判断是在地区层面进行，而不是将所有的问题抛给总部。举例来说，如何将人工智能六大原则之一的安全性和可靠性，应用在智能语音控制的家居系统上？能不能允许工程团队在智能语音系统中，加上支持开炉灶的功能？后来经过判断，这个功能可能还是不应该在现阶段启用。因为即便语音识别的误差非常小，但如果识别错误，就有发生火灾的可能。这就是为什么工程人员还有法律部门都要了解伦理原则。因此，一旦出现比较敏感的伦理问题，产品部门会先找到地区的法律部门寻求分析，并根据地区内部人员的使用经验向总部做出推荐。比如说，我们认为这个产品是可以做的，只要做出哪些改进便可最大限度地降低一些危害。

伦理委员会运行至今，案例规模如何？有无典型案例？

罗立凡：案例规模上，暂时没有全公司的具体统计；但就微软中国来说，我们已经把几十个案例报告到总部，纳入了总部的数据库。总部要求全球各地把案例都报到总部进行汇总，而我们就可以从这些案例中获取很多需要进行人工智能伦理和责任分析的场景，这有利于我们今后实施细则的开发。

当然，遵循比较严格的伦理标准时，肯定会损失一部分客户，伤害到短期的商业利益。但我们宁愿牺牲一些业务，宁愿在一些重要的决定上达不到利益最大化，也要做出取舍。另外，坚持做对的事，本身也是一个和客户一起成长的过程。我相信，通过努力，客户也会理解我们的选择，因为从长远来说，这对客户的自身发展也很有好处。

费俊：
科技向善需要科学家和艺术家的合作

互联网技术与产品如何改变当代人的交往和生活？它的功绩与问题何在？关于这个复杂、重大、让人无比困惑的问题，中央美术学院设计学院艺术与科技方向的费俊教授给出了非常明晰的结论。

费俊教授是一位艺术家，也是艺术教育工作者。他不仅对科技向善有深刻的理解和热忱的期待，而且对如何解决科技高速发展带来的种种问题，有明确而坚定的看法。费俊教授认为，人文学者、艺术家在科技应用与科技创新、新的科技伦理建设中的缺席，是目前很多问题的根源，同时也是问题的解决之道。只有当科学家更理解艺术与人文的力量，艺术家更理解技术的原理，人类在科技飞速发展中遇到的复杂难题，才有望找到创新性的解决方案。

作为一名艺术家、艺术教育工作者，你如何评价互联网这些年的发展？

费俊：首先，互联网把这个世界变得扁平了，打破了人们时间和空间上获取信息的物理障碍，使得信息变成人人可以实时获取的东西，这背后其实是信息可触达性的突破。不仅是信息领域，还包括很多与互联网相关的服务，其中既有消费方式的变化，也有生产方式、价值交换方式的变化。

其次，互联网带来了去中心化的新型结构，提供了一种由下至上的信息生产和传递方式，UGC（user generated content，用户原创内容）就是一个非常典型的例子。在原先金字塔式的信息生产结构里面，以少数人生产为主，从上往下传，很难让普通民众获得有价值的信息生产和信息传播渠道。而互联网带来的去中心化结构打破了这种局面，不仅为普通用户提供了更好、更多的参与生产、传播的渠道，也提供了跨物理空间协作的可能，这种对生产方式的改变是不可思议的。

但是，这种去中心化带来的扁平结构，既是互联网最大的成就之一，也是互联网最大的问题所在。某种意义上，互联网是一个降维的工具，扁平化的本质是把多维的东西全部二维化了，使它变得更容易流通。但是，在这个降维、扁平化、效率提升的过程中，人与人、人与社会、人与自然之间原本存在的物理关系，却被打碎了。

比如，现在被谈论得越来越多的所谓"社交恐惧症"，原因之一就是人们过度依赖互联网进行交流，逐渐丧失了在现实环境中与人真实沟通的能力。这样的影响其实绝不仅仅在社交层面，我们看到，越来越多的危害已经波及情感、情绪平衡层面，比如焦虑就是典型的情绪失衡的症状。

一般情况下，人们有很多方式来平衡自己的情绪。但如今，我们过度依赖互联网来表达自己的情绪，从而失去了自己身体原本的调节能力，这样的状况被称为"身体缺失"，它会导致许多从心理到生理的问题。毫无疑问，"身体缺失"是和互联网社会、数字化的生活方式密切相关的。

我们更容易看到技术带来效率的一面，但是很少意识到它带来的这种"身体缺失"。

费俊：对。再比如现在大家网上交流时都喜欢用表情包，没有表情包，似乎就没办法交流了。这两年我做了很多这方面的艺术实践，其实都在探讨这个问题，主要就是关注"身体与媒体"的问题。媒体指向的是以数字科技为核心带来的新的沟通媒介，我们现在更多通过媒介来沟通，互联网是一个典型的新媒介。

其实，我们已经关注到一个有趣的问题，在今天的生活和工作中，我们已经不太用得到身体的一些功能了，这就意味着人类经过长时间的进化，在某种意义上你可以理解为它是在退化的，也可以理解为它在进行另外一种进化。这个变化过程就是，我们的大脑变得越来越发达，但是我们的身体却变得越来越无能。

这时候问题就出现了，身体不仅是承载大脑的载体，身和心之间是有很强的互动关系的，它可以帮助我们去处理很多心理问题。在今天这样一个时代，人恰恰需要重新激活身体，去对抗由于科技过度发达带来的一种普遍性的社会问题和心理问题，即"身体缺失"。它对应很多非常具体的问题，类似社交恐惧、焦虑、抑郁等。

在解决这些问题的过程中，科技和艺术的结合能发挥什么样的作用？

费俊：科技和艺术的结合，可以帮助人们激活身体的自愈能力。我们并不是去发明一套治疗方法，而是让人们找回他的原能力。比如说我做一个艺术展览，可能就有这样的精神疗愈作用。当然，从广义上说，所有艺术都有精神疗愈的作用，但是我想探讨的不是广义上的，而是更有针对性、更有科学依据的，一种新形态的艺术与科技融合的创造物，在今天这样一个时代使人们从激活身体出发，进而产生自我疗愈的效果。很多时候，人们没有意识到某个问题，不一定是这个问题不严重，只是我们还没有意识到它的严重性。

我现在正在参与策划的一个项目叫"变压器"，我们称之为戏剧游戏式的现场，就是尝试把互联网科技、实体空间、艺术三者结合在一起，吸引人们回到线下。其实是用线上和线下相结合的方式，重新创造一种混合空间的超级用户体验。

所谓混合空间是什么？其实是虚拟技术和物理技术合在一起，虚拟空间和物理空间合在一起。这其实是在反向运用技术，也是在用互联网科技，而且这个科技把原本被互联网拉平的维度重新升维，生成物理空间中的体验，但它又超越传统意义上的物理空间。由于有了数字技术、虚拟技术的介入，人们在这样的空间中具有更强的被激发的能量，甚至通过我们打造的超级物理体验，使得它更容易"走心"，更容易形成一些意识层面的觉悟。

这个项目和你做的其他艺术实验，都是为了解决"身体缺失"的问题吗？

费俊：我们自己的创作，背后是什么逻辑呢？第一，我们相信每个人都有身体的原力；第二，我们相信现场是一个很好的激活原力的场景；第三，我们相信一旦通过现场实现了感官到感知的激活，它会给人带来启发。

这个启发可能是很小的一点，比如说在现场有一个项目，就是表演者给观众喂食。她在喂食之前会去抚慰每位到她餐桌前的观众，让他静下来，通过抚摸他的脸和手，让他静下来把眼睛闭上，然后她会非常温柔地喂他吃一颗葡萄，这是一个非常简单的行为。但是，我居然看到有很多人在现场掉下眼泪，让我感触很深。对很多中年人来说，可能好多年都没有这样的体验了。

我理解现场掉下眼泪的观众：一方面，可能是因为他太久没有被人这样温柔地关爱和对待过了；另一方面，可能是因为这样一种仪式感，让他真正体会到一个食物的味道。这个食物很廉价，每个人都吃得起，但是我们丧失的不是吃食物的能力，而是这样认真去体会"吃"这个行为的能力。现在追求的都是效率，比如说吃葡萄，很多时候变成了一种很机械化的行为，缺乏对食物的体味。在朋友聚餐的时候，大家都会争着拍照、发朋友圈，而忽视了吃饭本身所带来的交互。

这些例子其实都在说明，我们的身体没有找到一种适应这样一个快速发展的社会的方法。所以我觉得，无论是科学家还是艺术家，在谈论科技向善的时候，都应该思考一个问题，我们有什么样的方法能更好地适应这个时代？除了利用像防沉迷这样被动的方式，如何真正形成一个通过觉悟而达成的自发调整机制。

其实是在还原仪式感？

费俊：如今，很多科技是在摧毁仪式感，缩减仪式感，把过程省略，直接追求结果。如果你要解决吃的需求，外卖的时效性非常高。但是它丧失了吃的仪式感，完全变成追求一个结果。当这个仪式被过度省略以后，人与人之间的交往会大量缺失。仪式感并不等于奢侈，它们是两回事。重新建立仪式感，能够帮我们找回情感表达的场景。

因此，我相信，未来技术的发展不仅仅是向线上的迁移，也会推动人们重新回到线下，比如像物联网技术的发展，是实现场景连接的一种新技术。我们通过物联网技术又获得了重新回归线下的可能性，这也就意味着我们可以更自由地在虚拟世界和物理世界进行切换。我们现在面临的问题恰恰是，人类自身的生活方式还不能适应这么快速的变化，还不能做到自由切换，才会产生种种问题。

我举这些例子是想说，科技在今天非常重要，但是真的要从宏观上解决问题，就需要艺术和科技这两个学科，共同参与到科技伦理秩序的重建上面，因为艺术家和科学家他们有不同的驱动力。

科学家更多是发明驱动，但艺术家始终是人文驱动，人文驱动从根源上决定了它有很强的人本意识，这两个学科的融合，恰恰是我们在面对科技带来的挑战时，需要的一种底层的方式。

如今，我们的问题显然是，科技在快速发展，其他相关的解释学科都跟不上。所有以人文为核心的学科，它的解释系统跟不上科技的发展，于是就造成我们对科技的不理解，人和科技本身的割裂，这种现象带来焦虑、边缘化等问题。所以，我个人认为未来亟待解决的问题，是要重新建构一种新的科技创新的方式和方法。

这个方式和方法需要多种人文学科参与到科技创新中去，才能从根本上解决目前出现的种种问题。因为这意味着我们评价科技发展的标准，不再仅仅是发明意义上的，不再以更快、更高、更强来作为简单的评价标准，而是始终有一个综合化的评价标准。

目前缺乏人文学科的参与，也缺乏这种综合的评价标准？

费俊：对，因为今天在科技领域的文理结合比较少。虽然现在的产品团队都有设计师，但他更多还是服务于产品视觉、审美这个层面，根本没有进入核心的文理建设。其实，国际上有很多专家都在呼吁这件事，因为在未来，好的艺术家也是科学家。软科技指向的不一定是一个核心技术，它指向的其实是科技的应用创新。

但是，问题就在于今天我们太缺乏把科技和人文结合起来的创新人才，衍生产品也实在太少；我们太缺乏具有强烈的社会批判意识，或者人文思考意识，又善于把科技转换成需求的人。这样的领域不是靠艺术家单向推动的，它必须是科技和人文都产生需求才可能促成。我自己作为一个艺术教育工作者，看到全世界领先的艺术教育，都在往这个方向努力。

是不是可以通过建立一种对话机制，让这两个领域产生更多交集？

费俊：这两个领域目前的问题是有点"单相思"。可能艺术家对科学家的兴趣，要大于科学家对艺术家的兴趣，为什么？

　　拿中国的科学家或者科技人才举例，科技人才通常处在国家更加重视的领域，艺术家相对来说地位要低很多。这个问题说明什么？说明传统艺术家，确实更关注模仿和审美，属于美学这样一个工种。但是，今天的当代艺术、当代设计早已发生变化，越来越多的艺术家和设计师们进入创新的核心领域。设计不再仅仅是关于美的意识，还是关于创新的思维，强调以人为核心，去发现需求、发现新的场景。其实在这件事情上，艺术家和工程师们做的事情越来越接近。

艺术家和工程师们现在有了交点？

　　费俊：是的。艺术家和设计师都在寻找场景，从人的需求出发，利用独特的洞察力来发现场景。比如一个特别经典的例子，大家发现很多药品很难运到非洲，因为物流成本特别高。有人突然就意识到，送可乐的箱子其实是极佳的药品物流载体。与其重新做一套物流，不如用一个非常成熟的、大家都要喝的可乐的物流系统，用可乐瓶之间的缝隙，把药品放进去，形成一个天然防震的箱体。

　　类似这样的事情有很多。以前的设计师更多关注的是包装，但今天，他们会更关注我能为用户提供什么样的产品。当设计师关注的问题开始延展和扩大，它必然会触及真实问题，必然会遇到工程师的问题。

　　设计师和工程师都从人的需求出发，科学家则从技术层面上考虑如何使它的效果更好，这二者缺一不可，当他们碰到一起的时候，就能够产生一种巨大的、解决复杂问题的核心创新力。尤其在社会创新领域，已经有非常多的优秀案例证明这样一个趋势的存在。

　　回到"单相思"的问题，我觉得目前业界还没有完全准备好这件事。从科技产业来说，大家对艺术有一种固有的认知，认为艺术不过是要做一个作品，做一个审美的作品，好像你只是想运用我的科技去做一个作品，而不是解决一些复杂的问题；而艺术家这边也存在一些错误的想法，认为科技这件事情，我不懂，我没有办法理解，所以我也没有办法去参与。双方都有误解，就导致科技和艺术不能很好地结合。

但其实我们今天已经有了很多成功的例子，比如 MIT（Massachusetts Institute of Technology，麻省理工学院），它是一个以理工科为核心的学院，但有很多艺术家进驻，和科学家一起做新形态的创新研发，这种模式已经被证明非常成功，让我们看到了艺术和科技结合所能产生的新的创新的可能性。

但是，这种模式要真正规模化，我觉得它需要的条件是，科学家要认识到当代艺术、当代设计将成为一种有创新价值的载体，而不再把它看作茶余饭后的消遣性的媒介，或只是一个文化载体。

斯坦福商学院现在已经开设了设计师课程，他们认为，设计师不只是去设计一个产品，设计师的思维模式更需要有洞察力，洞察受众、洞察社会。像我任教的中央美术学院设计学院也是，我们给学生教编程、教物理，也是同样的道理。无论你是艺术家还是工程师，只要你想针对复杂问题寻找解决方案，必然会走到科学的领域，因为很多问题不能靠单个学科解决。像达·芬奇既是艺术家，又是发明家，他不会纠结他的创造物是艺术还是发明，因为创造力和想象力在他身上完美地组合在了一起。

我们回过头来，重新看待当今人的创造力、人文和语言能力，无论你是在艺术院校搞科研，还是通过理工科的模式培养艺术素养，内核其实是一样的，都需要创造力与想象力的结合。

最后想知道，谈到科技向善，你觉得它必须要包含哪些价值？或者说你会想到哪几个词？

费俊： 谈到科技向善，我觉得"技术伦理"是躲不开的一个词，只有当我们从伦理角度来看待科技，才有可能产生科技向善的动力，这是其一；其二，我觉得科技向善不应该仅仅是科技界的追求，更应该有人文主义的支撑，要通过科技与人文的结合，形成一种新的创新模式。只要把科学家和艺术家放在一起，自然会有伦理重建这种事情发生，这很神奇。就像麻省理工学院的媒体实验室一样，它做出来的东西始终带有强烈的人文主义色彩。

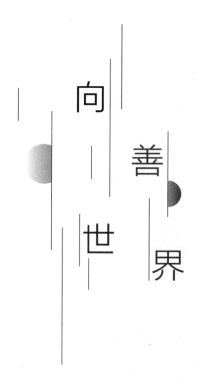

第三章

向善世界

集体行动：共建科技向善的世界

科技向善从理念到实践，产品是重要的载体。科技向善对产品的能力提出了更高的要求：好用、健康、安全、普惠……寻找符合更多元评价维度的产品，是案例集的起点。

2019 年年初，我们首先对内部的三款产品进行深度研究，挖掘产品向善的路径和方法论，探索现有路径在更多产品上进行扩展的可能性。与此同时，我们也尝试将更大范围的产品纳入研究视野。这其中既有苹果这样的领先科技公司，也包括"以商业推动公益"的 B 型企业，以及一些非政府机构。

通过深度调研，我们分别对这些案例进行了总结，从中发现，产品层面的科技向善不仅是一种善意的选择，更是一种创新性产品能力：好案例往往能够创造性地解决社会痛点并推动自身产品发展。它兼顾用户体验与产品收益，平衡社会影响与商业价值，用长期主义换取口碑、忠诚度与竞争力。这种升维的产品能力值得更多借鉴与复刻，直面产品可能存在的问题，也唤醒科技产品的更多可能性。

另一方面，科技向善也不限于科技公司的一方之举：它需要广大用户对产品的互动参与，在互动中，与科技公司逐渐达成理解，走向互相促进、共同创造；此外，一部分复杂社会问题，亦需政府机构、NGO 等多元社会主体联动，整合资源、共同搭建解决问题的闭环。

案例的实践与研究不是一蹴而就。除了上述重要发现之外，现阶段的成果尚有不足：因为部分产品尚在迭代探索阶段，以及手头资料来源不够充分，部分案例的长期效果仍然有待观察。正如科技向善是一场千里之行，科技公司的创造性实践、社会多元主体的协同共创也需要并值得更大范围、更长期而持续地研究和追踪，以推动一个持续发展又饱含善意的数字社会。

欢乐斗地主与天天象棋：
"健康约定系统"的实践

一、逆势而生：健康系统的起点

当下电子产品为人们不限时、不限量供应娱乐，在获得娱乐体验的同时，也潜藏着"过度使用"的危机。这种危机在未成年人领域已经有成熟的"防沉迷"机制保护，而占互联网用户比例高达79%的成年人群体却一直被忽视。

2018年5月底，欢乐斗地主的老用户发现游戏设置按钮亮起了小红点，有好奇的用户点进去，就会看见多了一个名为"健康游戏"的按钮，其中可以设置单次游戏时长和每天游戏时长。确认约定时长后，用户像往日一样进行游戏，但在即将到达约定时间时，游戏会"花样"提醒用户下线休息。

这个小小的"健康游戏"按钮是欢乐斗地主团队试图解决"过度娱乐"问题的一次尝试。于游戏团队而言，与其说是在解决屏幕时代的困扰，不如说是观察用户更多样化的需求，不仅要玩得尽兴，还要玩得健康。团队统计了这枚按钮上线3个月内的数据变化：每周至少两天玩游戏超过4个小时的用户数量，从25万下降到10万左右，进行时间约定的用户比例也逐渐攀升，从0到10%（截至2019年3月，达到25%）。无独有偶，同属腾讯游戏的天天象棋，也在"揭棋"玩法中上线了健康系统，截至2019年7月，帮助45492位用户成功管理游戏时间。

比数据更有意思的是其背后的动因和契机。产品团队认为，棋牌类游戏更适合成为健康系统落地的试验田，它们均是长久续航的项目，长期稳定的体验与口碑尤为重要。一款优质的休闲类游戏产品，不仅要捕获人们当下的喜爱，更要与用户达成长久的信任，带去持续良好的游戏体验和娱乐质量，健康有度地玩游戏是实现长期信任的基石之一。所以他们更有动力进行健康系统的尝试，也取得了不错的进展，健康系统实现了从0到1的突破，功能与服务逐渐完善。

欢乐斗地主和天天象棋的健康系统自2018年5月底上线，经历了多个版本的迭代，功能逐渐完善，针对不同群体有差异性解决方案。以下将通过功能图的形式，展现最新版本的健康系统的全貌。

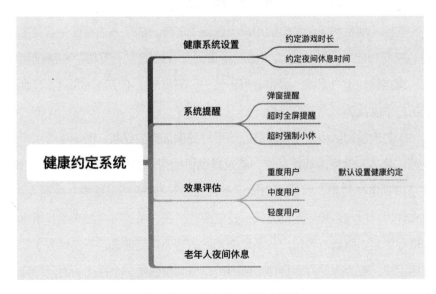

欢乐斗地主健康约定系统功能图

健康系统全称叫"健康约定系统"，从时间上切分，可分为三个阶段：约定游戏时长、提醒用户休息和效果评估。用户主要参与前两部分，效果评估的目的是产品团队衡量效果以进行下一阶段调整。

斗地主中的健康系统覆盖所有的玩法，天天象棋中的健康系统只覆盖重度游戏用户比例较高的"揭棋"玩法。经历了3个多月的用心打磨，斗地主和象棋的健康系统在2018年5月上线。上线之初，健康系统的核心模块基本定型，后续为了满足多样化的用户需求，新的功能模块逐步上线。

二、"健康系统"的四个创新点

用户在游戏中获得高强度的快乐和享受，健康游戏则要对抗这种极致体验。直接控制用户游戏时间对产品经理而言并非最佳选择，找准切口以柔克刚也许是关键。所以将健康游戏的理念物化到产品设计中，让交互影响用户行为，被认为是"柔"的制胜点。

自愿约定：用"成年人的方式"防沉迷

欢乐斗地主和天天象棋的用户画像偏中老年，成年人的特征是有自主选择的权利和能力。如果这两款游戏用市面上普遍的"一刀切"的防沉迷模式，直接强制用户下线，恐怕会得不偿失，不仅解决不了沉迷问题，还会引起用户态度反弹，离开游戏。

于是产品团队换了一条思路：给用户提供选择的权利，而不是帮用户做决策。具体到健康游戏产品中，就是提供协助用户做游戏时间管理的工具，并且指导用户使用，再由用户决定是否使用。"健康约定系统"应运而生，它允许用户以与系统约定的方式，规定游戏时长，系统再反过来监督用户是否遵守约定。强调一种用户与系统交互式的时间管理理念，不仅服务于重度沉迷用户，更为那些有着自律意愿的用户提供精细化、个性化的时间管理辅助工具。

斗地主健康系统用户约定界面

这种"和用户做朋友"的解决方案看起来无可指摘，实际在上线之初并不被用户买账，约定用户的比例很低。随后，游戏团队针对未设置约定的用户上线推销特性，并面向此前未设置约定且表现沉迷行为的重度用户默认设置约定。类似一项产品试用，先体验一下产品，可选择随时解除约定，如果喜欢可以继续使用，一旦默认设置被用户取消，系统将不会再为他执行默认设置，这意味着试用失败。这一招"险"棋意想不到地奏效了，被默认设置的用户主动解除约定的比例较小。当一款功能"佛系"地躺在设置中等待用户探索试用，效果有限，产品方小心翼翼再推进一步，向用户推荐一下，请用户试用一下，或许就能影响更多人，这也反映了产品在对用户的引导上，起着非常关键的作用。

随着健康系统的发展，更深度的用户

象棋健康系统用户约定界面

需求浮出水面，一些含有"强制"意味的激进策略断断续续上线，比如老年人宵禁功能、后期上线的强制小休功能。团队这样解释：老年人群体存在的健康风险需要游戏提供基本的底线保障；强制小休功能，是用户违反自愿约定后触发的下线休息30分钟，这个设定的初衷是协助玩家脱离沉迷情境，回归清醒与理性，更好地遵守自我约定。

健康系统迭代过程细微且小心翼翼，不仅指产品态度，也是团队洞悉和掌握何时"不打扰用户"，何时"积极干预"，何时对用户采取"强制"，是健康系统项目推进一年中反复斟酌的魔鬼细节。从数据结果看，在这种系统导向之下，大部分玩家迈向了"健康"之路。

"柔性"交互

上一部分提到，健康系统希望和用户做朋友，带给用户最舒服的体验。这个理念被用于产品的语言表达，细化到产品与用户的每一次互动中。

试想一个场景，正当用户酣战，约定时间即将到达，游戏弹出全屏画面提醒下线，游戏思路被打断，顺畅的游戏体验戛然而止。所以游戏团队在交互设计上，避开了这种冲突，每次提醒都是在牌局结束后弹出弹框，降低了

象棋健康系统系统提醒

提醒的生硬感和突兀感，也提高了此刻用户离开游戏的可能性。

同时弹框的方式和频率也很讲究，从轻度提醒用户将到约定时长到超出约定时长强制小休是渐进的过程，为用户做足心理铺垫，尤其是在相对刚性的措施被激活前。视觉化的提醒方式层层递进，第一次顶部提示，第二次弹窗提醒，到达约定时长全屏提醒，变着花样告知用户"你该下线啦！"期望用户理解并遵循健康游戏的准则，避免暴力而情绪化的沟通，以真正达到合理安排游戏时间的目的。

"系统推荐设置健康约定"同理，并不是在初次发现用户有重度游戏行为时就直接设置约定，它有一套递进推荐的逻辑。

对于未进行约定的玩家：

玩家的沉迷程度	设置的约定
中度玩家	约定设置入口亮起小红点，同时每小时弹出顶部轻度提示，推荐玩家设置约定
重度玩家	每小时弹出弹框提示（非对局中），推荐玩家设置约定
极重度玩家	系统会为玩家默认设置健康约定。玩家可以取消，且取消过一次之后系统将不会再为玩家执行默认设置

总的来说，健康系统与用户的交互都是以循序渐进为纲，用柔性的方式打败游戏沉迷，毕竟双方的利益一致：达到娱乐的目的而不以牺牲健康为代价，所以良性沟通总能更好地解决问题。

打造"抽离感"

现代电子游戏的设计，运用到关键理论之一——心流理论。心流是指人在全神贯注做一件事时，高度专注，乃至忘我、忘记真实世界的状态。艺术家进行创作、运动员训练与比赛以及玩家长时间游戏时，都常常身处这种状态。在互联网产品设计中，这种状态与体验被称为"沉浸感"。当用户沉迷游戏时大多也处于沉浸感的状态中，叫停沉迷的有效方式是从沉浸感中逃逸出来。"如何逃逸"是斗地主与天天象棋团队在开发健康系统时面临的核心挑战。

在健康系统的初版方案中，团队在针对重度用户的劝导页面设计上，采用了惯用的游戏相关元素和弹框等。资深象棋玩家、也是腾讯主要创始人张志东先生（Tony）提醒团队，太浓重的游戏元素、依然可见的游戏场景会导致用户依然停留在心流状态，并没有打破用户的沉浸感和游戏氛围。

斗地主健康系统早期UI设计

象棋健康系统早期UI设计

在接下来的设计中，与斗地主游戏相关的元素被去掉了，换上了蓝天白云的背景图，弹窗被全屏提醒替代。在文案上，劝导用户的语言变得亲和、易于接受。天天象棋团队将提醒界面全屏化，将页面设计为带有古风元素的风景图，配以中国古诗词句为劝导语，既体现象棋文化映射的古典风格，又充分脱离象棋游戏的情景。这些旨在打破用户心流状态的"反沉浸感"设计被团队总结为"抽离感"，意味着从游戏中抽离出来，回归现实生活。此后，斗地主游戏引导用户离开游戏的界面，还会为用户推荐书籍，希望用户将思绪转移到其他场景中，以释放游戏带来的疲劳感。

象棋健康系统后期UI设计

除了在视觉和文案上引导用户抽离，在合适的时间提醒用户也十分关键。一局一局的游戏，与信息类产品中的信息流设定类似，看完了一条接着出现另一条。如果这时弹出一条提醒，就能起到"停止信号"的作用，提醒用户"该停下了"，而不是接着开下一局。健康系统的提醒起到了"停止信号"的作用，切断用户的心流状态，视觉和文案的优化则帮助停止信号达成最佳效果。

量化"健康游戏"

何为健康游戏？这是一个涉及生物学、社会学、心理学等学科的问题，同时也受到玩家所处的游戏环境、使用的游戏设备和个体生理差异等因素影响。为了回答"何为健康游戏"，产品团队首先思考"不健康游戏"的体现，顺着这种思路，团队决定以玩家不健康的信号——疲劳感，作为区分健康游戏与不健康游戏的指标。

然而，并没有一个现成的指标可以用来衡量"疲劳感"，用户的疲劳程度似乎是充满个体差异的主观感受，难以测量。为此，从数据入手的游戏团队意识到，反映用户疲劳感的最直接的数据就是"游戏时长"。可是问题又来了，如果A用户和B用户在一天内都玩了4小时游戏，A是连续玩4小时，B是玩4次每次1小时，在这种情况下，他们的疲劳感一样吗？

基于既有经验与其他领域的相关知识，团队确信，连续长时间玩游戏时，用户的疲劳程度是持续增长的，而分段去玩，用户的疲劳感就可能大幅度降低。有很多其他场景的例子可以佐证这一判断，比如连续长时间开车、连续伏案工作会给人带来极大的疲劳，反之45分钟一节课、25分钟番茄工作法等将大块时间切割的做法，则被证明有助于缓解疲劳，维持用户身心健康与思维的专注与活跃。

"长时间连续游戏导致疲劳程度持续增长"这一判断，奠定了疲劳感的量化基础。决定疲劳感的核心变量是游戏时段和每时段游戏时长，于是有了以下的数学模型：

$$玩家单天总疲劳值 = \sum_{i=1}^{n} \frac{t^k}{m}$$

疲劳值指数k和线性映射系数m是产品团队经过推敲约定的系数。t为用户使用时长，n为一天内用户玩游戏次数。其中$k=2$，$m=100$，如果代入以上A、B用户游戏情况，计算如下：

$$A玩家单天总疲劳值 = \sum_{i=1}^{n} \frac{t^k}{m} = \frac{(60 \times 4)^2}{100} = 576$$

$$B玩家单天总疲劳值 = \sum_{i=1}^{n} \frac{t^k}{m} = \sum_{i=1}^{4} \frac{60^2}{100} = 144$$

所以，B用户感受到的疲劳感远远低于A用户。

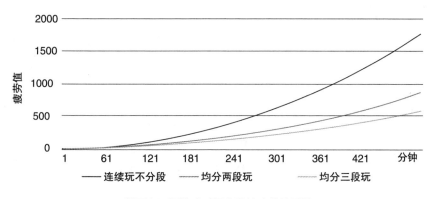

单天内不同游戏时间分段的疲劳值累计

　　有了这个模型，斗地主团队可以通过疲劳度将用户分为不同的等级，比如当前分为A、B、C、D四个档位，疲劳程度由轻到重，依据用户疲劳情况的差异，为他们提供相应的健康游戏解决方案。未来或许还有基于屏幕大小的疲劳值计算方法，比如区分手机屏幕和平板屏幕，因为屏幕越小，眼睛和脊椎的疲劳感越大。

　　天天象棋"量化疲劳"的方法与斗地主略有不同，它直接通过用户连续下棋的局数判断其疲劳程度，目前象棋的约定系统仅覆盖容易诱发长时间游戏的"揭棋"玩法。

　　以上欢乐斗地主与天天象棋量化用户疲劳度的方法，未必完美无缺，但两个团队从各自产品特点与用户数据中挖掘出科学、有效又简洁的指标，去定义并量化"健康游戏"的这一尝试，极具创新性与借鉴价值，也相对客观地反映出了健康系统的效果。

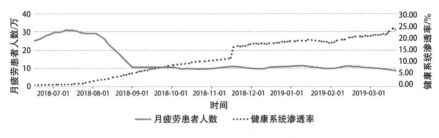

月疲劳患者人数与健康系统渗透率走势

健康约定系统2018年5月25日上线，截至2019年8月，每日疲劳患者数量下降64%，绝对值从25万下降到9万。健康系统将这些"重度"用户的游戏时长降低至健康区间的同时，游戏大盘的活跃和营收未受影响。

天天象棋健康约定系统自2018年6月上线以来，使用者超过5万人，占"揭棋"用户日活跃用户数量50万的10%左右，累计守护58768人次。从玩游戏下降趋势来看，每日玩20～30局的用户从原来3.2%降至1.8%，每日30局以上的重度用户从2.2%降至1.52%。

三、健康系统的难点与下一步

如果说游戏设计师的首要目标是将一款游戏做得更吸引人、更好玩，那么健康系统则需要设计师思考如何帮用户适时从好玩的游戏中抽离出来，又不损失用户对游戏的兴趣。同时完成两个相互冲撞的目标，是巨大的考验。虽然从数据上来看，健康系统已经取得阶段性进展，但是这个系统前进的动力和深入的影响还待考量。

"治愈"背后，健康系统会对个体用户产生怎样的影响？

健康约定系统显著的成效是缩短了重度用户的游戏时间，达到了降低用户整体疲劳度的效果。这是数据能体现的，但健康系统的设想远不止于此。用户在游戏上约定游戏时间，遵守自我约定，但是离开游戏后是否进行了有效的休息，是否养成了健康游戏的习惯，健康系统在用户"治愈"过程中发挥了什么作用，都是未知的。比起机械化地遵循约定，健康系统更希望引导用户的游戏

欢乐斗地主和微信读书联动引导用户下线去听有声书

行为和对游戏的态度，进而拥有更高质量的娱乐生活。要做到这一步，还需要精细化地了解用户情况，点对点进行访谈和深入沟通，但是调研的设计和实施将会面临较高门槛，还有待产品部门和研究部门联动达成。

物质刺激还是荣誉加身，健康系统开发者的动力何在？

在没有外部压力的情况下，健康系统通常不是游戏团队考虑的"刚需"。产品经理将更多精力放在游戏玩法的研发上，实现让游戏更好玩、更吸引人的目标。但是健康系统的开发与这一思路相悖，对执行团队而言是全新挑战，无论具体功能设计还是研发动力，都对团队决策者和公司土壤提出了更高的要求。

从斗地主和天天象棋的经验中可以总结出做健康系统的动力来源：首先，团队决策者有此意愿。团队决策者往往是资源、人力分配的决定者，他们对团队的期待和规划是团队成事的重要前提。欢乐斗地主的负责人Kitty、天天象棋的负责人Afan对健康游戏有深刻的理解认同，也将这一点纳入游戏长期发展战略中。其次，产品团队要有同理心。这一条不只适用于健康系统，同理心是产品学的金科玉律，即洞察人性、体知需求。这份同理心能提前感知到用户的潜在需求。产品学反复谈到，一些用户的投诉和身边的案例是切入点，顺藤摸瓜便能找到健康游戏的价值和实现方式。再次，企业

要有文化土壤。这种文化土壤指企业包容和鼓励多元价值的产品，这也是腾讯IEG绿色创新奖设立的原因。

健康系统的可复制性，是否能将健康系统应用到更多"健康产品"中？

在既有认知中，一款好的电子游戏玩法理应让人"沉迷"，而防沉迷策略则在做与游戏设计刚好相反的事情，两者之间似乎南辕北辙。但是Kitty认为，一款游戏兼顾商业价值和社会利益的方法，是在合理健康的范围内，投放更多适合中轻度玩家的内容来提升游戏的吸引力，同时控制重度玩家投入的时间上限。Afan则有另一条思路，就是让产品不依赖时长或玩法收费，比如天天象棋整体的商业化策略是"传承象棋文化，用文化、比赛与教育赚钱"，健康游戏的策略反而促进了象棋积极向上的游戏形象，让更多玩家信任、愿意玩该游戏。

斗地主和天天象棋团队结合自身产品特点摸索出的这一条独特的健康游戏之路，或许可以启发其他类型游戏的健康玩法。第一，健康系统更适用于不完全依赖时长进行商业转化的产品，系统不会降低大盘用户平均时长、日活跃用户数量和直接付费，但会降低部分高于大盘平均时长的头部用户的使用时间。第二，由于健康系统会显著干预超长使用时间的头部用户，因此这款游戏或产品的玩法、机制及商业模式更多依赖的是中部及长尾用户。第三，多数情况下，健康系统对产品的长远利益没有伤害，甚至有助于长线产品的口碑积累。

健康系统的可复制性

产品商业模式	健康系统实现方式
不依赖时长收费	可接受健康系统降低大盘平均时长，也许能不影响日活跃用户数量和营收
付费不依赖少量重度用户，依靠中部或长尾	健康系统主要降低极端重度用户，中轻度玩家平均时长可维持或提升（至合理范畴）

产品商业模式	健康系统实现方式
长线运营	健康系统不会阻碍产品发展，不提前消耗用户，追求长远发展、口碑和忠诚度

由此可以推断，健康系统更适用于休闲类、短视频、小说、新闻等长线运营的互联网产品。而对应的，健康系统是否适用于 IP 联动改编游戏、注重社交的大型网游等这类需要在短时间内变现，以及游戏机制复杂且对时间有要求的产品，还需进一步探索。

腾讯的欢乐斗地主与天天象棋两款游戏的健康系统，是"科技向善"的一次实践，证明了社会价值的实现并不一定会折损产品的商业价值。它也提醒我们进一步思考，是否能在互联网产品设计之初，就将用户身心健康、亲子关系和谐等更多目标纳入考虑？让"向善"逐渐成为科技产品开发与运营的默认设置。这不仅意味着更大的用户价值与社会福祉，也意味着互联网公司更大的创新空间和更长远的发展。

微信反"洗稿"的"三方战争"：
保护读者、鼓励作者、打击"洗稿"者

一、"洗稿"：一个愈演愈烈的问题

2018年1月23日，知名自媒体人六神磊磊在其公众号上发布了一篇文章《这个事我忍了很久了，今天一定要说一下子》，几小时内阅读量达到10万+，迅速在媒体行业引起一场海啸。

文章标题里说的"这个事"，指的就是"洗稿"。

文中六神磊磊指责另一位自媒体人周冲所运营的公众号"周冲的影像声色"，涉嫌多次"洗稿"。之后半个月，两位作者又分别发布多篇文章展开舆论攻防，引发行业内对"洗稿"问题的又一次大探讨。

年份	大事件
2019	1.《数据安全管理办法征求意见稿》定性机器化"洗稿"为非法
2018	1. 六部委剑网行动，整治"洗稿" 2.《锦绣未央》机器"洗稿"案二审成立 3. 微信试行"洗稿"投诉合议机制

年份	大事件
2017	1. 算法分发在全网的流量分发超越编辑分发，成内容行业主流 2. 六神磊磊指责周冲"洗稿"案
2015	霍炬起诉差评
2014	琼瑶起诉于正
2012	微信公众号上线
2009	1. 国新办警示新闻网站"洗稿"严重 2. 方可成发布博客文章《"洗稿"是什么？》
2003	庄羽诉郭敬明抄袭案
1991	《著作权法》实施

这并不是"洗稿"第一次引发公共讨论，"洗稿"一词的出现可追溯到2001年或更早。

传媒法专家魏永征在文章《在"洗稿"名目下的剽窃》中曾谈到，"洗稿"一词诞生于香港传媒界，指没有到现场采访，从广播电视或网络上的报道中获取已经发生的事实并重新编纂成稿的行为。

彼时，新闻业同行之间经常会交换文稿，因为在热点事件发生后，个体记者分身乏术，大家分头采访后往往会再根据别人的信息补充稿件。这种"洗稿"虽有偷懒之嫌，却也是人力不足的无奈之举，因此行内习以为常，并无过多非议。

但到了2009年，"洗稿"一词的意义与性质出现了较大变化，并且开始对内容生态产生较强的负面影响。一种常见的模式，是将一些原创机构限制转载的内容，以网友身份转帖至论坛，其他网站再从论坛转载，并在出处注为"某某论坛"。相对于通过第三方论坛，此举规避了限制转载的制约，此时的"洗稿"属于整篇搬迁，核心在于规避转载限制。

可以看出，此时的"洗稿"者与"被洗稿"者已经形成了比较清晰的利益分野，"洗稿"已不再是一种利益共享，而是一类创作者对另一类创作者成果的窃取。

到了2017年，"洗稿"行为再度发生变化。除了沿袭之前以规避限制转载为核心的整篇"洗稿"之外，开始出现将多篇内容整合在一起的批量洗稿行为。自媒体"科技唆嘛"在《内容红利下的"做号江湖"》中将这种"洗稿"行为总结为"一天20篇、每篇5分钟、月入5万"流水线式操作。

2019年1月，自媒体"呦呦鹿鸣"因《甘柴劣火》一文涉嫌"洗稿"财新传媒的文章《甘肃武威原"火爆"书记被查，曾导演构陷记者》，再次将行业内对"洗稿"问题的讨论推向一个新的高潮。在这一案件中，财新的原文中包含大量记者冒着巨大风险的一手采访信息，也正因如此财新原文是财新"付费墙"中的一篇文章，读者需要订阅财新杂志子版才能阅读。涉嫌"洗稿"的《甘柴劣火》虽采用自己的逻辑重新梳理了事件全貌，具备一定原创性，但其支撑文章逻辑的信息点却有相当一部分来自财新及其媒体付费文章。

这一案件也引出了"洗稿"背后的一个新的冲突：一方面，优质内容的产出需要投入大量的人力进行线下的调研、采访甚至冒着生命危险的卧底调查；另一方面，如果作者想通过这样的优质内容获取收益，则有极高的可能性被其他"洗稿"者窃取成果。

这既严重打击了优质内容生产者的信心，也动摇了优质内容生产的可持续性。

在我们回收的一份针对53位知名媒体、自媒体从业者的问卷结果中显示，88.7%的受访者在主观上认为自己曾在职业生涯中遭遇过"洗稿"。认为当下"洗稿"问题非常严重和比较严重的，共占受访者的81.1%。

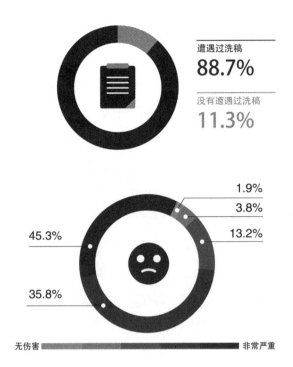

而"洗稿"所带来的问题，并非只是原创者短期利益受损那么简单。问卷中显示，创作者认为"洗稿"问题会对写作的物质收益、创作动力、粉丝积累和写作方式等不同维度产生较大影响。

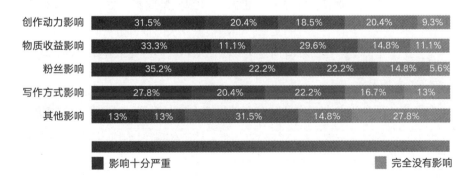

其中影响最大的是粉丝积累。在访谈中，我们得知对大多数自媒体来说最难以接受的就是被同级别或同定位的同行抄袭或"洗稿"，因为如果此类

问题不被处理，除了短期的广告与流量收益之外，还会面临被对手抢走更多粉丝的状况，从而影响自身的长期生存。

"自古有之"的"洗稿"问题，为什么会在自媒体时代愈演愈烈？通过问卷和访谈，我们也发现了激化"洗稿"矛盾的三个要点。

首先，自媒体产品"降低门槛"是双向的，它既降低了内容从业者的门槛，也降低了读者获取资讯的门槛。而无论是以比例还是绝对数量来说，读者的增长（需求）远远大于创作者（供给）的增长。这一供需的失衡也造成了部分内容领域"贫瘠的繁荣"，即表面看起来我们似乎有了永远看不完的内容，但仔细一看却总是似曾相识。

当下自媒体的产品形态，也没有很好地激活有产出能力的业余作者。对于一个从事非写作职业的人来说，即便产出了优质内容也难以被平台分发或从偶尔撰写的文章中获取激励。这就导致了"百万小编"对阵"8亿读者"的局面。

这种供需关系的不平衡不仅催生了"洗稿"，还导致优质内容生产者质量的下滑。如虎嗅网内容平台主管王子中谈及："为了满足一天一次或三次的发版，行业内的一些编辑事实上已经没有拒稿的权利。"

第二，以推荐算法为主的产品形式，客观上削弱了"作者中心属性"，即读者不再关注于某个作者的文章，而是根据算法的推荐进行阅读。而算法本身是千人千面，这导致针对"洗稿"的指责和惩罚往往无法落实到具体的"洗稿"人身上。

第三，平台的内容创作补贴在某种程度上亦刺激了"洗稿"的规模化。因为内容平台的补贴逻辑，往往要求一个创作个体或小团体连续不断生产出被算法认可的内容，这显然违背一般的创作逻辑，因为高质量内容往往生产周期较长且需要长期积淀。这就导致一些写稿工厂为了获得平台的补贴，而对他人的优质作品批量"洗稿"。

自媒体人阑夕在接受访谈中表示，对于内容创作者来说，补贴在某种程度上会形成一种依赖，"因为你一旦开始拿补贴，你思考的就是如何将补贴延续下去，而事实上对自媒体来说持续输出高质量内容几乎是不可能的，写稿子总有好有坏"。

"洗稿"不仅伤害了创作者的利益，对于读者来说也造成了较大的影响。

首先从短期来看，"洗稿"者之所以"洗稿"，其前提条件是被洗后的稿件客观上有一定读者市场，使之能够获取商业利润，从而推动"洗稿"行为的可持续化，在此过程中，读者被迫成为劣质内容的消费者，其商业价值被肆意利用、恶意榨取。

另外，为了使内容被更多读者所接受，"洗稿"者往往通过曲解文章原意、放大焦虑情绪、刻意迎合恶趣味等方式来攫取流量。正如刺猬公社创始人叶铁桥所言，在"洗稿"过程中，原本相对中立客观的文章，经常被修改为带有明显倾向和情绪性的文章。因为这种激化矛盾的操作更能引发读者的支持或反驳，从而获得更多的流量。久而久之，读者的阅读品味会被低劣内容所驯化，其价值观念和道德品质也难免不受影响。

其次，从长远来讲，"洗稿"问题还动摇着内容生态中读者对作者的信任。以信息流、算法排序和主动推荐为基础的新一代资讯产品，淡化了内容生产者在读者的品牌存在感。大多数用户往往并不会直接把好文章和生产者产生联系，也不会记得劣质内容来自哪些账号，只会形成"内容整体越来越差"、"网上的消息都不可信"这样主观、模糊的印象。

这样"只见平台、不见作者"的印象，会使得优质内容创作者需要花费更多的精力来自证内容的质量优秀与真实性。

除此之外，36氪公司报道部主笔方婷在接受访谈时谈到，速度会是个很重要的影响因素："在传统媒体或PC网媒时代，受限于发稿周期慢，即便是被'洗稿'，原创稿件往往也能比抄袭或'洗稿'内容跑得更快和更远。现在则不同，有时'洗稿'者凭借自己的粉丝和渠道优势会比原创者跑得更快，传播得更广。"

也即是说，在当下的分发模式下，来自传统媒体的优质内容生产者生产优质内容实质上已经成为某种"竞争劣势"而非"竞争优势"。"洗稿"内容不断挤压着原创稿件的生存空间，优秀的作者也会因为"洗稿"问题的泛滥而减少创作，从而形成恶性循环，使内容市场形成"劣币驱逐良币"效应。

综上所述，"洗稿"是一个问题，是一个对创作者、内容平台、读者三方皆有损害的严重问题，那么为什么时至今日却依然没有得到解决呢？

这要从反"洗稿"实操领域最大的难点开始说起。

二、为何"洗稿"无人解决？

过往关于"洗稿"的讨论中，总是涉及一个核心问题——到底什么是"洗稿"？

通过访谈，我们发现"洗稿"在业界并没有一个清晰可用的定义。从众人的观点中，我们拼凑出一个可能的"洗稿"定义：

在写作过程中，参考、借鉴、引用了他人原创的素材、逻辑、观点，在通过自己的演绎方式再表达的同时，试图掩盖参考、借鉴、引用等动作，则应被视为"洗稿"。

但这一定义不具备任何实践意义。

因为，这一定义要求"洗稿"者自证"有罪"：任何旁人都无法举证"洗稿"者是否在创作过程中有参考、借鉴、引用他人作品的行为，更无法举证作品中相似但没有标注的部分是"故意隐瞒"还是"凑巧想到"。

可以说，自传统媒体发展至新媒体时代，"洗稿"问题数次被激化、放大却始终无法合理解决，就是因为它不像抄袭那样可以通过客观标准进行识别和辨认。

2016年，IT作者霍炬与公众号"差评"所属公司因"洗稿"纠纷对簿公堂，此案被称为"自媒体'洗稿'第一案"，引起各界关注。但最终法院认定不构成法定意义上的抄袭。

回溯案件判决书可见，法院判决的主要依据是，两篇文章的原始素材（如传奇人物的人生经历）不具有原创性，而组织这些素材的逻辑属于思想范畴，不被著作权法所保护。另外，独创的词汇不足以证明文章的主要素材有原创性，因此涉案文章对原创词汇的使用在篇幅上不足以构成法定意义上的抄袭。

为什么一个在明眼人看起来都"有问题"的稿子，却难以被追责甚至定义？这涉及各国著作权法立法时所遵循的一个原则，即"思想与表达二分法原则"，通俗地讲，就是"保护表述（表达），但不保护概念（思想）"。

这一原则的确立有较为复杂的法理探讨，其本意是为了更好地鼓励原创作品的出现。人类社会中几乎任何作品都是在前人的思想基础上进行修改、增加之后诞生的，若将思想纳入著作权的保护，在总体上不一定利于著作权保护的最初目的——激发更多的作品创作。

在法律实操上，各国相关法律对抄袭都有比较成熟的判定标准，即以表述的相似程度来判断两个作品是否涉及抄袭。但在诸多"洗稿"案例中，被指称"洗稿"的内容恰恰是"取其思想，去其表述"。

而传统媒介（如小说、戏剧、长篇文章）中的此类"洗稿"行为，一般可通过认定其存在高级抄袭或隐蔽抄袭而适用著作权法，但新媒体作品往往篇幅短、传播速度快，又存在针对同素材各自、同时创作的情况，使得从法律层面判断变得更为困难。

加之法律流程较长、诉讼成本高、原被告体量差异、个人自媒体取证难等诸多原因，新媒体领域被"洗稿"者长期以来无法被法律救济所覆盖。

对"洗稿"识别的困难，同样困扰着自媒体平台。

2015年，微信上线原创标识功能，并开始使用 AI 对抄袭行为进行检测，获得了较好的效果。行业普遍希望 AI、大数据比对也能解决"洗稿"问题，但在双盲情况下许多"洗稿"案例连普通读者都难以分辨，只有常年从事写作、拥有极高专业素养的创作者才能从文本中反推出"洗稿"的蛛丝马迹。因此在反"洗稿"领域，AI 几乎是完全失灵的。

另外，自媒体平台往往担任着规则制定者与裁判的角色，可由于缺少清晰界定"洗稿"的实操方法与标准，平台也难以有准确的依据来实行职责。

于是，"洗稿"问题便在法律、平台与原创者客观上三不管的状态下滋生壮大，形成了当下的局面。

一面是内容供需与利益诱因问题，导致"洗稿"行为屡禁不绝；另一面是在操作层面，无人能给出明确的"洗稿"判别标准——无标准则无裁判，无裁判则无惩罚，无惩罚则无救济，因而难以开展有效的措施以遏制"洗稿"的进一步发展。

摆在反"洗稿"面前的"两座大山"，使整个问题进入了看似无解的境地。

但着眼现实，"洗稿"带来的负面影响已经异常显著并亟须处理。正如医生对待重大顽疾要标本兼治一样，在等待"治本"疗法成熟的过程中，我们可以先从"治标"入手——与其纠结于彻底解决"洗稿"问题，不如先着手解决"洗稿"对读者、创作者和自媒体平台的负面影响。

一种先于现有的法律框架与认知体系、能够高效运转并且易被大众所接受的解决方案亟待被提出，这便是微信公众平台"洗稿"投诉合议机制诞生的一大背景。

三、反"洗稿"机制的诞生与介绍

微信公众平台"洗稿"投诉合议机制是微信官方于2018年12月3日正式上线的一项新功能，旨在保护原创内容，它与原创声明、侵权投诉等功能均是微信平台规则的一部分。

这一机制通过第三方集体合议的方式来解决"洗稿"问题，有争议的稿件会交由一定数量的反"洗稿"合议团成员进行投票。集体投票的结果决定稿件是否达到微信平台所定义的"洗稿"标准，并依据这一决定来进行后续的惩罚处理。

为上线与打磨这一机制，微信团队启动针对"洗稿"问题的调研。在3个月的时间里，团队对30家无违规记录的知名自媒体展开点对点调研，并梳理出各方对"洗稿"问题的定义、理解和潜在的解决方案。

调研发现了许多极有价值的思考。比如，有自媒体人不建议在"洗稿"这一争议性极大的问题上直接做平台评判，还有不少自媒体人表达了直接参与反"洗稿"的意愿，但亦担忧占用太多时间。这次调研中的许多意见，直接影响到最终的方案设计。

2018年5月到8月，基于调研成果，微信团队开始在内部讨论可用于解决"洗稿"问题的实际解决方案，并初步形成了第三方合议这一解决思路。在此期间，国家"剑网行动2018"首次提出"洗稿"是一种需要解决的侵权行为，这为微信团队推动反"洗稿"项目提供了信心。

2018年9月，在反复修改大量流程细节后，微信公众平台"洗稿"投诉合议机制方案定稿，并正式交付设计研发；2018年12月初，功能正式上线对外发布；截至2019年6月30日，微信公众平台"洗稿"投诉合议机制已完成近200起"洗稿"纠纷案件。

在开始介绍"洗稿"投诉合议机制前，有几个相关的机制需要介绍并加以区分，包括：微信于 2015 年上线的"原创声明"功能和抄袭投诉功能。

微信的原创保护和抄袭投诉处理的法理机制类似，均直接采用机器算法对涉及抄袭的两篇稿件进行对比，如判断其文字重复超过一定界限，则禁止声明原创，或判定为抄袭进入后续的惩罚流程。

当前，在反抄袭与反"洗稿"两个流程中，会优先触发反抄袭流程。即一篇稿件只有在未被判明为抄袭，却依然有争议的情况下才进入反"洗稿"流程，交由第三方合议团成员对稿件进行判别。

下面，我们会对微信公众平台"洗稿"投诉合议机制的详细运作进行解释。

1. 反"洗稿"合议团成员来自哪里？他们如何判定"洗稿"？

考虑到判别"洗稿"这一问题的复杂性和专业性，微信的"洗稿"投诉合议机制并非是"谁都能参与"的大众评审，而是设置一定的门槛，采用邀请制模式。只有已开通原创功能、更新活跃、且无任何违规记录的公众号作者才会受邀参与到合议团中，并有机会对"洗稿"争议案件进行评定。自 2018 年 12 月上线至今，合议团成员池中已有 5000 余位合规成员，其中 3000 余位成员至少参与过一次合议。

光有合议团与合议机制尚不足够，"洗稿"问题之所以难解决，最核心的问题之一就是如何判定。

合议机制反"洗稿"是通过专业原创者以主观判断来替代机器算法的客观比对，所以为了避免合议团成员在"洗稿"的判断中过于随意，微信在《微信发布公众平台"洗稿"投诉合议规则》中给出了"洗稿"评定指引标准：

"洗稿"，一般指采用同义词更换、语序转换、段落变换、增删非关键词语等手法生产的内容，导致与他人作品在主题、观点、大纲、素材、逻辑、结构、表达、描述方面存在"实质性相似"，伤害原创者的利益、违反平台规范的行为。

其提供的参考维度包括以下几方面。

观点独特性：

"洗稿"者核心观点明显借鉴原创者，且原创者的观点具有独特性。同时，两篇文章逻辑、细节描述相似，涉及延伸内容和公共素材的争议。

相似巧合性：

虽然"洗稿"者把原文框架打散，调换内容顺序，但在错误细节、部分雷同处存在巧合概率很小的相似点。同时，虽然是针对公共事件，但两篇文章主题观点、逻辑也非常相似。

话题延伸：

两篇文章内容要点、逻辑结构相似，虽然案例不完全一样，但明显有"洗稿"者借鉴原创者的痕迹。且两篇文章主题、观点相似。

公共素材应用：

两篇文章对公共素材的使用大量相似，而原创者在公共素材的选择构思、呈现方式上具有二次创作的价值。并且两篇文章主题、观点、框架相似，"洗稿"者多处文字描述与原创者存在非常巧妙的雷同。

在最新版的评定指引中，每个维度下还有具体的"洗稿"案例，帮助合议团成员更好地理解指引内涵，以做出准确评定。

参与合议的合议团成员，参考评定指引，再综合自己的写作经验对稿件进行主观评定。而为了向合议团提供更多的参考信息，辅助其判定，项目组成员尝试从产品逻辑上进行优化，如在投诉方、被投诉方账号昵称旁边，展示其抄袭/"洗稿"的历史违规总数。根据反馈，大多数合议团成员对账号历史抄袭"洗稿"违规多的，倾向判为"洗稿"；少部分成员倾向于就事论事，不受账号历史影响。

在合议过程中，合议团成员之间不会知晓其他判定成员，也不会设立共通的讨论空间，每位合议团成员需要独立完成评定并做出投票。

在机制的运行过程中，微信作为平台方不参与"洗稿"与否的判定，同时亦不引导反"洗稿"合议团成员的主观判定，只通过产品手段（非人工）参与每一场合议的组织、结果公示与处罚环节。

2. 反"洗稿"的合议机制具体是如何运作的？

用最简单的语言来描述合议机制，它的运作模式如下：

（1）任意人在微信端发起"洗稿"投诉。

（2）投诉原告方作者（疑似被"洗稿"人）确认投诉，提交证据。

（3）投诉被告方作者（疑似"洗稿"人）承认或反驳，提交反驳证据。

（4）基于两篇文章及证据生成合议页，推送给算法随机抽取的合议团成员们。

（5）合议团成员各自对是否"洗稿"做出投票。

（6）如投出"确为洗稿"的比例为70%，则生成结果公示页并替换"洗稿"文章，永久不得删除，并进入后续惩罚。

由于涉及前置判断投诉单是否合理（可能为抄袭单而非"洗稿"单），以及可能存在的意外情况，反"洗稿"合议的实际机制较为复杂。其完整的运作逻辑可以表现为下图。

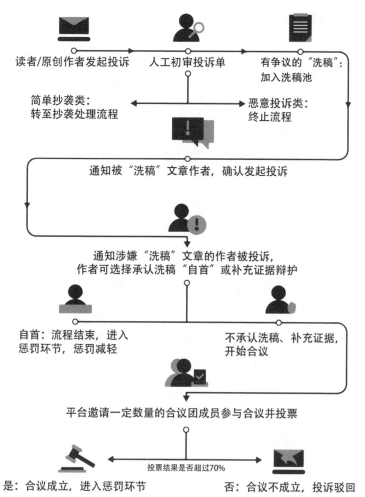

读者/原创作者发起投诉　　人工初审投诉单　　有争议的"洗稿"：
加入洗稿池

简单抄袭类：
转至抄袭处理流程　　　　　　　　　　　　　恶意投诉类：
终止流程

通知被"洗稿"文章作者，确认发起投诉

通知涉嫌"洗稿"文章的作者被投诉，
作者可选择承认洗稿"自首"或补充证据辩护

自首：流程结束，进入
惩罚环节，惩罚减轻　　　　　　　　　　　不承认洗稿、补充证据，
开始合议

平台邀请一定数量的合议团成员参与合议并投票

投票结果是否超过70%

是：合议成立，进入惩罚环节　　　　　　　否：合议不成立，投诉驳回

惩罚措施：1."挂墙头,不可删"：合议结果页替换原文且不能删除
　　　　　2. 封停群发：短期封停群发功能,多次后永久不可群发

如果将上图的逻辑带入一个案例场景中，合议的机制是这样起效的：

某位读者是A公众号的忠实粉丝，某日在朋友圈中发现B公众号的一篇文章与A曾经写过的内容极为相似，该读者通过微信公众号下方投诉按钮发起"洗稿"投诉。

此时，微信平台方的运营人员会首先对投诉单进行审核，如两篇文章存

在明显的复制粘贴情况，则进入2015年微信上线的抄袭处理流程。如两篇文章完全不相关则视为无效投诉审核不通过。如两篇文章有相似性的，但文字表述上又不是直接照抄，则投诉单通过进入下一环节。

投诉单通过后，A公众号的作者会在微信上收到一个通知，通知B公众号可能"洗稿"了其某篇文章。A公众号作者可以查看B涉嫌"洗稿"的文章，自主选择是否发起"洗稿"投诉或放弃投诉，如确认发起投诉可在此环节补充更多证据。

一旦A公众号的作者确认发起投诉，系统将会发送站内信通知B公众号作者，并询问其是否承认自身存在"洗稿"问题。如果主动承认，则直接进入惩罚环节。如果不承认，可补充反驳素材，以供后续合议团成员参考。

如果B公众号作者否认"洗稿"并补充证据，那么合议正式开始。

系统会从已有的合议团成员池中，随机通知一定数量的合议团成员参与此次合议。成员可以同时看到两篇文章，以及A与B在此前环节中给出的证据与素材，并在一定时间内给出"洗稿了"或"没洗稿"的判断。

当参与合议的成员中，有70%的成员给出"洗稿"的判断时，系统判定文章为"洗稿"，并进入后续的惩罚流程。反之则判定为没有"洗稿"，投诉单结束，不进行惩罚。

有时，在系统向合议团成员推送合议任务的时候，会出现在给定的时间内没有足够多的合议团成员给出判定（既没有选择"洗稿"，也没有选择没"洗稿"），这可能是投诉单本身存在缺陷（如两篇文章的可阅读性都较差），系统会在增补一次合议团成员后继续判定。如增补后依然达不到最少的成员参与人数，则代表合议失败投诉单退回。

3. 被判定为"洗稿"者会受到什么样的处罚？

经过合议被判定为"洗稿"的文章，其公众号将会受到严厉的处罚。

首先，一旦判定为"洗稿"，"洗稿"结果页将替换"洗稿"文章且不可删除。在结果页上，会以显著文案提示本文涉嫌"洗稿"，并以文章卡片形式引流至原作文章。读者亦可从这一页面跳转至合议结果公示页面，查看合议团成员为本文做出判定的理由。

除了永久性的"名声惩罚"，还会对"洗稿"者微信公众号的功能进行惩罚。对于初次被判定为"洗稿"的公众号，将取消其"原创声明"功能，并从第一次被判定为"洗稿"开始，公众号的群发功能将受到短期封停，直至多次累计后永久不可群发。

在微信平台上，封停群发是针对所有公众号所有惩罚措施中最严厉的一种。此前，如果公众号被判定为抄袭，从第二次开始封停群发功能。"洗稿"则更进一步，从第一次就开始封停群发功能。

与抄袭、侵权等相同的是，如果疑似"洗稿"者在举证阶段承认自己确有"洗稿"行为，则惩罚会相应减轻，鼓励公众号作者在认知到自己错误的情况下及时改正。

四、反"洗稿"的三大创新点

以作者为中心制定规则

保护和尊重原创，几乎成了内容行业的"政治正确"。如前所述，"洗稿"负面效应，往往是通过作者在不珍惜名誉的情况下输出内容，来间接影响到读者。

通过访谈，我们发现微信的做法是实现"理念—平台规则—产品功能"的全链条落地，即在观念层面以先"保护原创"、再"鼓励原创"一以贯之，同时将其内化为一种平台规则层面的精神，而在产品层面，则落实为从"原创标签"到"抄袭/洗稿投诉"等具体功能。

具体而言，这一机制的亮点主要分为两点。

1. 在法律基础上进行的平台规则创新

《中华人民共和国著作权法》面对当下"洗稿"问题存在一定局限性。

但其立法精神与原则对反"洗稿"的平台规则制定依然有着较强的指导意义。

微信反"洗稿"是《中华人民共和国著作权法》在数字时代的进一步发展和延伸，主要体现在：

其一，对立法精神的延伸。现行著作权法于1990年立法，最近一次修订距今已近10年，对于数字内容领域的侵权行为难免考虑不周。微信在"洗稿"标准的建立上，其实是基于《中华人民共和国著作权法》的"为保护文学、艺术和科学作品作者的著作权，以及与著作权有关的权益"这一基本立法精神。微信反"洗稿"依然遵循"思想、表达二分法"，它鼓励作者从好的思维中借鉴灵感，而非进行隐蔽的抄袭。

其二，对法律实施范围的延伸。著作权法颁发之初，纸张、影视是主要的内容载体，而在该法实施近30年后，数字化渠道已经成为最主要的载体。而微信的平台规则中关于"洗稿"的判定标准和处罚方式，某种程度上是把著作权法延伸至微信公众平台，覆盖更广泛的媒介范围。

2. 不以"鼓励原创"替代"保护原创"

在内容领域，始终存在两条路线或者说两种思维：一种是以鼓励原创为导向，侧重向优质原创内容倾斜更多资源与激励；另一种则以保护原创为导向，侧重惩戒突破底线的内容，让底线之上的内容自然竞争。

在反"洗稿"与抄袭这一领域，微信没有以"鼓励原创"来替代"保护原创"，而是让不同的机制各司其职。

这是由于在实践过程中，"鼓励原创"规则往往有着更短的周期，仅凭这一策略并不能完全补偿原创作者的利益。

在一个短周期内，平台利益、内容作者、读者的利益存在一致性，平台想要获取流量、"洗稿"者希望获得利益、读者希望看到惊世骇俗的文章。这会使得平台失去治理焦点，即劣质内容作者事实上可以通过流量自证其内容"优秀"，向平台骗取更多的流量和物质奖励。

在一些平台中，这种短期的利益绑定还导致了平台主动鼓励、引导、组织"洗稿"，其目的主要是做大内容池，吸引更多的用户，占用用户更多的时间，即所谓"放水养鱼"。

保护原创策略正相反，短期内会给人"看不到效果"的感觉，但同时也意味着平台可以更好地从长期考量整个机制对各方利益的保护与促进。

保护原创策略强调尊重和保护每一个创作者的利益，当其权利受到损害，且在现行法律体系下无法受到救济时，能够为他们提供一个说理的地方，安抚其情绪、伸张其权利。

从霍炬诉"差评"、六神磊磊诉周冲、"甘柴劣火"案件中，我们都能感受到起诉者委屈、愤怒乃至无奈的情绪。微信推出的反"洗稿"机制，在某种程度上是为了避免此类情况重演，保护了优质创作者的权利。

这种做法短期内会给平台造成一定流量损失，但从长期看，会有利于吸引更多优质作者，进而优化平台内容质量，吸引更多的用户。

合议制：平息纠纷优于绝对公正

在内容领域，采用合议制来解决纠纷，无疑是一个创造，其创造性主要体现在三点：

首先，在有争议的稿件上，第三方合议优于平台直接判定。

在反"洗稿"项目之初，由谁来判定"洗稿"是否成立，是一个至关重要的问题：平台判定还是第三方判定？此前，微信公众平台在保护原创方面已经有诸多行动，但都不能完全杜绝"洗稿"情况发生。大部分涉嫌"洗稿"的稿件其实都已通过平台的机器审核并被标注"原创"，而即便是走抄袭投诉流程，审核部门内部对稿件是否构成"洗稿"的争议也很大，因此继续沿用平台判定的路径并不现实。相对来说，第三方合议的方式，可以充分利用广大创作者群策群力的智慧，以民主的方式完成判定，是一种更优的选择。

其次，在合议成员的筛选上，同行评议的方式保证了专业性。

反"洗稿"合议组成员，主要从微信平台上优质的原创作者中遴选产生，遴选门槛较高，包括作者在微信平台上没有任何违规记录，且长期、稳定地输出内容，并拥有一定的业内知名度。这种制度安排借鉴了学术界论文同行匿名评议机制，由同行来评定，保证了其专业性。当然，项目组最初在这一点上存在分歧，包括是否需要法律背景的专业人士加入，但考虑到"洗稿"仍然是现行法律框架内难以清晰界定的问题，且一些司法判定结果也存在合法不合情的情况，加之需要淡化判定的审判意味，最终在第一批合议成员池中舍弃了法律专业人员。

最后，合议组针对"洗稿"判定系列标准的建立，包括三个要点：

第一，针对"洗稿"评定规则的指引。项目组为合议成员分别从主题和观点、素材和细节、行文和逻辑、内容生产方式四个角度给出了参考指引，避免了评判的随意性和主观性。第二，70%投票通过比例的确立。70%的标准是参考许多国家在立法项目讨论时确立的三分之二多数原则（约66.6%）。第三，判定结果的展示。如果被判定"洗稿"成立，被投诉方会收到平台通知，并可以选择24小时内承认或者回应辩驳、提交补充说明。经过这一流程之后，如果判定"洗稿"成立，被投诉方侵权页面会展示相应的侵权信息，并可跳转至被"洗稿"文章界面。目前，进入合议环节的200多起案例，在判定后均未收到被投诉方的反诉。

"挂墙头、不可删"

反"洗稿"在实际运营中还展现出高效、自动运行的特点。

第一个特点是，项目上线后的运营高效，基本上由系统自动运行。从用户发起投诉，到算法撞库检验判定加少量人工审核是否达到合议标准，合议成员评议参与邀请，评议结果搜集分析，通知起诉和被起诉方到最终判定结果页的展示，基本都是靠系统自动运行，无须投入额外人力。对于参与合议的成员来说，一般审议一起"洗稿"案件通常耗时在10到20分钟，占用时间并不多。

第二个特点是，从结果上，对于"洗稿"行为起到了遏止的效果，威慑作用明显。由于判定结果会直接呈现在侵权文章页面上，显示"经合议，达到'洗稿'标准"，同时会详细标注合议小组赞同比例数字，并引导读者跳转到真正的原创文章页面阅读。

这种判定结果页"挂墙头、不可删"，对于讲究名誉的内容行业来说，必将对该公号及作者的声誉和商业变现造成较大冲击，因此对创作者起到了较为明显的威慑作用。

从数据上看，反"洗稿"功能上线后，微信接收到的抄袭/"洗稿"投诉量基本保持稳定，并未再度发生类似霍炬诉差评、六神磊磊诉周冲等引发公众高度关注的案件。一些地方法院也反馈了许多正面的评价，天津某区的基层法院过去一年收到的自媒体侵权投诉高达600多起，压力极大，但微信反"洗稿"机制上线后，投诉量少了许多。

五、反"洗稿"的两大难点

反"洗稿"功能上线8个月后，也暴露出两个比较突出的潜在的难点。

难点一：如何持续激励评议员的参与热情

经过一段时间运行之后，参与合议的评议员活跃度有所下降，主要体现在评议员的响应率在下滑，参与合议的人数也在下滑，因此如何激发评议员的合议热情被项目组成员认为是当前面临的最大难题。

究其原因，主要有三方面：

一是许多进入合议的文章质量本身不太高，且题材大都以娱乐八卦或者养生健康为主，对于评议员来说，参与这样的合议难以产生阅读的快感和评议的成就感。

二是缺乏激励机制。首先是声誉上的激励效应开始衰减，第一批受邀成为合议成员的作者会非常高调地在朋友圈晒这一资历，并认为这是对自身行业地位的确认和加持，但随着评议员范围的扩大，成员荣誉感遭遇了一些膨胀贬值。

三是缺乏物质激励，不过这并非主要因素。由于第三方评议的精髓在于用多位专业评审的方式来彰显公平公正，一旦与经济利益挂钩，可能会扭曲这一机制的公正性，导致一些不公正和不透明的情况发生，从而背离了合议机制的初衷。

因此，在激励机制方面，后续依然以精神激励、声誉激励为主，比如是否在原创作者个人上标注评议员身份等；另一个解决之道是进一步扩容评议员的规模，纳入更多专业背景的人士参与合议。

难点二："洗稿"始终无法绝对认定

合议机制推出的初衷，是为了响应原创作者对"洗稿"行为的痛恨态度，同时通过同行评议的方式去甄别"洗稿"，并尽可能地减少、预防"洗稿"行为的发生。目前来看，这一机制的目标基本实现，安抚了原创者的情况，对"洗稿"者形成了威慑，但要想彻底消灭"洗稿"并不现实。

首先，难以形成绝对清晰的"洗稿"认定标准。"洗稿"这一行为本身属于更隐蔽、更高级的抄袭，处于内容产业的灰色地带，即便是微信公众平台"洗稿"投诉合议机制运行了8个多月，依然无法针对"洗稿"给出一个黑白分明的判断标准，仍高度依赖于评议成员的知识和经验。

其次，难以要求评议员做到绝对公正。目前合议机制运营的逻辑是，对若干个评议员主观判断进行客观的数字汇总，以略高于三分之二多数的门槛来判定"洗稿"是否成立。虽然有判定规则指引，但是评议员的判定依然会受自身的知识结构、情绪甚至对投诉双方的主观印象等因素的干扰，因此难以做到绝对精准、理性和客观。

最后，作为法律的延伸，反"洗稿"机制依然要处理"鼓励思想自由流动与保护表述"之间的紧张关系，包括思想和表述如何切分，如何从表述中抽离出具有公共性、应该鼓励流动传播的思想，拿捏此间分寸仍然是一个难题。

六、微信公众平台"洗稿"投诉合议机制可以被借鉴吗？

微信公众平台"洗稿"投诉合议机制只从一个较小的切口迈出了反"洗稿"的第一步。

合议机制本身可以被移植到各类平台，但回归反"洗稿"领域，其他内容平台想要参照微信的机制建立自己的反"洗稿"系统，需要首先构建前置于反"洗稿"系统的原创标识和投诉机制。

除此之外，在原创内容领域适用合议机制时还有两个需要注意的条件：

1. 平台的原创氛围浓厚

平台需要长期持续营造浓厚的原创氛围，无论是运营方、作者还是读者都要认可"抄袭者应付出代价"的理念。此外，平台方自身商业模式不建立在抄袭作品（通过同质内容获取流量）的基础上，且能够认可抄袭、"洗稿"作品消失后为平台短期内可能带来的小幅经济损失。

这一前提，决定了采用合议制解决问题是否可以服众的问题。从本质上说，合议制是让一群创作者解决两个创作者之间的纠纷，其中"一群创作者"必然来自平台的总体创作者池，代表平台整体道德和媒介素养水平。如平台作者对抄袭、"洗稿"等行为并不在意，那么合议团成员也不可能做出公正裁决，合议制度也就毫无意义了。

2. 产品要突出作者品牌

微信自公众号功能上线以来，一直存在着多种不同类型的信息呈现机制，如依赖社交关系的朋友圈，以及兴趣算法的"看一看"等。但其中最基础，也是用户最常用的依然是用户自发对内容生产者（公众号）的关注。

用户对好内容产生感知后，进而直接关注内容生产的源头公众号，之后便可从源头公众号持续获取信息。在这一过程中，用户会对持续产出优质内容的作者产生较强的感知。

这种较强的感知会成为平台内作者最重要的无形资产之一，而微信公众平台"洗稿"投诉合议机制之所以具有威慑力，便是将惩罚作用于声誉。在这种情况下，内容生产者会因为爱惜自身羽毛，而更加注意避免"洗稿"行为。在过去曾通过"洗稿"手段获取到大量粉丝和关注的作者，也不得不因为这一规则的出现而"浪子回头"。

但是，在一个由机器算法主导的内容平台中，用户对原创内容生产者的认知较低，内容生产者也不依赖于自身粉丝与声誉的积累，"洗稿"者一旦受到惩罚，可毫无包袱地抛弃原有账号重操旧业，这种惩罚便可能形同虚设。

跳出"洗稿"这一问题，合议制用于解决在线纠纷时，还应当注意两个十分重要的点：

（1）合议团的成员既应当是平台的用户，但同时又不应带有某种强烈的倾向，或其倾向不应与所解决的问题相悖。

在微信公众平台"洗稿"投诉合议机制中，成员主要是拥有良好记录的原创作者，其自身立场决定对"洗稿"行为更加不可容忍。因此在合议规则中，规定超过70%的参与投票者统一认定才达到"洗稿"标准。

这是在任何合议制中均需要考虑的问题，如在电商平台中使用合议制解决买卖双方纠纷时，只引入买家群体可能会使整个合议制对卖家缺少公平性。

（2）预防合议制纠纷。

尽管数字手段大大缩短了合议所需要的时间，但合议本身依然是在线纠纷解决机制中一种涉及角色多、流程长、牵扯资源多的方式。

合议机制应被优先用于解决那些没有严格客观判定标准的纠纷，即俗话说"公说公有理，婆说婆有理"的场景。

同时，合议制的作用还体现在对"洗稿"者的警示、威胁。基于合议结果的惩罚措施应被合理设置，不宜过轻，以确保在合议制建立后，其威慑作用可减少纠纷的发生。

综合来看，当下新媒体环境下"洗稿"问题的激发是由多重因素所构成的复杂问题。

"洗稿"泛滥的直接原因是"洗稿"这一行为缺乏客观的判定标准，"洗稿"泛滥的根本原因是优质内容生产速度慢成本高与广大读者迫切内容需求之间的矛盾。在这两个短期内无法解决的矛盾中，现有的法律法规、行业特点、商业模式等客观因素也都制约着反"洗稿"的推进。

事实上，在当下的环境下，反"洗稿"、反谣言、反低俗以及如何更好地鼓励原创等问题，都或多或少地面临这样的困境。如何在算法分发时代避免劣币驱逐良币，是当下几乎所有内容平台需要攻克的母题。

"洗稿"问题最终的解决乃至内容生态的优化，需要行业内多方的共识与共同探索。

在反"洗稿"这个领域，微信反"洗稿"合议制度以影响和结果为出发点，尝试了在无法彻底解决问题本身的情况下，抑制现状所带来的负面影响。这一机制并不一定能解决当下所有的"洗稿"问题，也并不一定是解决"洗稿"的终极方案。但它更重要的意义在这一看似死结的问题上，做出了有价值的创新探索，并愿意与行业分享来激发更好的、更有建设性的讨论。

千里之行，始于足下。当我们开始启程，终点便不再遥远。

网络辟谣：与虚假信息赛跑

一、背景：关于谣言的真相

谣言早已成为人类社会的一部分，从古至今未曾断绝。某些当今仍然在传播的谣言，起源甚至可以追溯到乾隆年间。社会学家特·希布塔尼认为谣言是一群人议论过程中产生的即兴新闻。同时，谣言也是信息扩散、解释和评论的过程，目的是给无法解释的事件寻求答案。归根结底，虽然我们认为传谣、信谣的人是被谣言误导，但这一误导也是他们寻求答案、提升自我认知的过程。

在当代，由于互联网的出现，信息量大幅膨胀，谣言生存的空间也更加广阔。太阳底下无新事，如今的网络谣言和早期的谣言具备同样的特征。深圳大学传播学院教授、硕士生导师周裕琼表示："每一次媒介的进化演变，都意味着谣言载体的更新换代。以互联网为代表的新媒体，只是当代中国社会网络谣言层出不穷的催化剂。同时，网络谣言的产生原因、评价标准、社会影响与传统谣言并无本质上的区别。"虽本质未变，但网络谣言这种嫁接于新技术上的古老传媒，在新媒体浪潮中展现了非凡的"传染力"。

食品健康类是"网络谣言之王"

在微信上，仅被官方识别、拦截的谣言，在2018年就多达8.4万条——这显然只是网络谣言中的沧海一粟。这些谣言都是什么，又涉及哪些领域呢？举例说明。

医疗健康：《"辟谷断食"获得了诺贝尔医学奖》《酸性体质是百病之源》

食品安全：《"撕不断、嚼不碎、有腥臭味"的紫菜是废旧塑料袋做的》

社会类：《马航MH370调查》《高考700分都上不了北大清华？》

娱乐八卦：《某某某离婚》《某某某整容》

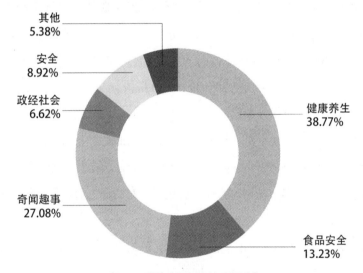

《2017腾讯公司谣言治理报告》

像"离婚""整容""去世"类谣言，可以说是经久不衰，总能戳到吃瓜群众的兴奋点，甚至一个人去世的谣言也可以被恶意地不断传播。这样的谣言年轻人都见过，但年轻人见过的谣言，通常却并非是传播最广、危害最大的。

可能直接危害用户生命安全的反而是医疗类、健康养生类谣言。它们未必是最新鲜的，但是出现和传播的频率极高。腾讯新闻较真负责人Jinglu分析称："医疗健康类谣言增量与存量之比约为3∶7。上年纪的老年人对养生类内容有需求，即便是谣言，对于读者依然有吸引力。相比健康养生类，猎奇、国际类的谣言阅读量更高一些；同时，在谣言数据库中社会类谣言增量与存量之比约为9比1。"《2019年网络谣言特征观察与趋势研判》中也写道，2019年我国网络谣言高发领域仍是"老三样"——医疗健康、食品安全、社会科学。

为什么谣言总是直奔健康、安全和社会而去？因为不同谣言制造不同情绪，不同情绪有其独特受众，这就造成受众"因谣而异"，而健康医疗、社会类恰恰关乎人们的日常生活与切身利益。《2017腾讯公司谣言治理报告》中提到两个有趣的案例，比如《"塑料紫菜"》的受众主要集中在福建、陕西和山西的30～49岁男性群体，而《九寨沟地震"地震云"》的受众则主要集中在山西、北京和河南的30～39岁女性群体。

谣言已千里，真相才出门

互联网将人们拉至手机屏幕前，用户投入时间和注意力。同时，信息生产的边际成本随着技术进步而降低，今天信息生产门槛趋于无穷低，任何人可以在互联网上生产和发布内容。一边是用户对信息的渴求，另一边是廉价的信息生产，把关人角色缺失成为谣言滋生的土壤。

与大规模的信息生产相匹配的是现代化的信息分发机制，其中主流机制是算法推荐。纵观当下内容平台，即便保留人工编辑的版块，大部分内容分发也都由算法推荐主导，基于用户的兴趣和偏好推荐相关内容。一方面算法不会从可信度层面判断信息价值，谣言会根据用户兴趣标签被推送出去；另一方面，当用户阅读到符合胃口的内容时，会有更强的传播意愿，不实信息也会随之流传。简言之，算法分发机制构建了一套去中心化的内容传播路径，算法的高效率和用户好奇心的双管齐下让信息传播速率最大化，谣言在这套体系中也有了更高的传播率。

在技术和产品层面，由于新媒体多种渠道愈发成熟，谣言本身也开始从纯文字或者图文消息，向更难检索、筛查的短视频迈进。而在短视频渠道上，无论对AI还是对人工来说，都极大增加了辟谣的难度。

机制固然助推谣言，用户的认知水平和科学素养也是谣言影响广泛的一个原因。果壳副总编吴欧认为："谣言传播从宏观层面上看就是当下能利用的科学的思维、方法太少。"中国网民规模在2019年时为8.54亿，然而在2018年，我国具备科学素质的公民比例只有8.47%。科学素养的盲区可能导致了人们对谣言的低免疫力。

内容机制和人为因素共同造就了"真相跑不过谣言"的结果，谣言被顽固地嵌入当今的内容生产分发体系，在全民入网的背景下，潜在的威胁愈发有抬头之势。

点燃情绪，再威胁健康和财产安全

"谣言写作会利用一些传播学、心理学原理促使读者相信并传播，比如'厌恶损失'，就是人们不想受到伤害，比如'依赖知觉'，反映的是大多数人不理性，依靠第一感知进行判断。"这是丁香医生新媒体主编李智对谣言"吸引力"的解读。"万一是真的"、迷信黑科技、满足虚荣和贩卖焦虑是网民造谣、信谣、传谣的三种典型心态。如果用一个词概括，谣言的胜利就是"利令智昏"的结果。李智说，理性思维不是人类的本能，而是后天训练的成果；依赖"直觉"而非"逻辑"去思考，才是人类生活的常态。谣言点燃的是人们的情绪和知觉，从而造成认知上的错位。网络谣言大规模传播，一方面可能带来社会恐慌，尤其是关乎健康、安全的信息；不安全感之后是信任失落，与外界信任桥梁的崩塌。

认知错位以后，真实的毁灭也可能发生。一方面给市场带来致命打击。流传甚广的"塑料紫菜"网络谣言导致全国最大的紫菜产地福建省晋江市产品销量暴跌，当地紫菜产业几乎遭遇灭顶之灾。2015年曾经传出的"毒草莓"谣言，致使当年全国多个地方的草莓滞销。更为严重的则是对用户的健康造成威胁，一篇谣言对疫苗的定义："将病毒等致病物，人为地注入人体，其将愉快地在你体内潜伏寄生。"而实际这篇谣言所列举的数据或者结论均未给出来源，是疫苗阴谋论。

因此，当我们试图对抗谣言时，我们对抗的不是虚伪和荒谬，而是情绪。如果不能消除多数人患得患失、杞人忧天的焦虑、恐惧等问题，谣言就永远有天然的巢穴和管道。

二、产品：微信辟谣助手与腾讯较真

2017年11月，一篇名为《马航MH370调查（终结篇）》的微信文章一夜间刷爆朋友圈，内容平台在第一时间对此进行了辟谣处理，与此同时各类网络辟谣产品也到达了活跃度巅峰。

伴随互联网内容池呈几何级数式增长的是谣言的绝对数量，亦真亦假的内容威胁着互联网受众中的小白群体，同时也损害着平台声誉，正如微博辟谣小组组长谭超所说："如果放任谣言不管，大家会觉得平台上大部分信息是不靠谱的，会降低对平台的信任程度。"因此，腾讯诞生了两个辟谣产品，一是2014年微信平台启动的"微信辟谣助手"，二是2015年依托腾讯新闻而生的较真专栏，后者逐渐成长为如今的较真辟谣平台，集to C（媒体与小程序）和to B（中台）于一体。两款产品虽初衷相同，但是目标和打法迥异，在各自近5年的探索后，如今达成协同效用，并不断为腾讯系内容平台输送辟谣资源。

微信辟谣助手：辟谣产品化

微信在2019年用户数达到11亿，微信公众号数量超过2000万个，每日内容发布量超百万篇。海量内容中难免会出现不良信息，谣言即属于其中一种，而且相对于其他不良信息，谣言是最难被划定界限和打击的。

"微信辟谣助手"这款产品应运而生，是一款内置于微信的工具性小程序，它的核心产品逻辑是：

（1）识别——用户反馈，主动识别。

（2）辟谣——专业辟谣机构生产内容。

（3）发布——辟谣中间页，主动推送给已读谣言用户。

（4）入库——建立"谣言+辟谣"数据库。

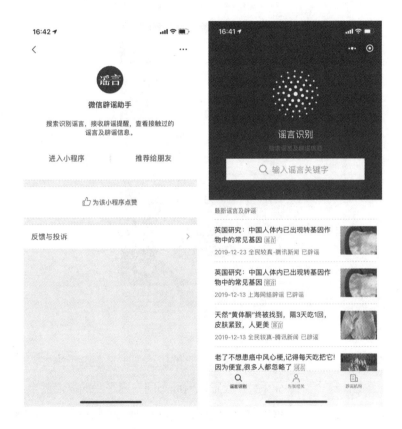

这套机制运营5年，已与超过800家第三方辟谣机构建立联系，包括丁香医生、果壳、科普中国等；成功挂出谣言文章3.5万篇，小程序累计访问量4000万+。

根据过往经验，谣言这种古老的信息形态无法在现代化的内容平台上被彻底清除，绝对消灭谣言也非平台短期内所能实现，预防有害内容对读者产生实质性伤害才是优先级。

较真：与真相较量

当较真的辟谣资源不断积累庞大，它的价值便不再局限于内容，其功能性逐渐显露。这个资源库开始呼应腾讯内部不同内容平台的辟谣需求。2019年4月，较真成为腾讯PCG（平台与内容事业群）的辟谣中台，为腾讯新闻、微信公众平台、企鹅号、腾讯看点、QQ浏览器和看点快报等产品开放辟谣能力。中台的运转流程如下：

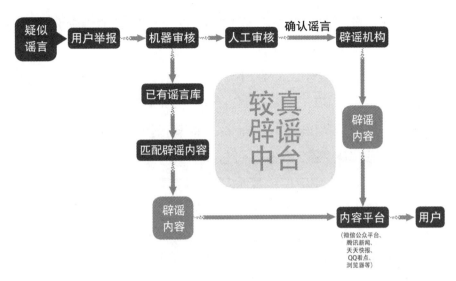

较真辟谣中台工作流程

至此，较真在初创阶段持续拉通外部辟谣资源和搭建辟谣库，在进化为中台后最大限度地发挥了其价值，将资源变成可输出、可复用的能力。对于其他内容平台而言，这无疑是个好消息，省去独立搭建辟谣数据库的功夫，直接调用较真的中台能力。关于中台和内容产品的功能边界在哪，较真负责人王婧璐直言：返回辟谣内容后，不干涉业务方做何处理，但会给予相关建议。辟谣中台是对未来内容平台责任的预设，反谣言将成为内容平台的默认设置。

三、创新点：分级、精准与全生态

创新点一：谣言分级策略

较真从"传播性""危害性"和"重要性"三个维度为收到的谣言评定处理优先级。"传播性"直接反映在谣言内容的阅读量上。至于"危害性"，较真团队负责人Jinglu解释道："医疗健康肯定属于高危害，其他的谣言通过人工和机器综合判断危害性。"危害性更多关于用户的生命健康和人身安全。"重要性"则是指影响深远且广泛，并非带来实质危害。

辟谣本质上是一个"大入口、小出口"的工程。升级为中台的较真，每天通过机器大范围扫描、预警高危谣言，并行处理来自内容平台几千条疑似谣言。虽然机器能大规模识别、标准化、匹配谣言数据，但是每一条疑似谣言的最终判定依然有赖于人工，同时，推给外部机构/专家点对点辟谣稿件，也需要编辑的审核校对。在辟谣流程的日渐精进下，目前每天能辟谣完成的稿件数超过1000篇（包括已辟谣言的变种）。目前的筛选机制在处理前先判定重要性高的谣言，这无疑是对流程的精简和优化，将最关键的能力用于最紧要的事情上。

创新点二：精准辟谣

现代化媒体平台最耀眼的标签之一，是基于用户数据为其推荐可能喜欢或需要的内容。如果把这种能力用于谣言治理，既将辟谣文章精准推送给读过对应谣言的受众，能够起到矫正信息偏差的作用，往深一步想则是引导用户阅读科学的、经验证的内容。

创新点三：辟谣全生态

最早提出中台概念的是游戏公司Supercell，它将游戏开发过程中公共和通用游戏素材、算法整合，积累成科学的框架体系，为各个研发团队提供能力支持，其前提是各个业务需求或功能需求高度相似，这种模式称为中台。完备的中台策略能避免重复造轮子导致的资源浪费。

内容平台近几年持续稳健发展，谣言问题的治理成为其重要责任，辟谣能力随之变成内容平台的公共诉求。较真的辟谣积累在此刻得到最大程度释放，进而串联起内容平台、较真中台、第三方辟谣机构和用户的全生态。中台为内容平台供应辟谣能力，内容平台则为中台输送大量数据，丰富数据库并优化算法。中台模式显著提升辟谣资源利用效率；同时，平台和中台的联动，构建更大的辟谣生态，从而维护内容生态长久活跃发展。

四、难点：产能瓶颈与专业性悖论

困境一：辟谣方产能不足

互联网内容平台辟谣深度依赖具备专业能力的辟谣机构，它们的生产能力间接决定了辟谣产品的活跃度和影响力。有两个因素导致机构产能不足：

其一，增量谣言有限。这也正是眼下网络谣言体现的重要特征，大多数谣言是频繁出现的"月经帖"，直接致使辟谣机构难以发挥能量。果壳副总编吴欧认为："辟谣内容频率下降的原因是谣言都太不经打，反复出现都是类似的事情，从科普内容的角度看我们无法天天做同样的内容。"

其二，产品对辟谣机构激励不足。辟谣产品与机构的合作模式往往是，由机构提供权威、专业的辟谣内容，平台以露出机构品牌的方式为其增加曝光，间接倒流到机构号。事实上，机构号对流量权益有一定的诉求，只是目前的曝光形式未必能够真正满足。

困境二：辟谣越专业，传播性越差

辟谣本质是利用真实可信的内容驳斥虚假不实的信息，而"真实"总被权威、严谨、专业所定义，这些内容大多高冷而严肃，相较于大部分期望在互联网上获得易读、有趣信息的人而言，无疑竖起了一道阅读高墙，最显性的表征是辟谣推送的阅读量和传播量都较低，结果是辟谣效率低。果壳副总编吴欧认为：传播性和专业性呈反比是一定的，果壳尝试让它既专业又好读。比如，为降低阅读门槛，先给出结论，让读者知晓真假，再把专业性高的参考文献附在后面。丁香医生则采用以师夷谣言以制谣言的方式，借用谣言写作中情绪渲染的方式撰写反谣言内容，然而丁香医生新媒体主编李智坦言这种方式并不长久，最终还是要回到"科学素养提升"这个严肃问题上。

困境三：谣言易感人群难以触达

评估辟谣效果时，有人会问：阅读辟谣内容的人是谣言易感人群吗？答案是否定，如同上文所述，辟谣的实质是科普，受众是有意愿了解科学知识的群体，特征是20～45岁、受教育程度相对较高。这与人们脑海中的谣言易感人群画像极不匹配，他们以老年人、青少年为主，认知能力较弱。受众的不匹配成为平台和科普机构头疼的问题，丁香医生新媒体主编李智觉得："找到易感人群的信息获得渠道是关键，可以更多关心老年人通过什么方式获得信息。"

困境四：谣言太狡猾，算法待进化

最能体现辟谣中技术含量的步骤是谣言识别。微信和较真都采用机器学习的方式，搭建算法，抽取谣言样本投喂给机器自动学习，目的是提取出谣言的文字和语义特征，再用这些学习到的文本特征识别新增内容中的谣言。然而，这其中存在的问题也即是机器学习的普遍问题：如何用过去文本中的模式（pattern）去识别新增文本？尤其当下网络谣言变种丰富，稍做文字修改，意思就大不相同，机器还没有聪明到能理解人类狡猾的文字花样。在谣言识别上的突破很大程度上依赖自然语言技术的进步，至少在短期内难以取得突破性进展。

五、可复制性

内容平台：技术反制谣言

谣言因为技术效应史无前例地被大量生产、分发和传播，微信的点对点跟踪式辟谣无疑是利用数据能力的一次有力反击，它无疑在提醒我们，当下的内容平台能做到对内容精准分发的同时，一定程度上也能实现对谣言精准打击。

内容治理：信息纠偏与科普教育

微信和较真的辟谣业务，一方面是基于平台责任的谣言治理工作，另一方面也逐渐形成了越来越完整和充实的辟谣内容库，为用户提供优质可信的内容。这条从防范威胁到输出正向价值的路径，不局限于辟谣，也是整个信息生态走向高质量并提升用户认知水平的方式。

互联网平台上的辟谣是一个技术动作，而人类历史上的辟谣则是认知进化的漫长过程。微信辟谣助手和较真走通了辟谣的基本路径，都是带着向善特征的好产品而被反复认同与推荐，但在谣言这个社会问题上它只是开端。以责任为起点的辟谣，在更大的内容生态中，未尝不是下一个机会——辟谣也在等待技术带给它更多可能性。

苹果屏幕时间：给用户一把尺子

"屏幕使用时间"（Screen Time）是美国苹果公司于2018年发布的一项管理苹果设备使用时间的功能，它通过形成手机使用报告、设定访问限制等多种模式来帮助用户了解及改进自己与家人的移动设备使用习惯。作为一把度量工作与生活时间的尺子，屏幕使用时间功能兼顾工具性与人文性，是科技产品兼顾用户自主与健康、为用户提供长远价值的尝试。

一、背景：当"超时"成为现象

随着移动互联网的应用深入现实场景，手机已经成为每个用户最为亲密的朋友，每天的生活和工作都离不开手机。根据中国互联网络信息中心发布的统计报告显示，截至2019年6月，中国手机网民规模达8.47亿，网民通过手机接入互联网比例高达99.1%，人均每周上网时长为27.9小时。从互联网科技产品的使用来看，用户对整个移动终端的使用均存在"超时"现象。

同时，资讯类、娱乐类、生活服务类等应用迭代推出更全面的功能，适应更多的使用场景，当数码产品与生活和工作高度结合，即使是使用习惯不同的用户，也难以控制其"超时"行为。

由于移动端的使用行为具有碎片化的特征，用户虽然能够主观感知"超时"状态，但由于没有量化的客观呈现而不知自己具体的"超时"时长。对于那些渴望控制"超时"使用的用户而言，一个直观的量化呈现，会让他们清晰知道，碎片化的时间最终流向了哪里，从而采取控制措施。而对那些尚未意识到过度使用的用户而言，当看到一天使用手机时间接近4小时（几乎占据一半工作时间）的"惊人"使用量时，也会刺激其对使用行为的反思。

苹果手机推出的"屏幕使用时间"功能正是给了用户一把客观度量的尺子，正如苹果CEO库克所说，是"屏幕时间"功能让他注意到自己正在过度地使用手机。如何使用设备是用户的自由，但能否给用户一些提示或预警，则体现了对用户潜在需求的洞察。

当然，绝大多数设备厂商都不想打扰和干预用户的使用，尤其是对于成年用户而言，更不应该试图规定一个"正确"使用手机的时间、方法，教育他们如何"玩"手机。但在尊重用户自由的同时，也应该从产品设计的角度给用户一个自我管理和提示的功能或工具。

二、产品：苹果"屏幕使用时间"

"屏幕使用时间"是苹果公司研发的一项能够记录苹果设备使用时长的功能，于2018年6月4日随着iOS 12系统一起发布。该功能可以帮助用户了解自己及家人使用iPhone、iPad以及iPod touch的时间，形成用户使用时长报告，并以次要的辅助功能帮助用户设置设备、应用使用时长，培养用户自律习惯。在后续的iOS 13系统中，屏幕时间得到进一步升级，增加白名单联系人设置，并将统计、报告时长延长到30天，方便用户对使用习惯进行更长期的管理。

功能实现：

（1）统计用户当天使用该设备的总时长，以及在各类APP（如社交、娱乐、阅读）上花费的时间；

（2）用户可以通过设置"downtime"时间段避免在夜间、工作或上学期间使用手机，并设置例外，允许部分APP在此期间仍可使用；

（3）允许用户对某类APP或某个APP的使用时长进行具体限制；

（4）允许用户分别设置限制和非限制状态下的白名单联系人，避免短信、电话等也成为用户沉迷的因素；

（5）选择设备可以读取的数据，主要用于家长管理；

（6）设置密码，如APP使用超过时间限制，则需输入密码才能继续使用，同样用于家长管理；

（7）同步累积iPhone、iPad、iPod touch使用时间。

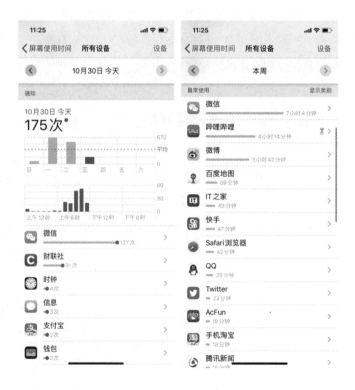

如下图，屏幕时间从打开次数和使用时长两个维度记录用户使用习惯，将用户的"超时"程度直观展示给用户自己，帮助用户提高警惕，进行更好的自我管理。

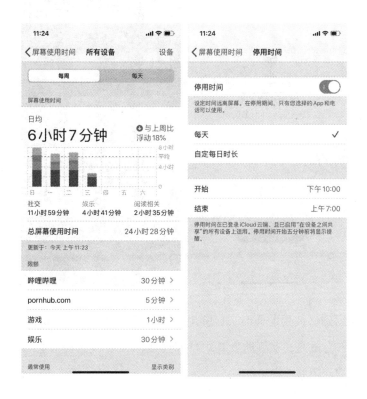

用户也可以从应用打开和使用时间两个角度限制自己的使用行为。这样，"屏幕使用时间"功能既能帮助用户在宏观上平衡自身工作、生活、娱乐，也能帮助用户在微观上有的放矢地针对部分"重点超时对象"。

某应用到达使用时间时，会弹出全屏的限额提示，半强迫用户停止使用。值得注意的是，在距离限额5分钟时，系统会先发送提醒通知，避免用户的使用被无预警地突然打断。

退出APP后，APP图标本身变暗，提醒用户不要再点击进入。如果忽略限额，便会出现三种选项："再1分钟"（方便用户完成被打断的行为），"再15分钟"（方便用户完成未完成的大段工作或娱乐），"忽略今日限额"。

上述功能既可用于成年用户的自我管理，也可用于父母或爷爷奶奶对未成年人电子设备使用情况的管理，只需通过家庭共享绑定账号即可。对于共用设备的家庭，为了限制未成年人的"超时"使用，可以设定"忽略限额"的密码。

三、创新点：唤醒用户自觉

唤醒用户自觉

手机作为一个具有工具属性的设备，厂商在帮助用户解决"超时"使用问题时，需要在"提醒"和"不打扰"间做好平衡。即便是从帮助用户的善意出发，也要实现需求和功能的精准匹配，以互动方式友好呈现。

从用户的使用需求来看，"屏幕使用时间"提醒并非所有用户的需求，不同用户对其认知和接受程度也会有所差别。对渴望改变"超时"使用状况的人，时间提醒功能就是其管理手机使用时间的得力助手；对于那些通过该功能认识到"超时"使用的用户而言，该功能是一个很好的警示触发器。同样对没有使用需求的用户而言，隐藏式设计的"屏幕使用时间"功能不会造成任何干扰。

苹果在功能设计上选择了十分中和的设计：当用户有自我管理需求时，该功能为用户提供半强制性的辅助管理；当用户尚未意识到超时使用问题时，则自动生成用户使用时长报告，供用户参考，便于形成良好的使用习惯。

屏幕时间生成的报告全面而详尽，主要包括：

（1）使用总时长，包括不同类别APP及具体APP的使用时长；

（2）使用时长排序，方便用户发觉自己的使用习惯，并注意那些可能已导致危害的应用；

（3）唤起手机次数，包括总唤起次数、不同时段唤起次数及唤起高峰时段，详细解剖用户使用习惯，在很大程度上能够刺激用户产生警惕，发现自己那些"不经意"的手机依赖；

（4）接受通知次数，包括通知总数、不同时段通知次数及通知次数排序，让用户认清那些最频繁、最常打扰自己的应用。

图文结合的详细使用报告对于关注时间管理的用户来说意义非凡，可以让用户对过往使用情况一目了然。屏幕使用时间功能很好地兼顾了用户需求和使用体验上的平衡，既便利了对用户使用时间的提示和管理，也没有对用户产生打扰。

设定缓冲时长

虽然弹出型的限额窗口确实在一定程度上打断了用户的使用，但苹果为此设计了不少缓冲。

（1）距离限额5分钟时的通知提示，就像任何普通的通知一样，不扎眼、不打断工作，但也不会错过；

（2）再用1分钟：让用户得以对一些重要行为如下单、转账等收尾，一分钟选项使用一次后便会消失；

（3）再用15分钟：方便用户看完一段视频、读完一段书或者打完一局竞技手游；

（4）忽略限额：给用户最大的自由，并且将掌控的开关和选择交给用户，不喧宾夺主。

根据过往的实践来看，一些产品即便是推出保护用户的服务、相关功能或设置，也会因为措施不当、设计不当引发用户的抵触情绪，甚至会产生一些不好的影响。因此，"屏幕使用时间"设计多个缓冲层，并把最后的决定权还给用户，体现了苹果在设计产品功能上的边界意识和对产品体验的重视。

跨APP使用

在苹果系统的"屏幕时间"诞生之前并非没有防沉迷应用，也不乏部分使用时长较长的产品自发提出的一些防沉迷系统。但用户的移动终端使用习惯多种多样，新闻资讯、社交通讯、电商购物乃至电话短信同样可能占用用户过多的时间，基于独立应用开发的使用时间提醒功能并不能反映总体情况，不利于用户真正解决"超时"使用问题。

在 iOS 推出屏幕时间提醒功能后，安卓系统也快速跟上，目前安卓的各个衍生版本所属的各家手机厂商也分别做出了自己独特的系统级防沉迷设计。但苹果最早推出的屏幕时间提醒功能无疑迈出了第一步，具有开创性作用，在生态层面做出了积极探索。该功能不但使苹果产品用户有了很好的使用时间提醒和管理功能，也推动了其在其他产品上的普及。

四、难点："管得了"与"管得好"

靠机制，更靠自觉

对于依靠自我管理为主的"超时"提醒和管理功能而言，用户的意识和自觉极为重要。对于拥有相对较强自觉意识的用户而言，当他们意识到"超时"问题存在，并愿意积极去改正的时候，一个好的工具和功能能够起到事半功倍的效果。

但对一些时间意识不强的用户而言，提供一个略显佛系的功能似乎并不能发挥真正的作用。如何帮助这些用户实现良好的时间管理，还需要更多的产品去探索。

在家庭时间管理中，对未成年人既要有约束机制，也要尊重其自我选择的权利。

"管得了"与"管得好"

作为一项屏幕使用时长提醒和管理功能，既要帮用户实现"管得了"的诉求，也要满足"管得好"的渴望。目前通过多阶段的提醒和延时措施，使用户的正常使用与时间管理功能实现了平滑过渡。

但作为系统功能，需要兼顾不同类型产品的形态和诉求。以限额到时的全屏提示为例，虽然对用户使用行为进行了及时提醒，但对视频通话、竞技游戏等要求快速反馈的应用可能会造成一定程度的影响。虽然可以通过延时功能进行一些挽回和补救，但在使用体验上仍有进一步优化的空间。

总之，作为系统级的时间提醒与管理工具，既要实现"管得了"，也要"管得好"。

五、可复制性

主动探索与精准匹配

作为苹果主动推出的一项时间管理功能，"屏幕使用时间"不仅解决部分用户的时间管理痛点，也激发了部分用户的潜在需求。苹果的积极探索也带动了其他产品的跟进。目前在Android和许多基于Android的ROM上，与屏幕时间类似的功能已相继出现。

在系统级功能之外，不少第三方APP同样为用户提供了时间管理功能。借助这一系列工具，为用户提供了在目前最容易导致"超时"使用的手机和平板电脑上实现自我管理的集成工具箱。

而在电脑PC端乃至电视上，类似的功能设计也已相继出现。之所以尚未大规模普及，主要还是因为与手机或平板电脑相比，PC端和电视的互动性较弱，直接推出应用于移动端的时间管理功能可能适得其反。如何结合这类产品的特点，为用户提供更好的时间管理功能，还需要更多厂家去探索。

边界感与缓冲带

无论是在手机上推出时间管理功能，还是在专门应用上解决其他痛点，注重边界感和划出缓冲带都非常必要。以屏幕使用时间功能为例，其充分尊重了用户的自主性和自我管理。电子产品的"超时"使用虽然有可能带来各种不利影响，但用户在选择"过时"使用的行为时，会有基于不同因素的考虑。因此，用户纠正"超时"使用的行为和措施，也要兼顾具体的场景。产品最为重要的是为用户提供自我管理的工具，用户何时使用、使用到什么程度，用户有充分的决定权。

所谓缓冲带，也即在鼓励用户通过使用相关工具实现"超时"管理的过程中，要充分兼顾不同产品的弹性而非一味强制。根据相关调查显示，当用户在进行一些游戏时，在平稳间隙引导的效果比在游戏激烈的盘中更有效，而在游戏结束后进行劝导比在游戏进行中更容易达成目标。

在合适的时间，用合适的方式，提出解决时间管理的特定措施，站在用户的立场思考，给予弹性而非一味强制，不仅是解决电子产品引发问题的重要经验，也是解决许多社会问题的有效方法论。

美团青山计划：外卖餐具"总动员"

无论是手中的奶茶杯，还是饭桌上的餐盒，一次性制品都是现代都市人快生活的缩影。然而，高速运转的另一面却给环境问题敲响警钟。作为一家连接用户和千万餐饮商家的互联网公司，美团外卖选择"青山计划"来破题，从环保意识到用户行动，从平台责任到社会责任，通过借力技术产品的能力，不仅响应眼下的需求，也能成就千秋的树木。

一、背景：外卖对环境的消耗

基于移动互联网的餐饮外卖在很大程度上方便了市民生活，改变了不少家庭和办公室白领的餐饮习惯。但在成为城市餐饮的又一主流"战场"的同时，外卖比起传统的家庭烹饪和餐馆就餐，多了一次性包装盒。其成本不仅带来了较大损耗，也因为这些一次性用品多为塑料制品，对环境危害也较大。

一次性包装和餐具通常包括如下物料：一次性筷子、牙签等为木质垃圾；外包装、纸巾及部分餐盒为纸质垃圾；另一部分餐盒及勺子、叉子、盖子、杯子、吸管、保鲜膜等为塑料垃圾。一些额外的包装，如：煲仔饭、烧烤等出于烹调和后续保温的需要可能使用锡纸盒；为防饺子粘连可能会使用多格包装，而馄饨、面条等则可能需要汤、面分层；粥品之类的高温流食，会添加防水的纸质材料以避免烫伤；而奶茶、咖啡等饮品除了杯子可能还会附带纸质或塑料杯托。

值得注意的是，有一种常见的标准化餐具解决方案为，将一次性筷子、塑料叉勺、纸巾和牙签集合成一个有塑料包装的独立产品，由商家在每份外卖中提供数份。这就带来许多浪费问题：相当一部分用户不需使用牙签，但仍然会收到牙签；筷子和叉勺同时提供，但并不是所有用户和所有餐品需要同时使用二者；有些用户在家点外卖，家中备有餐具而不需要一次性餐具；有些包装方便或可以手抓的食物不需要餐具即可食用……

艾媒咨询统计称，截至2018年，中国外卖用户已增长至3.58亿，整个外卖市场规模已突破2400亿元。若以外卖均价40元估算，中国一年产生约60亿份外卖，每天都有数千万份外卖包装及餐具送到用户手中。一些跟踪走访显示，部分居民楼的垃圾中，外卖垃圾已经达到或超过垃圾总重的一半。

糟糕的是，外卖餐盒和餐具廉价且不耐久，生产零散，形式多样，回收难度高，回收意义小，因此通常只能作为不可回收垃圾处理，造成较大的环境问题。即便改用纸质包装，造纸过程带来的环境危害更加巨大，与塑料危害不相上下。有分析称，外卖垃圾问题，必须是源头及回收双管齐下。

二、产品：美团青山计划

美团外卖在2017年8月31日启动"青山计划"，意在探索垃圾减量和回收两方面的经验。

在理念指导层面，美团外卖与清华大学合作撰写了《美团外卖环境影响评估与行业绿色发展建议》，通过相对专业的定量研究，制定科学、理性的环保标准及工作方式。青山计划有两方面设计：对内，发挥互联网产品优势，利用外卖APP减少餐具消耗、培养用户环保意识；对外，辅以企业环保基金和公益活动。

在产品方面，青山计划控制的主要是外卖垃圾的"源头"。在美团外卖APP中引导用户选择所需餐具份数，其中包括"无需餐具"选项：用户选择无需餐具，则可获得能量奖励。在青山计划的一些特定时间，美团外卖还会给环保订单（无需餐具）一些直接的红包（优惠券）奖励。至于平时的能量收集，在美团用户"我的"页面可进入能量捐赠，模式类似蚂蚁森林——用户捐能量，基金捐真钱。

在基金和活动方面，美团建立了环保公益专项基金，先期投入300万元，并通过"美团公益"开展其他基金援助项目。

美团外卖追踪分析外卖垃圾的全生命周期，在源头减量、包装升级、回收分类与循环利用等环节均有探索。

在控制垃圾产生方面，发起"无塑吸管挑战"，给予在指定商家进行环保消费的用户物质奖励。美团投放多种形式的公益广告，并与腾讯QQ、摩拜单车、果壳网、喜茶等多方伙伴开展各类环保活动，引导更多民众学习环保知识、培养环保意识。

在包装升级方面，参与首个外卖餐盒团体标准制定，并在全国投放900万份环境友好型包装。

在垃圾回收方面，尝试与政府、NGO、包装企业、外卖商家、学校、科研机构等产业链内各个环节参与者合作，建立更大更好的源头减量及垃圾回收系统。美团外卖已经在全国开展包括社区、学校、写字楼、餐饮门店等场景在内的200多个外卖餐盒回收试点，尝试外卖餐盒上门回收、校园卡分类积分激励等回收模式。

在循环利用方面，美团外卖与其他企业合作，生产了一些塑料循环产品，比如与摩拜单车打造的外卖餐盒再生挡泥板；与喜茶、广东丽诺新材料科技有限公司、上海乐设科技有限公司打造的外卖餐盒回收循环应用系列产品——含有0.5个喜茶杯的手机壳、含有0.33个喜茶杯的环保袋以及含有1.1个喜茶杯的行李牌；与果壳合作推出由再生塑料制作的环保版《物种日历2019》。

美团外卖的目标是：到2020年，与100家以上外卖包装企业合作，寻求新的包装解决方案；与100家以上循环经济企业合作，建设100个以上垃圾回收与循环利用试点；吸引超过10万家青山公益商家加入。

自2018年3月启动以来，"青山公益行动"已有近6万商家加入，捐出善款超300万元。在"青山基金"的支持下，美团联动青山商家，在云南板蚌乡种下了110亩的沃柑公益林。未来，这片沃柑公益林所产生的收入将作为村集体经济收入，用于对当地贫困户的帮扶以及村级公共事业建设等方面，帮助板蚌乡不断增收和持续脱贫。目前，青山公益商家所捐善款已在云南、甘肃两省扶持5片总计达800余亩的沃柑、花椒等生态扶贫种植作物。

三、创新点：慈善货币与积极引导

"环保意识"变现为慈善货币

减少一次性餐具浪费，优化包装方案，是外卖平台在企业立场减少垃圾的题中之义。因为少送、少包不仅对环境有利，也便于平台和商家节约成本。但即便能最大限度压缩"多送""多包"现象，外卖餐饮业仍然不可避免地产生大量餐具和包装垃圾，这并非在源头上"控制"就可解决的问题。

如果对此置若罔闻，企业的社会责任在这一环节就会严重缺位；如果单独拨款尝试解决，则相当于身为科技服务产业的美团外卖，要背上制造业的

"环保税"，压力沉重。平心而论，过度包装问题的直接原因虽是移动互联网外卖模式，具体上则与许多餐饮商家及包装商家有关，要求美团外卖全部担责，也并不合理。

因此，作为平台方，美团外卖选择将产业链联动起来，形成"用户做主—商家省钱—节约成本—余力捐钱—公益回收"的链条，既不伤害用户体验，也不额外增加商家和平台的成本。

在构筑回收系统时，由于全球垃圾回收进展都比较缓慢，在技术角度很难短时间突破，美团选择将部分善款用于其他慈善事业，一方面吸引用户持续投入环保订单，另一方面避免仅在回收问题上死磕而屡屡交出"白卷"。

引导而非强制

早在移动互联网外卖兴起之前，外卖附送餐具就早已是行业共识，用户也很难接受"为了环保，不要餐具"的空洞呼吁，因此美团选择将决定权留给用户。在餐饮订单的下单页面，餐具栏默认显示"无需餐具，能量+10"的引导用语，但与此同时，却并未默认帮用户选择"无需餐具"，所需数量需用户手动选择：

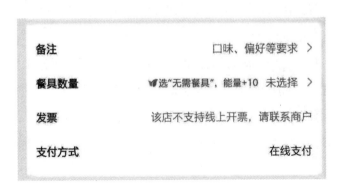

备注	口味、偏好等要求 >
餐具数量	⚡选"无需餐具"，能量+10　未选择 >
发票	该店不支持线上开票，请联系商户
支付方式	在线支付

引导用语采用显眼的绿色，并在用语前加上青山公益的图标，以吸引用户注意，有效、且低成本地将"不要餐具"的选择推荐给用户。用户仍然可以根据实际需要选择餐具份数，多选也并不会带来惩罚。

而在捐赠能量时，是否捐助、捐给什么项目，美团也给了用户很大程度的自由。如果用户并没有注意到美团公益，美团外卖APP也不会高调地引导和提示，吸引用户点进公益页面。简而言之，如果用户只是真的不需要餐具而并不在意由此可以带来的公益回报，即便不收取"+10能量"也无妨。

青山计划在用户端的呈现存在感低且显得较为谨慎，这是企业认识到自己的权利边界，并不把社会责任强推给用户的表现。

四、难点："体面"与惯性的力量

"体面"成为部分商家的竞争力

对许多用户来说，外卖早已不是简单的果腹之用，众多商家提供多样的外卖种类，使外卖像堂食一样，有了"美食"方面的竞争力。而外卖商家为了体现自身品牌，除了关照食物本身的质量，也非常注重包装。

正如之前所说，如果想保证饺子、面条等特殊食物在运送过程中的品质，就必须添加堂食不需要的额外包装。除此之外，包装也是外卖店家秀品牌的最佳场所，独一无二的包装设计可以给消费者带来深刻印象，即便这意味着更昂贵、更复杂的包装。

对于一些外卖销量极大的餐厅或者连锁品牌，外卖包装还承担着传达优惠甚至推送广告的职责。一些商家会随外卖附送优惠信息，借此吸引用户更多下单或体验堂食，一些商家干脆在自家包装上推起了其他商品的广告。或许价值有限，但如果只采用最简单的塑料袋包装，这些操作都难以实施。因此，包装本身也是部分商家的竞争力。其实在移动互联网外卖模式兴起之前，一些连锁品牌本身已有此操作，国外同样如此。

商家惯性不易改

虽然缺乏数据统计，但部分用户和商家的反馈表明，青山计划节省餐具的比例可能较为有限。

这一方面可能因为商家的习惯问题，用户点了多少菜，随手打包几个餐具包，早已成为厨师和服务员的"肌肉记忆"，一时难以改正。另一方面，也很可能因为部分用户选择无需餐具后又因无餐具而给商家差评，导致商家无论用户是否勾选无需餐具都会提供。此外，也有部分外卖骑手检查包裹时担心用户无餐具使用而给予差评，即便商家未打包餐具也仍会"自作主张"替用户打包餐具。

平台如果缺乏在此类纠纷中的低成本调解机制，乃至对行为失当用户的处理措施，交给用户的"选择"就容易变成用户的"任性"。

在这种情况下，垃圾问题仍然存在，商家也没法节省足够的成本投入基金捐款。"无需餐具"订单执行的比例，成了青山计划自身链条的命脉所在。

"底层垃圾"再生产价值低

源头方面的控制面临失效问题，而回收方面，美团外卖面临的尴尬则是"预期效果都比较一般"。

垃圾之所以成为垃圾，就是因为其利用价值低，或虽然有利用价值但回收成本高昂。因此，世界各国的垃圾分类回收问题都缺少完美的解决方案，要么是牺牲落后地区生态环境的伪环保，要么如日本、北欧等国家投入巨大的财政预算进行垃圾分类回收。

很显然，企业不可能像政府那样，为了追求环保完全不惜成本。而外卖垃圾的各种盒、盖、杯、膜本身已经属于"底层垃圾"，回收价值低，基本不存在"打包卖给再下一层"的可能。虽然美团与摩拜单车曾经尝试过合作，用回收餐盒制作单车挡板，但类似活动的效益不明确且可持续性难度高。

因此美团只得无奈地选择了将青山基金用于他途，如资助失学儿童等。虽然不失为灵活义举，但终归没能直接地解决外卖垃圾问题。

五、可复制性

社会责任的产品化

在多种公益话题上，传统的"先赚钱后公益"路线，已经不再适合多数早期盈利困难但又重视社会责任的科技互联网企业了。在公关层面上，单纯设立基金会也由于太刻意且不接地气，难以吸引年轻用户的关注。企业必须学会就事论事，用自己擅长的解决方式解决自己造成的问题，为此就必须以精通业务、熟悉行业的专家形象，将公益推进至产业的每个环节，出最少的成本，做最广的辐射。

用户引导的"边界感"

社会责任是企业不可回避的义务，在问题解决中，应避免将自身责任强加给上下游乃至用户。这方面平台企业尤其需要注意，平台企业往往拥有资源和流量，牵涉具体产品、服务较少，这时候武断地替平台用户做决策、一刀切，不如给用户提供选择，观察用户反响再优化策略。产品细节上，也要避免默认选择可能伤害用户的选项（默认打勾、默认同意等）。

算法正义联盟：化解算法偏见的群众路线

智能时代正在到来。AI技术及其算法是对人类智力的模拟和发展，但它同样继承乃至扩散了人类社会的固有偏见。性别、种族等因素在算法决策中产生了"诡异"的影响，这些问题却在技术门槛和"黑箱效应"下被藏匿。算法正义联盟（Algorithmic Justice League）正是瞄准这一问题的非政府组织。它通过研究取证、多样化互动来普及偏见的存在及影响，将一个隐而不显的问题推向了社会瞩目的舞台；并先于大多数企业和政府，开发出一套人脸技术的使用承诺，力争更多开发者加入。在应对智能技术可能带来的前所未有的社会冲击中，算法正义联盟站在了一个黏合多方的特殊位置，在整合共促问题解决上树立了一个典范。

一、背景：当算法成为人类偏见的放大器

AI正在以各种方式改变我们的世界。通过大量的学习，AI使自己的认知向人类靠拢，然后再借助计算机的强大算力像人一样处理难题，帮人类节省时间、提升效率。但是AI也同人类一样不完美，它映射出人类社会中的一个亘古话题：偏见。随着AI应用于越来越多的领域，并在部分领域开始

起到决策性作用——如犯罪预测、人才选拔，这种算法偏见效应正在愈加显性化。

这不只是聊天机器人被网络暴民调教成种族主义者的故事。实际上，人类世界的多元一直是不平衡的。不同地区主流人群分布的不同，导致各地AI的训练素材不同，结果就是AI对于"人"的认知也不尽相同，比如一个有色人种在北美很可能因为AI识别有色人种能力较差而受到冒犯，而一个白人也很有可能在中国遭遇类似的经历。

更糟糕的是，AI设计制作者们的个人偏见也被代入了算法之中。算法开发者的主观看法会渗透进目标设定和数据选取中；非结构化数据（如图片）用于训练前，往往需要进行人工标注，打标者的个人偏见也被代入了数据集里。由于在大多数地区，男性在科研工作中都占据较大优势，AI的识别能力也体现出显著的性别差异。一个以人脸识别著称，在分辨白人男性时准确率高达96%以上的AI，在分辨黑人女性时可能只有77%的成功率——而这已经导致一些人的工作、生活出现不便，只是因为AI认不出他们。

随着AI涉足的领域越来越多，人类自身的缺点在AI上显现并得到了放大，AI对人类世界也会做出诸多类似这样"有偏见"的判断。

这显然对智能时代的全球发展与社会公平提出了更严峻的考验。

二、产品：算法正义联盟

算法正义联盟是麻省理工学院媒体实验室的计算机科学家和数学家Joy Buolamwini创建的公益机构，是一个围绕算法偏见组建的科学、艺术和媒体组织。他们通过网站收集遭遇过算法危害的受害者申诉，围绕申诉撰写文章、拍摄视频、发起研究课题等，争取令现有（尤其是大企业的）算法变得更公正与客观。

算法正义联盟的工作方式主要有三种：

1. 研究

通过专业的学术研究，评测和呈现当下 AI 领域重要算法的偏见水平，呼吁算法改进。Joy Buolamwini 发起的 Gender Shades 项目，评估了微软、旷视 Face++、IBM 三家公司的人脸识别算法对不同性别、肤色的人的识别准确率，并在结果公布之前把结果发给了每家公司。IBM 在同一天做出了回应，并表示他们的开发人员将解决这个问题。IBM 的算法在优化后准确率有明显提升。评估深肤色男性时，准确率从 88% 跃升至 99.4%，在评估深肤色女性时，准确率从 65.3% 升至 83.5%，在评估浅肤色女性时，准确率从 92.9% 升至 97.6%，在评估浅肤色男性时，准确率保持在 97%。

2. 传播

算法正义联盟写文章、拍视频并外出演讲，通过各种艺术和媒体形式，引发大众和相关企业对算法偏见的了解、关注和重视。在网站上，用户可以下载联盟收集的数据，可以观看联盟的书籍推荐，这些内容都讲述了算法的缺陷和危害。

算法正义联盟已在世界经济论坛和联合国倡导了算法正义，创始人 Joy Buolamwini 发表的围绕算法偏见的 TED 演讲视频已收获 100 万次以上观看。

同时，联盟提供一个社区和展板，不断收集用户反馈，一方面向社会揭露真实的算法伤害，一方面也通过收集"少数案例"，为算法改善积累数据。用户可以通过自愿的邮件订阅，成为算法正义联盟的志愿者。

3. 行动

通过建立"类行业标准"的规范协议，鼓励相关方加入，进行自律和他律。联盟发起了安全人脸承诺（Safe Face Pledge），这是有关禁止使用有杀伤力的面部分析和识别技术的第一个协议，由算法正义联盟和乔治敦大学法学院技术与隐私中心起草，并持续敦促企业和政府签署。

这份承诺围绕 AI 应用的四个方面做出了引导和规范。

（1）彰显人类生命、尊严和权利的价值。包括：不参与可能危及生命的应用程序，不促进秘密和歧视性的政府监管，减轻技术在执法时的滥用，确保产品规则被普遍遵守。

（2）解决有害偏见。包括：实施内部偏见评估流程并支持独立评估，在市场上提交模型以进行基准评估。

（3）提升透明度。包括：提高公众对面部分析技术使用的认识，启用市场上面部分析技术的外部分析。

（4）将承诺纳入业务实践。包括：修改法律文件以反映对人类生命、尊严和权利的价值，与利益相关者沟通，提供关于该承诺的实施细节。

联盟持续敦促NEC、IBM、Microsoft（微软）、Google（谷歌）、Facebook（脸书）、Amazon（亚马逊）、Megvii（旷视）和Axon（中兴）等知名开发者签署围绕AI安全的承诺。一些小企业已签署安全人脸承诺协议。目前共有13位顶尖AI研究人员对安全人脸承诺倡议表示支持，另外有3家机构对该倡议表示支持。

三、创新点：以大众认知撬动企业决策

以大众认知撬动企业决策

在某种程度上，算法正义联盟首先是一个成功的"媒体"。由于AI技术的产品应用在现阶段并未广为覆盖、切身可感，以及算法决策过程中存在黑箱效应，算法偏见问题并未引发足够的重视和被积极地解决。因此，算法正义联盟采用了问题科普、唤醒关注、大众参与的方式，使得问题的事实证据及其潜在的威胁充分地暴露在公众的视野。在传播时，算法正义联盟也充分运用了可视化、动画等多样艺术形式，力求降低认知门槛并凸显问题的可感性。在社会大众的注意力推动下，大小企业进而主动加入问题解决的行列。

在众多偏见问题中，算法正义联盟选取了种族和性别作为切入点和重点。毫无疑问，在美国，尤其西海岸的加州和硅谷，种族和性别问题尤为被公众、媒体和政治家所重视。

"柔性"协议

算法正义联盟并不是停留于抨击和呼吁的层面，而是将其理念落地转化为一套有形、指引明确、可自愿签署、需定期汇报行动的"类行业协议"——安全人脸承诺。

"承诺"在方向和细节上都对AI使用做出了指导和限制。明文协议使得模糊的道德诉求成为可执行的规则，让企业对何为算法向善、算法改进需投入的代价以及研究执行方式一目了然。

通过起草协议树立行业规范、激发行业自律，一方面尽可能给出明确的指引，另一方面也避免了具有强制性的法律法规在行业早期的摸索阶段进行不当或过度监管。

当然，自律方式有其局限性，如协议的普适性不足、成本代价过大、企业缺乏自觉，都可能导致影响力不足。如今，安全人脸承诺的实际加入方还比较有限，其中又以小型开发者团体尤其私人开发者为主。

联动政、企、民多方

许多棘手的社会问题，是很难依靠独立一方来解决的。企业聚焦于发展，常会忽视其产品在社会层面的影响和问题；亦会优先关注最主流的用户群体，忽视一些少数、特殊群体的诉求；一般用户即便意识到问题，也缺乏专业化解决办法，有时甚至难以意识到问题所在；政府对技术发展和社会问题足够重视，但对技术细节和应对措施了解有限，规则的制定往往是后发的，否则容易监管不当，影响商业和技术的长远发展。

在这种多方格局中，算法正义联盟这样的NGO，就如同黏合剂一般：传达大众之意，督促企业自律，并在其中充分调动研究者、行动家乃至媒体、艺术家，为解决问题提供好的指引，这些探索又为政府的立法监管提供了足够的经验参考。

四、难点：群体问题"难出圈"

算法偏见难以根除

算法偏见要么来源于训练数据中映射的来自社会的偏见，要么来源于数据选取、标签设定、数据标注过程中被代入的开发者偏见。算法从未自主创造过偏见。正是由于人类社会中的偏见横行和根深蒂固，AI才会屡屡被教育成种族歧视和性别歧视者。

例如，一些主流网站的图像分布本身就有很强的偏见，比如根据皮尤中心统计，在Facebook出现的新闻图片中，男性出现的概率是女性的两倍；而在一些人才选拔、银行信用额度评估中，隐匿在现代社会中的性别、年龄等刻板印象更是被AI赤裸地呈现出来。

目前用于改善算法偏见的主要做法，如调整数据集配比、隐去容易引发歧视的性别标签等，同样是作用在操作和偏见传导层面而非偏见产生层面。无论如何，算法作为偏见的放大器，致力于这一层面的改进是十分有意义的，但始终不足够。或许AI正是一面镜子，照出人心的残缺，而致力于人与社会的纠偏，会是我们终将面对的课题。

群体问题"难出圈"

算法正义联盟的"种族""性别"话题切中了社会关注的焦点，为其带来了良好的传播效应，但这并非在所有社会形态和文化场域下都适用。比如，在经济相对落后的地区，大众的核心诉求是"发展""效率"而非"分配""公平"，此类呼吁就可能会曲高和寡、缺乏回音。

而且，基于少数、特殊群体立场的呼吁，始终面临的一个问题是：主流群体不会持续关注。特别是在当下或较长时间内，拥有更多技术、资源和决策权的依然是占据多数的群体。这就提出了更高要求：算法偏见不应只停留于群体之辩，而应成为关乎社会整体福祉的议题，从而凝聚真正多数人的力量来共同关注与解决。

五、可复制性：做复杂问题中的社会黏合剂

人工智能的认知门槛较高，无论民间还是政府监管部门，对 AI 算法的认知普遍有限。但目前，围绕算法的知识更多地为学术界和产业界所有，尤其是技术研究者和从业者。但作为一项即将开启下一时代的人类技术，AI 将会应用到改造全人类在全领域的生存和发展方式中，这势必带来技术应用对多方的巨大冲击。

要知道，这不只是少数人的利益受损，而是关乎人类整体的发展命题，需要举全民之智共同应对挑战。这时候，产业和学界应该主动提升透明度，将问题摊开，让有能力的人士参与解决，并且保持主动自律的勇气和担当；政府监管中，也应避免过度或滥用；除此以外，特别需要有识之士，通过算法正义联盟这样的 NGO，进行第三方的监察、引导和劝诫，避免技术的单向度发展，而成为作恶工具。

信息无障碍：产品面前，人人平等

"信息无障碍"于人类社会是权利平等的核心呈现，于服务行业是消费者体验的有机组成部分，于科技公司是产品设计的思路在产品功能上的体现。为实现信息权利共享与数字技术创新协同发展的目标，许多科技公司在信息无障碍方面进行了大量探索与实践，而以优秀用户体验著称的美国苹果公司无疑是其中的佼佼者。苹果 iOS 系统的"信息无障碍"设计，起步于2009 年字体放大功能的首次发布，如今已成长为囊括 VoiceOver、单声道音频、FaceTime 等多种辅助功能的普惠技术。通过该案例，我们并不仅仅旨在为探索"科技向善"的产品提供一套成熟的普适参考原则，还在于让它唤起我们对技术的初心：平等与共享。

一、背景：残障群体的"数字鸿沟"

在被信息技术"重构"的现代文明社会之下，假如一个人被限制了解、接触信息技术，那么他获取资讯、融入社会的难度将增大，工作效率也会随之大幅下降，这是信息不平等导致的结果。因此，合法地、无障碍地获取信息，成为公众在新时代的基本权利。

　　然而，即便在今天，许多人仍然真实地面临着获取信息的种种"阻碍"，难以享受信息社会的便利。从狭义的角度来说，残障人士和老年人就是典型的此类群体。残障并不是先天遗传或意外事故导致的特殊性存在，它是每个人在其生命长河下游处都会遇到的泥石。根据世界卫生组织（WHO）的统计，人均寿命超过70岁的国家，平均每人在一生中有超过8年的残障岁月。因此，信息技术开发者有义务通过产品设计，尽可能去提升用户的使用体验。键盘的微小凸起以及传统的读屏软件等，在许多年前就已帮助视障人士使用个人计算机。

　　随着互联网、移动互联网时代到来，信息技术迎来爆炸性发展。深入日常生活的数字产品多如牛毛，极大地改变了许多人的生活方式，但也无形之中树起了更多有待逾越的障碍。如果信息技术不在图形化等方面下功夫，当今绝大多数人都同样会被隔绝在技术高墙之外——残疾只是"障碍"的一种，如果我们不去试图跨越它，将会在技术高速发展的过程中迎来越来越多的新问题。

　　轮椅可以在平地上很好行走，但对楼梯、扶梯就无可奈何了，因此地铁站等地需要为轮椅设计直梯。缺少无障碍通道的公共设施，是有缺陷的、落后的；而信息技术同理。

二、产品：苹果的"信息无障碍"设计

　　以苹果为例，我们从大型互联网企业在信息无障碍方面的优秀成果中获取一些启发。

语音辅助程序VoiceOver

　　苹果的操作系统覆盖PC端和移动设备，VoiceOver虽然并没有登录最初的苹果手机，也在iOS 3.0更新中很快跟上，且完全免费。由于移动设备缺少键盘、界面又小，在无障碍上起步更难更晚，因此，iOS的VoiceOver格

外具有代表性。

与其他读屏软件类似，VoiceOver在用户界面和操作中充当媒介，将应用中的元素和行为通过音频描述的方式提供给用户。它告知用户在界面中所处的位置，也告诉用户能够执行哪些操作，以及操作带来的结果。与其他读屏软件的差异在于，VoiceOver作为iOS自带的功能，并不需要健全人士的帮助，就可以被残障人士单独启用、使用。而且iOS自带的应用都为VoiceOver所特别优化，以实现后者的高度覆盖。在苹果自己的应用之外，iOS SDK包含编程接口和工具，帮助开发者确认、检测应用中的用户界面元素是否能够实现无障碍。

使用VoiceOver有特定手势，与常规用户在标准触屏下的手势差异极大。比如，在标准触屏界面上，单击即可激活的控件，在VoiceOver下单击则需要先选取，以便视障人士"听到"该控件的可访问性信息，之后再点击才会激活。

VoiceOver能够支持外接键盘操作，也能支持外接的盲文点显器，是苹果设备环境中视障人群的主要辅助功能。

iOS的其他辅助功能

显示调节：设置反转颜色，降低白点值，启用灰度模式，选择色彩滤镜等。色调和色相都可以微调，以符合不同视力条件的需求，在无障碍功能中设置的结果，可以直接复用到其他应用上。

字体调整：如果用户启用更大的动态字体，那么iOS系统内置应用和部分第三方应用，都可以转换为更大更清晰的字号。

缩放功能：即屏幕放大镜。对iOS整个系统及所有第三方APP都有很好支持，用户可以选择全屏缩放或窗口缩放模式，这样就可以在单独的窗口中在1～15倍之间查看放大的区域。值得注意的是，VoiceOver配合缩放功能使用效果更佳。

放大器：与缩放功能对内不同，放大器则用来对外。借助iPhone摄像头，用户可以放大外部物体以看清细节。此外，同样可以根据视力需求调节明暗及应用色彩滤镜。

助听设备： 苹果有专用助听器，可以通过iPhone调整设置。iPhone也可以被用作麦克风，方便用户在喧闹场合交谈。

单声道音频： 用户如果单耳重听或失聪，在应用左右声道的立体声音轨中很可能无法得到完整体验。单声道音频功能可以将左右声道音轨输出为单声道信号，使用户能够通过一只耳朵听到所有内容，或在双耳听到完全一致的内容——这种播放方法主要用于双耳听力不同的用户，可以自由调节单独耳朵的音量，使两边得到同样的听觉感受。

视觉提醒： 手机通常的声音提醒对于听障人士并不足够，因此，iPhone可以提供听觉以外的振动和视觉提醒，令LED闪烁，在来电时显示呼叫者照片等。

FaceTime： 基于网络的视频通话，很适合手语交流的用户使用。虽然听障用户可以通过辅助设备获取声音，但在输出信息时，手语是比声音更常用的手段。

三、创新点：代码层面的统一与复用

无障碍理念的系统性实践

在大量的应用实践中，无障碍信息技术已经有了一些基本的设计思路和指导理念，比如信息和用户界面的等效替代、可理解及可操作。

等效替代指的是文本、图像、音视频等内容的互相转化，使内容可以通过不同方式展现，甚至以视觉、听觉的不同形态输出。在实际应用中，需要突出有效信息、忽略干扰信息，且文本（语音）是最好的替代内容，而图像却并不适合用来表达文本。

可理解指文本和操作易读、易解，这就需要为许多非文字内容添加语言标签，使它们可以以简洁、通俗、统一的形态输出。此外，文本的结构关系也需要厘清，比如文章的标题、正文、注释应做区分。而操作本身的后果也应该是可展示、可预测的，让用户的错误尝试付出的代价最小化，也应尽量帮助用户纠正错误。

可操作针对的是残障人士在操作上的不便所引起的信息获取障碍。例如，许多网页或应用中的页面切换、闪烁、限时元素。对于视障人士，单纯地读取一个静态的信息，会使他误解整个界面的内容。因此，这些要素都需要对视障人士有另一套操作及解读方案，不可拘泥于静态截图。

代码层面的统一与复用

信息应该可以被各类辅助工具、用户代理及未来技术兼容。这需要信息在代码层面满足两方面要求：

第一，有正确的标识，可以被各种技术正确解析；

第二，有非标准化的用户界面组件，有恰当的名称、角色和值。

iOS在系统层面的复杂应用，都对封闭生态（APP Store）内的第三方应用提供了相应接口和要求，信息强固性的标准以iOS SDK的形态实现了工具化。此外，由于苹果多样化的设备又被统一在一个生态里，信息也相对较为全面地被标识和解读，相关的辅助功能和操作方法也就可以较为简单的复用。

四、难点：成本与跨生态难题

第三方参与成本仍然很高

如VoiceOver这样在苹果自家系统内得到了全面配合的无障碍方案，在安卓和其他系统里应用的要求颇高。第三方系统的应用想得到VoiceOver的完美支持，就必须准确地提供APP中的有效信息，包括但不限于屏幕位置、名称、行为、值和类型。这无疑对开发者提出了较高的要求。而事实上，能够完整贯彻无障碍方针的应用并不多。

复杂完善的无障碍标准，需要较高的代价来实现。这对如苹果、谷歌、微软以及国内互联网巨头之类研发能力强、资金雄厚的企业来说不是问题，但对于小企业、小团队乃至个人开发者则是很大的问题。

另外，由于APP的类型多样，功能多样，即便有了较为成熟的指导理念乃至通用设计准则，在越"不通用"的APP上，理念和准则也就越容易失效。

跨生态动力不足

在苹果之外，微软的Windows生态内以及谷歌的Android生态内同样存在许多为信息无障碍付出努力的企业和个人，且起步并不比苹果晚，功能和理念探索也不弱于苹果。但是，在一定程度上，苹果仍然是最适合老年人及残障人士的系统。

原因在于不同企业构建生态的模式不同。苹果的系统相对"封闭"，这一特点毁誉参半，但仅就无障碍建设一项，却使苹果在其系统内推行无障碍的成本比起同行降低了许多。同时，苹果应用商店的编辑偏好，也可以根据无障碍规则做出调整，对那些更关注弱势群体的产品给予更为实际的"福利"。

对比之下，Windows和Android生态内的无障碍联盟建设，就显得阻碍重重。即便大型企业可以成立地区性质的信息无障碍联盟，但联盟容易发展为头部应用抱团式联合，对众多中小型应用开发商影响力有限，不具备实际的控制能力。如此一来，对信息无障碍的呼吁就难以进入实际操作层面。

语言壁垒限制拓展

在iOS系统改进的经验探索中，内容的等效替代是极为重要的成果。但是，在确立文本是最好的替代内容后，有关语言的局限也就由此诞生：文本在世界各地本来就是多样的，而对同一内容的标识和解读，也必然产生较大差异。

信息无障碍致力于让所有人共同享受信息时代的成果。既包括主流语言覆盖国家、地区的残障人士，也没有理由忽视相对贫穷、落后及使用小众语言的地区。即便解决翻译上的不便，在文化水平较低、教育程度较差的地区，健全用户对信息技术的应用能力尚面临"学习障碍"，残障人士和老年人面临的难度则更大。

现有无障碍功能的局限性也是整个信息技术成果的局限。目前看来，许多信息技术首先和主要惠及的是富裕、发达地区。科技企业尤其是大企业应该开始考虑怎样为相对贫穷和落后地区服务，真正让信息技术成为普惠技术。

五、可复制性

通用设计原则的复用

信息无障碍在各类产品的可复制性体现在其通用设计原则（或称"全民设计原则"）中。该原则由美国设计师罗纳德·麦斯在1990年领头提出，经过完善和修改后的内容如下：

（1）公平使用。这种设计对任何使用者都不会造成伤害或使其尴尬。

（2）弹性使用。这种设计涵盖了广泛的个人喜好及能力。

（3）简易及直觉使用。不论使用者的经验、知识、语言能力或集中力如何，这种设计的使用都很容易了解。

（4）明显的资讯。不论周围状况或使用者感官能力如何，这种设计有效地向使用者传达了必要的资讯。

（5）容许错误。这种设计将危险及因意外或不经意的动作所导致的不利后果降至最低。

（6）省力。这种设计可以有效地、舒适及不费力地使用。

（7）适当的尺寸及空间供使用。不论使用者体型、姿势或移动性如何，这种设计提供了适当的大小及空间供操作者使用。

（8）可长久使用，具有经济性。

（9）品质优良且美观。

（10）对人体及环境无害。

通用设计原则既是无障碍设计的原本追求，也是无障碍设计有望达到的更高境界。遵照此类原则，无障碍可以从软件、APP扩展到硬件设备，更可以从信息技术成果扩展到其他领域。当科技企业走向无障碍之路时，相对成熟的通用设计原则无疑提供了更可追求及参照的标准。

无障碍体系需合力共建

无障碍社会一方面考验生产各种产品的企业，一方面也考验提供服务的部门。在提供服务时，产品方面的一些原则仍可适用，比如等效替代原则、可理解原则、可操作原则等。在为残疾人服务时，文字是最有效的信息载体，在条件允许时应尽量使用文字清晰表达信息。

社会各界也可吸取无障碍联盟构建的经验，确立标准，切实鼓励各级政府机构、企业和民间组织统一在一个"无障碍生态"内，开辟更多人为设定的框架，降低残疾人跨地区、跨领域学习的成本，确保残疾人在全国各地均可以使用相同标准的无障碍设施。

支付宝蚂蚁森林：小杠杆撬动绿色公益

作为一款2016年上线的程序，蚂蚁森林在短时间内就积累了5亿用户，证明了这种模式的可行性。它的成功之处在于——立足核心支付业务进行功能延展，以算法精确制定能量收益体系，并通过游戏化、社交化的方式把绿色公益推行为人人皆可参与的活动。更重要的是，它不仅和核心业务形成了良好的联动，更为品牌带来极高的社会美誉度，从而使"向善"的行为变得有价值并且可持续。用小杠杆撬动大价值，这是产品运营的哲学，更是科技向善的哲学。

一、背景：土地荒漠化问题凸显

中国的土地荒漠化和沙化问题历史久远。据国家林业局统计结果，截至2015年年初，中国荒漠化和沙化土地分别占据国土面积1/4和1/6以上，荒漠化土地分布在我国18个省（区、市）的528个县（旗、市、区），沙化土地则分布在我国30个省（区、市）的920个县（旗、市、区）。

荒漠化和沙化降低了中国部分地区的环境质量，影响了当地居民的生产生活，由此造成的水土流失和风沙问题的危害范围更是不局限于荒漠化地区。时至今日，中国仍然存在巨大的荒漠、沙漠面积，且主要集中于贫困、缺水地区，这对国家的风沙治理提出了严峻考验。

土地荒漠化和沙化的形成原因复杂，受到多种因素的综合作用。部分地区生态环境脆弱，在全球变暖背景下，气候条件愈发严峻，植被退化，风蚀加快，致使荒漠化、沙化更加严重。这就要求以多样化的手段进行综合治理。

全球变暖危害地球生态和人类生存，是导致土地荒漠化与沙化的重要因素之一，因此推动生产、生活的"低碳化"成为各界主要努力的方向。目前，全球主要国家纷纷开展节能减排活动，并通过碳金融工具平衡环保与生产、发达国家与发展中国家之间的关系，在持续提升环境保护力度的同时，平衡各方诉求。

中国政府从20世纪80年代就开始大力推行绿化工程，通过增加植被覆盖面积的方式，切实解决土地荒漠化问题。在"可持续发展""金山银山不如绿水青山"等理念的指导下，绿色环保观念深入人心，低碳生活逐渐成为居民环保生活的实际追求。越来越多的普通民众加入环保大军，成为节能减排的践行者。

中国的企业也在积极投身环保行动，努力的方向主要有：一是节约资源、高效生产，走可持续发展之路；二是保护环境和维护生态平衡。在企业行动上，以环保为主题的基金也遍布中国各省市县，成为企业践行环保责任的主要补充。除了遵守环保相关的法律法规、设立并参与环保基金，常见的企业环保活动还有：开发低能耗产品，生产过程中使用清洁能源，开展环保科普宣讲等诸多尝试。

企业通过这些行动为环境保护做出贡献的同时，也存在一些痛点和挑战。一是独立的项目型环保成本较高，投入产出比较低；二是环保行为不能与企业核心业务产生良性互动，可持续性面临挑战。从长远发展角度来看，需要探索出一种更为高效和可持续的环保模式。

二、产品：支付宝蚂蚁森林

设计理念：生活工具+社交+游戏

为了鼓励用户形成低碳环保、节能减排的理念，2016 年支付宝原计划在程序内推出"碳账户"功能，但经过研讨认为，"碳账户"这一概念离普通中国人的认知太远、"不接地气"。于是，最初的"碳账户"设想，被一款"生活工具+社交+游戏"的复合产品形式替代了，也即目前大受欢迎的"蚂蚁森林"。

梳理支付宝的发展可知，其在 2015 年年末从一个相对纯粹的支付工具向功能全面的入口级应用升级，一个重要的改变就是增加了好友聊天功能，也因此为产品赋予了社交属性。2016 年，蚂蚁森林的推出，一方面利用了支付宝新鲜出炉的社交功能，另一方面也为社交功能提供了一个互动的场景。用户除了通过日常行为积累能量，还可以通过"偷取"好友能量，或帮助好友浇水完成任务获取道具奖励，由此激活了用户之间的社交互动。

蚂蚁森林采用游戏化的方式：确立目标（养一棵虚拟的树）和互动（相互浇水、采集能量），不断强化参与者的环保意识。但它的外延却超越了单纯的互动游戏——蚂蚁森林中的碳能量及相关用户是经过缜密计算、力求真实的，而种下的"树"同样也是真实的树木。

把环保行为转化为"绿色能量"

蚂蚁森林是支付宝内部的一个应用，当用户签署协议后，其功能便覆盖支付宝的其他功能：一旦用户使用支付宝进行网购、缴费、支付等行为，蚂蚁森林便会计算用户的碳减排量，并将其转化为"能量"，储藏起来。其背后的逻辑是由于电子支付节约了现实中交通和纸张等开支。

最日常的行为比如"行走"，也可以为蚂蚁森林积攒能量。只需在蚂蚁森林中开启计步，用户便可避开其他相对繁琐的节能行为参与植树游戏。这使得老人、小孩等线上支付能力和支付意愿相对较低的群体同样可以参与。

此外，在阿里巴巴旗下其他APP中的某些行为同样可以为蚂蚁森林积

累能量，比如在饿了么中下单外卖时，若备注"无需餐具"后采用支付宝付款，用户就会获得额外的能量奖励。

5亿用户种了1.22亿棵树

蚂蚁森林直接连通城市的低碳生活与荒漠化地区的治沙前线。支付宝与中国绿化基金会、阿拉善SEE基金会、亿利公益基金会、阿拉善生态基金会等机构一起，在内蒙古阿拉善、鄂尔多斯、巴彦淖尔、通辽、甘肃武威、敦煌等地区种植及养护树木。

此外，蚂蚁金服还与桃花源生态保护基金会、安徽绿满江淮环境发展中心、山水自然保护中心等一起，在安徽洋湖、四川平武等地守护3.9万亩保护地，通过带动超过千万人次"认领"支付宝里的蚂蚁森林保护地，帮助当地发展绿色产业。

2018年开始，阿里巴巴生态脱贫依托蚂蚁森林平台，通过"公益保护地"和"生态经济林"两种模式，实现可持续、可参与、可借鉴的脱贫致富。

截至2019年8月，蚂蚁森林用户达5亿，蚂蚁森林累计在内蒙古、甘肃、青海、山西、四川等省份和地区种植和养护真树超过1.22亿棵，种植总面积近168万亩，累计创造超过40万人次的绿色就业岗位，实现劳务增收近6059万元。

三、创新点：延长核心业务生态链

量化能量收益

支付宝蚂蚁金服与中国北京环境交易所（CBEEX）合作，研发出计算不同场景下低碳行为对应的碳减排量的算法，并以此指导产品设计。

减排算法目前涵盖以下多种活动：网购火车票、网络购票、生活缴费、预约挂号、ETC缴费、步行、线下支付和电子发票。

需要注意的是，并不是用户消费越多，产生的绿色能量就越大。比如，线下支付一次，计算小票纸张节约情况，相当于减排5g，这意味着无论线下支付金额是多少钱，减排折合都是5g。蚂蚁森林并不鼓励消费，而是鼓励绿色生活方式。

蚂蚁森林也没有节庆促销等运营活动，更没有付费种植或其他道具，这贯彻了只有真实行为才可以影响碳排放的设计理念。

在游戏和社交中做公益

蚂蚁森林为用户设置了明确的"目标"，17.9kg能量不只是一个数字，而是一棵真实的梭梭树树苗。用户还可以根据所持有的能量，选择不同的树种。不断扩张的树木种类和保护地区域也增加了玩家可选择的目标，激起了部分玩家的"收集癖"。蚂蚁森林的"个人碳足迹"界面显示个人累计碳减排数字，按日期记录行为的减排曲线，以"荣誉记录""成就"和"勋章"的形式激励用户活跃及留存。

用户的不同行为对应不同的减排能量，虽然背后有真实的碳排放算法支撑，但形式上同样也接近游戏的"数值策划"，并带动了用户一系列类似"玩家"的操作，从而使玩家获得反馈的曲线更加合理，更符合产品的活跃、留存需求。

"7点起床收能量"等设计也类似游戏中的"日常""打卡"，不仅以极低的代价带动了用户活跃，更帮助一部分用户养成了相对健康的生活方式。

游戏性是蚂蚁森林用户高活跃、高参与的主要影响因素，社交性则把这一效应进一步放大。

环保本身就是年轻人热衷的话题，结合游戏形式更成为年轻人的"谈资"。此外，虽然蚂蚁森林在中国植树造林的过程中只贡献了极其微小的比例，却使成千上万用户产生了投身绿化事业的"参与感"。"抢能量"的设计与早期社交网站上的"种菜""偷菜"等交互方式相似，在线上、线下都增强了用户之间的互动和交流。

此外，支付宝的好友列表，本身就是相对亲密的社交圈子。记录生活方式的碳账户，自然成为家人间、朋友间阅览、交流生活轨迹的重要节点。

延长核心业务生态链

蚂蚁森林为支付宝带来高活跃的用户群，但这一产品其实并没有消耗太高的成本，也并未使支付宝或蚂蚁金服偏离其本来的产品定位和企业形象。

传统慈善之外，这种通过企业专长领域为公益做贡献的方式，正在赢得更多用户认可。在这样的时代背景下，互联网企业在发挥社会价值方面，可以在自己擅长的、"色调相符"的领域找到充分的发挥空间。

"碳账户"只比"账户"多一个字，"碳金融"也早就是金融的一部分，在环保理念深入人心的当下，"生活—环保""生活—支付""支付—金融"等短链条被自动焊接成"生活—环保—支付—金融"的"生态链"，一方面为推出蚂蚁森林这一深入生活的环保产品进行铺垫，另一方面也有助于塑造蚂蚁金服负责任的、绿色环保的企业形象。

这是支付宝利用自身支付工具的属性和地位所实现的"顺水推舟"，也在一定程度上打破了此前企业环保行为"事倍功半"、综合效益不高等困境。

联动多主体

做一个游戏简单，种一棵树却很难。蚂蚁金服通过"用户—企业—社会公益组织（各路基金会）—目标"的链条，将分布在全国各地、所处环境各异、富裕程度不同的个体力量汇聚起来，集中用于少数贫困、险恶地区的扶贫及环保事业。

蚂蚁森林既没有鼓励缺乏栽种经验的用户自己去种树，也没有不计回报地捐钱慈善、捐钱绿化，而是选择成为用户和目标帮护地居民间的桥梁，使用户收获游戏趣味及心理成就感，当地居民收获实在的经济及生存环境改善，企业自己则收获流量及正面社会评价，从而达成多方共赢的效果。

在此过程中，蚂蚁森林还借用了第三方的力量。在体系上，从省级到县级都成立了管理机构，所有的规划由国家林业局的规划设计院进行审定，保证植树计划切实可行。计划落实后，所有的项目每年分两期验收，负责验收的是国家林业主管的设计院，中国绿化基金会委托独立第三方机构进行验收。

于是，蚂蚁森林发扬了互联网企业跨越实体地域的优势，将用户的环保意识和企业的"心愿""力量"，输送给有植树能力但缺乏经济来源和植树动力的当地居民，最终一举多得。

四、难点：持续活跃的挑战

如何持续留存用户？

游戏化的设计虽然在前期激活了用户的使用积极性，但在后期也容易面临持续活跃的挑战。在用户对游戏的新鲜感过去后，如何持续提升活跃度是一个挑战。即便不考虑公益因素，设计一个能持续激励玩家活跃的游戏也并非易事。即便多树种、多地区及任务、成就系统等能够给用户一定的后续刺激，这些设计的后续吸引力如何也仍有待观察。另外，对于部分轻度用户而言，许多树种所需的能量门槛过高，他们每天收取的几克能量与动辄二三十千克的树种要求相比，实在是很小的数字。尽管这些用户也具备较强的参与意愿，但过高的"成就门槛"，同样会影响他们持续参与。

不同地域的可行性差异

蚂蚁森林的低碳系统设计复杂，对基础设施依赖高，更考验第三方接入意愿。诚然，步行、公交、线下支付和电子发票在中国大多数地区已经实现普及，但网络购票、生活缴费、预约挂号、ETC缴费等功能则极度依赖当地相关企事业单位及政府机关的电子政务升级，而地铁、共享单车更是考验城市本身的财政及规划水平，这使得大城市用户在蚂蚁森林中的"游戏体验"显著优于偏远地区，也必然导致部分地区居民参与动力不足。

五、可复制性：难被复制的独特时机与整合能力

阿里巴巴在中国推出的蚂蚁森林实属企业环保公益典范。但从可复制角度而言，需要具备以下几个因素：一是把握精准时机。蚂蚁森林启动时，呼应了国家对环保的大力推动、民众环保意识觉醒、智能手机普及、移动支付成为主流等众多外部因素的支撑。二是充分利用了企业内部的各种资源优势。支付宝作为阿里集团旗下的支付工具，广泛嵌入电商、生活服务等各种应用场景，资源与人才都相对充裕，为跨行业、跨地域的联动共赢带来了可能。

综合来看，蚂蚁森林通过产品创意和生态特征来助力企业公益，并反哺产品的思路值得借鉴。尤其是企业在推进公益的过程中，充分集合自身核心业务的优势，与核心业务形成良性互动，建立可持续、高效的公益模式，为企业公益探索了一种新的模式。但从结果来看，想要达到蚂蚁森林效果，需要的资源和创意一个都不能少。

美国监狱平板教育：
数字化学习改写"后监狱人生"

数字化改变世界，也包括囚犯离开监狱后的人生。对于美国这样一个拥有超过200万在押犯人的国度，囚犯出狱后的生计是令人头疼的问题。美国监狱数据系统公司成立于2012年，开发了一项特有的技术——美国监狱数字系统（American Prison Data Systems，后简称APDS），致力于为囚犯提供可复用的平板电脑与个性化的教学系统，给予囚犯出狱后再创造价值的可能性，同时也大大节省传统再教育中的人力成本。APDS改写了囚犯的人生，还在技术层面上更新了传统监狱管理模式。

一、背景：美国犯人何以新生？

对于被判入狱的犯人，充分地再教育可以有效降低其再次犯罪的可能性，也可促进社会治安与和谐。但监狱犯人再教育是全世界的难题，在美国尤其严重。根据世界监狱简报（*The World Prison Brief*）统计，截至2018年，美国在押人数多达212万，每10万人中的囚犯数多达655人。

事实上，美国每年为监狱囚犯再教育付出的成本达到700亿美元甚至更多，远远超过其他国家，效果却并不理想：每年监狱中发生的暴力事件超过5万起，72%的囚犯会在出狱3年后再度入狱。然而，如果停止这些教育情况会更糟：1994年，时任总统克林顿禁止Pell Grant资助囚犯在狱中接受高等教育，导致大部分狱中高等教育项目关停。在这之后的10年，美国的再犯率达到了83%。

Pell Grant最初是美国联邦政府为经济有困难且尚未本科毕业的学生提供补贴的教育资助项目，经费主要来自财政支援，这意味着其自造血能力差，且该项目在很长时间内将囚犯排除在外。即便当Pell Grant帮助囚犯时，在监狱内建造教室和图书馆的成本也十分高昂，且效果难以衡量。此外，还有一些通信企业为囚犯提供通信服务（比如与家人交流），一些康复项目为囚犯提供心理辅助，这在一定程度上能改善囚犯的心理状况，但对于囚犯出狱后的生活、工作帮助有限。需要有一种方案能为囚犯带来实用的工作技能教育，同时减少Pell Grant过多的成本投入。于是，美国监狱数字系统（APDS）应运而生。

二、产品：美国监狱数字系统

APDS为囚犯带来了硬件和软件两方面的教育设施改善。硬件方面，APDS公司对常用的安卓平板略加改造，为其增加柔软的保护套，一方面避免设备损坏，一方面也避免平板在囚犯手中成为互殴的武器。此外，为平板安装安全平台，设置应用白名单，并只连接到APDS专用网络。APDS平板可以进行远程操控，也可以过滤内容并监控数据。一个犯人分配一个平板，当犯人离开后，平板数据被清空，以初始状态交给下一位使用者。这就确保了平板被用于"本来目的"，使囚犯使用平板来学习而非娱乐，更不会将平板用来打架。另一方面也确保了教育内容透明、安全、可靠，对监狱管理者负责任的同时也对社会负责任。

软件方面，APDS通过监狱管理者切入囚犯，平板上有消息功能，但囚犯只能与老师交谈。APDS同时与管理者和囚犯沟通，了解双方需求，并制定一揽子解决方案。在教育内容上，则确保"因材施教"，并非单向传输，更拒绝大水漫灌，而是在交流和引导中带领囚犯不断进步，最终完成学习目标。教育内容包括就业准备、成人基础教育、高中等效课程预科和评估、线上教育、线上图书馆等。

重要的是，APDS向监狱管理者收取费用，而不将费用加诸囚犯个体。这一方面减少了囚犯出狱后的压力；另一方面提高了教育效率，相比传统的图书馆、教室等设施建设，也减少了监狱的教育支出。

CEO Chris称，3年里APDS在监禁人身上每花1美元，（相比传统方案）就可以为美国省下5美元甚至更多。麦迪逊青少年惩教机构发现，近50位年轻女性在参与APDS教育后变得更加平和，她们读书更多，也不再像从前那样因为自己入狱而时常感到委屈。兰德公司的《矫正教育效果评估报告》发现，参加矫正教育计划的囚犯的再犯概率比未参加的犯人低43%。此外，根据研究，他们被释放后找到工作的概率比未参加者高出13%。这并非全部是APDS的功劳，但APDS对此可能有帮助。

在阿肯色州社区矫正中心内，APDS平板电脑成为提高教学水平和学习效果的一种补充。在该机构被监禁的学习者中，使用平板电脑矫正者的G.E.D（教育发展考试）通过率比不使用平板电脑平均高57%。

APDS公司在2016年5月16日提出了"再次进入社会"（"reentry"）的概念，认为囚犯应该在入狱时就开始为离开并重新进入社会做准备。2017年，APDS公司与犹他州惩教局成人缓刑和假释处尝试对假释囚犯应用APDS课程，一方面帮助他们受教育，另一方面用于假释条件的审核。平板电脑可以提供有针对性的受监控程序，提供案件管理服务，并帮助罪犯与假释人员进行沟通。APDS教育在狱中开始，在假释时结束。这使得假释囚犯"reentry"的概率提高了70%。

三、创新点："业内人"思维解决难题

个性化数字学习取代"扔给他一本书"

在传统的联邦佩尔助学金支持下，监狱多以建立图书馆、教室的方法给囚犯提供学习机会，不仅成本高昂，更忽视了与时俱进和因材施教。

APDS公司采用了同时提供软硬件的积极策略，把通向互联网这一最"与时俱进"教育资源的机会给了囚犯，又以保护套和监控、遥控手段避免囚犯接触互联网可能导致的其他问题。此外，通过个性化的指引，APDS维护囚犯心理健康的同时也实现了一定程度的因材施教。

在给予的同时施加限制，而非单纯、消极地给予，像学校教师一样全方位出力，才使得APDS的教育效果比"扔给他一本书"强——实际上传统的监狱图书馆等做法的成本不仅远远高于一本书，也没能解决"把哪本书扔给哪位囚犯"的问题，在分配上大水漫灌，既浪费，效果也不直接。APDS的实践证明，将资源化为机会，用机会对接资源，而非把大块资源扔给所有人，更能保证囚犯个人而非模糊的监狱整体进行有求必应的、个性化的学习。

与真人教师不同的是，通过电子设备接入监狱更能保障教师安全；与图书馆不同的是，电子设备能够建立双向甚至多向反馈，使监狱管理者同时也能了解囚犯的状态，并依据其状态提升管理效率（如APDS被用来验证假释条件）。

平板设备和数字渠道能够承载的内容也更灵活。在监狱之外，APDS公司也为低收入家庭、庇护所儿童等提供类似的教育；在职业技能培训以外，APDS公司也与大学合作，提供有毕业证的相对正式的教育。这使APDS模式在多种内容、多种场合中具有可复用性。

找到社会痛点的埋单者

在美国监狱数字系统公司之前，并非没有企业可以实现"囚犯产业链"

的造血。比如 Securus Technologies 专做监狱通信，开发可在监狱外对囚犯使用的电话跟踪技术，还试图推荐自家平板电脑、视频访问、电子邮件、医疗服务等。由于收费较高，该公司面临不少的社会争议。这些服务虽能够满足囚犯的个人需求，但对于社会基本没有意义，还会无形中加大囚犯的财务负担，加重他们出狱后"再犯"的隐疾。因此，虽然企业只是从囚犯个人身上"榨油"而没有侵犯纳税人利益，但仍然遭受批评。

联邦佩尔助学金则相反，社会效益比较大，但效率低、成本高、难以持续。但联邦佩尔助学金验证了需求的存在，即联邦政府愿意为囚犯教育出钱。这就给了企业切入的机会。APDS公司把握住了这个机会，结合社会责任和自身盈利需求带来的主观能动性，将方案卖给监狱而非囚犯，将"企业—政府—囚犯"连接成一个整体，企业自身赚钱、政府省钱、囚犯改过自新，实现三赢。此外，由于费用负担并不由囚犯个人承担，社会反响较好，APDS也由此在2017年共益企业评估中排名前10，并在2017、2018连续两年获得Best for the World奖项，验证了自己作为公益性企业（PBC）及共益企业（B-Corp）的价值。

"业内人"思维解决难题

企业在试图解决某一问题时，常会雇用曾亲历该问题、对该问题熟悉的员工，比如在为残障人士扫清使用障碍时，就经常雇用本身为残障人士的工程师或产品经理。

APDS公司也将工作阵地放在了监狱前线。除了制造产品、开发程序，APDS公司的许多员工，比如Cindy博士，就在监狱担任现场教育专家，与囚犯、教师、社工、惩教官、看守和矫正部门交流，帮助他们参与并熟悉APDS计划。

此外，APDS创始团队中，也有曾在监狱任职、对监狱"痛点"非常熟悉的员工，他们为项目的起步带来了真实的需求反馈。这使得APDS能成功接入监狱，很快开始承接政府业务，而不是开发"自嗨"产品。

四、难点：市场天花板明显

市场天花板明显

既然APDS瞄准的是政府的节省成本需求，能获得的收入就很难超过政府本来预计的投入。这对于模式本身不是大问题，但加大了企业自身发展的难度——投资人很难认可天花板明显的企业，更不会给出过高的估值，这使得APDS公司在融资上只能小步前进。

2013年成立至今，APDS公司经过4轮融资，融资总额1940万美元。毫无疑问，与联邦政府每年700亿美元以上的监狱教育投入相比，APDS即便效率再高，体量也实在太小。融资缓慢在很大程度上会导致业务发展缓慢，对于一家公益性企业来说，必然影响社会效益的实现。

受限于用户文化基础

美国在押的囚犯数量远多于世界上的其他国家，囚犯中又有数量很大的年轻群体，同时作为发达工业国，国民识字率很高，互联网普及也早，因此APDS的"数码施教"才有用武之地。

相对而言，在发展中国家，不乏相当一部分犯人的"用户画像"是高龄、不识字、不擅用数码产品。正是因为有这样的复杂身份构成，发展中国家的监狱教育一直以来难以贯彻"有教无类"——从识字学起难度高，意义又很小。这是APDS模式很难覆盖的领域。

难以解决用户动机不足的问题

另一个深层的局限在于，APDS提供了教育资源，却不等于受供者有同等的学习意愿。有心向学的囚犯可以受到教育，但缺乏求学意识，乃至缺少"Reentry"意愿的囚犯，则仍然只能停留在自暴自弃状态——即便他们同样非常需要学习。

与扶贫工作类似，一部分贫困户缺乏求财方法，一部分贫苦户缺乏求财意识，更有一部分连求财意愿都不足。提供方法资源是较为简单易行的，但底层问题往往最难根治，这些都让APDS的作用天花板降低。

因而，虽然有研究表明参加矫正计划的囚犯再犯率更低，但"有多少囚犯能参加矫正计划""有多少囚犯以APDS模式进行学习""未受影响的囚犯的症结为何"等问题尚需更深入的社会学研究和创新突破。

五、可复制性

有限度的自由

对于教育类产品和工具，APDS所提供的"有限度的自由"值得借鉴。APDS把软件甚至网络带给囚犯，这对于囚犯而言并非一件惹人生厌的行为，有囚犯反映"感觉自己受到了像普通人一样的对待"。在学校和家庭教育中，通过"给予"而非要求进行教育，比如购买恰当的教具、利用数码产品施教等，也容易缓解学生的抵触情绪、激发自我探索之心。此时，如果这些教具和产品本身设有APDS一样的限制和监控，避免学生将其"挪作他用"，就可以最大限度地保障教学时间和质量。

数字化服务节省社会成本

APDS带来了解决囚犯教育问题的一种新思路——依靠大量数码产品和少量的真人教员，完成此前耗资甚巨的工作。囿于一些具体问题，APDS模式尚未实现大规模推广。但其模式已经在为数不少的地区验证，作为一种通用再教育手段并非不可能。

虽然美国的监狱再教育问题很严重，但这主要是由于美国的在押人数多。在囚犯数量较少的其他国家和地区，囚犯接受的再教育质量未必比美国更好，而在欠发达地区很有可能是极差的。引入APDS模式作为补充，或许可以低成本地尝试改善这一问题。

可汗学院：填补公校教育的缺失

可汗学院是一家创立于2006年的在线教育平台，针对公立教育资源不充足导致大量美国公校学生接受的基础教育质量无法保障的问题，定位于做正式基础教育的补充。通过将学科拆解为5～10分钟知识视频，辅以游戏化、互动性设计，其致力于帮助中小学生夯实知识基础。在互联网勃兴之初，可汗学院敏锐地发挥了数字技术对教育的普惠效应。

一、背景：难尽如人意的北美公校教育

一直以来，全球的教育活动始终处在教育资源不充足、教育水平参差不齐的状况下。部分发达国家（如美国）推行"素质教育"时，采用了公校和私校并举的模式。与私校相比，公校可接纳的学生体量更大，教育收费更加低廉甚至免费；另一方面，公校与私校在教学内容和教学质量上呈现出较大差距。这一现象的本质源于有限教育资源通过市场化手段的再分配。随着人才需求提高、教育水平提升，一些新兴国家同样将要面临这一问题。

教育资源不足导致占据更大比例的公校学生只能接受有限、标准不高的教育，北美媒体人陶短房总结称："数学课不教公式，音乐课不教五线谱，

体育课跑步不教起跑，打球不教规则"是司空见惯之事。这使得公校学生在许多依赖结构化知识的学科上裹足不前。

北美公校学生的数学和阅读水平普遍令人担忧，当他们试图进入高校时则会面临与富裕学生和亚裔留学生的名额竞争。2019年年初，哈佛大学2021届新生家庭背景数据报告显示，近30%学生家中至少有一名亲人也毕业于哈佛，30.1%的新生出身于私校，其中又有约46%来自富裕家庭。

一部分普通家庭没有意识到教育的体制性缺陷，一部分认识到了但又无力抗争而选择"认命"，而另一部分则采用了多样的抗争方式，比如：

（1）先工后读。放弃质量不高的基础教育，先集中精力打工攒钱，成年后再利用财富积累"回炉"，但可想而知，这条路非常考验学生的性格和能力。

（2）砸锅卖铁。多见于亚裔家庭，省吃俭用、牺牲全家生活质量拼命把子女送入私校，虽然多少拉平了学校教育差距，但家庭教育部分则会大幅亏欠，容易引发其他多种问题。

（3）另寻他路。多见于非裔家庭，走文体之路，尤其篮球、美式足球等依赖"身体拼搏"的项目抄近路、走捷径，但结果比起传统教育来说非常不稳定。

北美广大普通家庭的学生需要一种便宜（最好是免费）的教育资源来补充公校教育不足，不求多学多得，只求夯实基础。可汗学院正是这样一种免费的补充。

二、产品：可汗学院

可汗学院是一个面向中小学生的在线基础教育平台，其基于网页和移动端APP，主要形式为以视频和游戏呈现的一系列教学课程，涉及数学、历史、金融、物理、化学、生物、天文学等科目的内容。

基础课程

从2006年创立到2015年，可汗学院的主要教学内容是对公校教育的细化和补充。可汗学院将学科领域的知识点拆解成一个个小问题，采用教师授课，图、文、语音同步的展示方式录制课程。但老师真人不出镜，镜头瞄准纸、笔、黑板，在一定程度上削弱了"名师""网红"等"个人IP"对教学本身的干扰，更聚焦于教育。每堂课时长为5～10分钟，视频还配有字幕，字幕会随播放进度同步变色，方便学生跟住、听懂。

可汗学院希望借助这种视频，解放学生在"物理"教室中的时间，让老师可以在校园课堂上少讲课、多答疑，让学生在学校上课时可以将精力用来提问和讨论。值得注意的是，可汗学院既会主动调研，收集来自学生的意见和建议，也会参考自身的学习监控系统，快速更新迭代视频。

可汗学院为注册用户提供学习进度追踪监测和管理系统，根据用户进度将课程标记为完全掌握、正在学习、学习困难等标签，方便学生和学生的教育者、监护人了解学生学习状态，也使得不同进度的学生间可以互相学习请教。除了进度控制，可汗学院还以经验、积分、成就、奖励等游戏化设计刺激学生不断前进，根据学科内容鼓励学生循序渐进、查缺补漏。可汗学院也设计了家庭、学校的辅助系统配合学习进度追踪，使线下教育者也可以参与学生的线上学习。

应试辅导

可汗学院并不排斥应试教育。2015年开始，可汗学院仿照传统教育流程，开始按年级划分，陆续上线与应试教育直接相关的练习和模拟考内容。对SAT、GMAT等各类传统考试，可汗学院有相应内容和试题进行辅导和模拟考试，学生可以阅览并练习相关习题。除了练习题，学生也可以利用测验系统检验自己对K-12内容的掌握程度，与学校教育形成强关联。

可汗学院的教学内容全部免费，在各地也有许多合作企业，因此部分内容被翻译成了多国语言。

截至2018年年底，可汗学院有4800万注册用户。有250万学生使用可汗学院的免费官方SAT习题库进行练习，这些学生的收入水平、种族、族裔和性别与美国学生的结构大致相等。

2017年，可汗学院和SAT的创建者大学委员会选取处于PSAT/NMSQT（SAT预备考试及全美优秀学生奖学金资格考试）与SAT之间学习阶段的约25万名学生作为研究对象。结果表明，在可汗学院通过官方SAT练习学习68小时，从PSAT/NMSQT到SAT平均增加90点，而未使用SAT的学生则增加60点。

可汗学院在数学上的表现尤为亮眼。在南加州长滩统一学区的一次样本量为5348的统计中发现，当把可汗学院的课程以每周一次的频率融入数学教学课堂后，学生成绩额外提升了22分，提升幅度是不参加可汗学院课程学生的两倍。

在可汗学院完成60%及以上本年级课程的学生在NWEA MAP Growth Assessment中的成绩是没有在可汗学院上课的学生的1.8倍。

三、创新点：轻量化的课程体系

做正式教育的在线补给站

可汗学院并不宣称自己可以替代传统教育，应该说，除去之后加入的应试内容，可汗学院一直是游离在官方教育体制外的。可汗一直强调，有了可汗学院，学生在教室的时间才可以被"解放"，才能去做更能发挥线下教育长处的事情，比如提问和讨论。

当形成一定影响力，不再急缺资金时，可汗学院才开始配合大学理事会、法学院招生委员会等组织，推出相对权威的官方备考项目，使得学生日常的学习向"实用"迈进了一大步，方便学生给他们的K-12学习画上句号，也使可汗学院的线上教学内容目的性更明确且有始有终。

这一补充教育的定位，也使得可汗学院的生产方式变得更可行和易启动：由少数老师（最初仅创始者可汗一人）录制视频课程，通过互联网进行边际成本极低的传播，使小内容覆盖大受众。既不至于在起步阶段就面对课程编写成本巨大的问题，也不需要担心大力推广后与传统教育形成的竞争关系及后续难以预测的社会影响。

轻量化的课程体系

虽然课程视频也有科目和年级的设置，但就单条小视频而言，其内容更像是一个个"知识点"，趣味性要强过其学术性，更容易吸引学生，也更容易帮助他们在较短时间、较少努力的前提下掌握细节。

在2006年可汗学院成立时，还远没进入所谓"移动互联网"时代，但其拆解、重构学科系统的最初用意，已是将学习内容变得"轻量化"的一种主动实践。日后，可汗学院进一步在互联网巨头和AT&T的帮助下完善移动应用，并配合智能手机这一最佳载体，实现了从内容到场景的"碎片化"学习模式。

可汗学院的整体学习框架，在大多数时候（从2006年成立到2015年），都是轻松简单的课程视频（5～10分钟小体量），加上游戏性十足的成长、激励系统，引导学生步步为营地建立知识体系。虽然对于高强度学习而言，可汗学院进度稍显慢了些，但对于缺乏适当教育的相对贫困学生，可汗学院提供的补充教育不仅覆盖而且超越了学校的几乎全部K-12教育内容，是北美相对贫乏的公校系统的完美搭档。

四、难点：文化差异使规模化受阻

定位模糊导致效果有限

可汗学院的属性是非营利性组织，从成立以来，先后获得了1000万美元以上的赞助投资，一直提供免费内容，没有开展相关的商业活动。

就目前的产品定位而言，想要转向盈利可能比较困难。虽然官方并未明示，但可以合理推断，其课程主要针对难以享受到充足教育的贫困学生。从相对贫困的家庭获取营收，既不现实，也违背了可汗学院建立的初衷。反观一些家境较好的私校学生，以及重视教育、经常"预习"的亚裔学生，他们往往会反映："如果跟着可汗学院学习，进度比我通常的学习还要慢。"因此，可汗学院的课程对接受私校教育、具有买单能力的家庭难以形成足够的吸引力。

除了自行造血，通过与大型企业、政府等机构的需求结合，获得外部输血，也不失为一种思路。例如可汗学院与皮克斯合作开发动画课程、与美国银行合作提供理财课程等。但这种造血方式的可持续性如何，此类课程对合作方带来的实际价值依然值得深究。

非营利性机构的经济来源决定了其产品和服务创新的可持续性，造血能力也从侧面印证了一家机构的产品服务的实际价值和效益。可汗学院走过了PC互联网和移动互联网时代，即将迈入智能时代的未来，其运作模式和课程定位是否仍能切中未来教育的核心需求？能否应对更加蓬勃的数字教育、智能教育行业的竞争？这将是可汗学院面临的主要挑战。

文化差异使规模化受阻

在考试内容相近的北美，可汗学院提供的非应试和应试内容都适合主流人群学习，但离开北美以后情况便大不相同。对于考试系统不同，学习重点有差异的地区，可汗学院提供的应试练习和模拟考试只能聊胜于无。此外，在极度重视教育的东亚地区，可汗学院仍然要解决学习内容相对亚裔学生"太浅""进度太慢"的问题。可汗学院的课程内容并未针对北美外地区做过多设计，因此，与考试相关的部分在其他地区稍显"不接地气"。

此外，可汗学院的部分内容虽被翻译成他国语言，但被翻译的部分主要是视频课程，其练习、考试部分则相对难以转换自如。即便在视频课程中，也是"功利性"较强的数学课程得到了最多的翻译，而其他课程翻译进度则相对较差。另外，对于非英语母语地区，可汗学院本身就缺乏英语教学内容，不能满足这些地区对英语学习的巨大需求。

五、可复制性：持续输血和发展能力尚需验证

可汗学院诞生于2006年，彼时有关"社会企业""共益企业"的理论尚待完善，而可汗学院则是这种探索背景下的一种成果。如今，可汗学院模式在实际运营中尚且面临一些重要难点。

在用户层面，最需要可汗学院巩固、加强K-12教育的用户，多为就读于公校、家境相对较差的学生。主观上，他们既有动机，也有时间条件去学习可汗提供的内容；客观上，他们也最迫切地需要为自己所受的相对匮乏的教育补补课。

但若可汗学院需要用户付费以实现正常运转和扩张，那这些用户缺乏付费意愿和能力，况且这也违背可汗学院的设立初衷。因此，可汗学院成了一个依赖大公司如微软、谷歌等捐资运营的"不寻常企业"，现阶段缺乏造血能力，未来的创收点尚不清晰。

缺乏资金使得可汗学院课程本身的质量和规模难以快速攀升，而这又导致其在帮助学生获取教育的能力和效果受限，某种意义上同样难以达到可汗学院的初衷。如果一个企业无法获得持续收益，那么其动机和行为就会显得心有余而力不足，可汗模式显得"拧巴"也就不足为奇了。在相对欠发达的国家和地区，复制可汗学院可能存在挑战。

科技寻人：AI让"大海捞针"成为可能

中国国土广袤、人口庞大，一旦出现人口失踪现象，即面临寻找难题。这个传统难题在数字时代有了新的解法。线上寻人平台出现，让失踪人口信息的流动和匹配效率大增；随着AI技术的突破，基于人脸特征学习和公共场所人流信息匹配的AI寻人方式诞生。百度、腾讯、阿里巴巴、今日头条等企业均相应推出其寻人平台，成为充分挖掘前沿技术的核心能力、解决社会痛点的一个典范。

一、背景：现实语境下的寻人难题

2018年，武汉大学教授王真在论文《中国非法收养的儿童拐卖网络》中统计称，每个中国城市平均每年有0.7个儿童遭到拐卖。这个数据并不算高，但由于中国国土广袤，存在"寻找走失儿童黄金时间只有1小时"的难题，一旦搜索范围不能局限于走失地点周边，公安局就只能从市县一级适龄人口中进行搜索，这意味着需要至少数十万级别的检索规模。如果进一步扩大搜索范围至省一级，检索规模将急剧扩大到千万以上，难度堪称"大海捞针"。

更糟糕的是，不仅空间不是寻人的帮手，时间也不是。从幼儿成长为少年的10年，是人一生中面容变化最大的时期，即使近在咫尺也不一定容易辨认，跨越这一阶段年龄的人脸识别是一个技术难题。

二、产品：科技寻人

引入AI前，科技互联网对于寻人的帮助，主要体现在信息的渠道分发方面，尤其是精准的地域推送。

2015年10月，民政部门开发并启用全国救助寻亲网。与传统寻人手段相比，依托互联网的寻亲网主要具有覆盖全国、实时更新、互联互通的技术特点。

百度AI寻人平台是百度2016年推出的一项公益服务。用户在网页进入寻人平台后，无须注册或登记——这一方面便于不熟悉信息技术的年纪较大的亲属操作，一方面也凸显了项目的公益性质——在网页上传走失亲人的照片，即可通过AI与民政部登记的走失人口信息比对。平台也有更详细的查询功能，可针对姓名、性别、年龄、区域、救助站等信息进一步筛查。2019年，百度将该服务升级至移动端，百度APP中添加"百度AI寻人"小程序，结合搜索及信息流，将寻人需求更多样、有效地推送出去。

在推送寻人启事方面，百度、腾讯、阿里巴巴、今日头条等国内多个企业都参与了寻人公益事业。一些企业将部分产品网页的错误页面替换成了寻人启事，如百度搜索、百度图片防盗链、腾讯新闻、QQ空间等。

随着AI技术的进步，寻人手段又一次获得突破。突破的关键在于，对于寻找那些成长速度快、容貌变化较大的走失儿童，AI能力远远强于人类。从技术角度来看，AI寻人主要通过提取人脸特征进行深度学习，然后再针对任务目标进行检索和比对。同时，通过火车站、机场、商场等地点的摄像头进行动态布控，发现相似度较高的行人则发出警报，转移至后台进行人工核验。

腾讯优图就是AI寻人的代表之一。腾讯优图团队是腾讯旗下的机器学习研发团队，主要专注于图像处理、模式识别、深度学习，在人脸识别、图像识别、OCR等领域都积累了领先的技术水平和完整的解决方案。

2017年，腾讯优图将"天眼寻人"接入QQ全城助力平台。寻亲者只需要上传被拐人员的照片，即可在失踪人口数据库中进行检索比对。截至2018年10月，接入优图技术的QQ全城助力平台累计找回600多位走失者。此外，腾讯优图已协助福建、四川等多地警方展开打拐寻人，2017年3月与福建省公安厅联合发布了"牵挂你"防走失平台。截至2019年4月，腾讯优图与福建省公安厅合作的"牵挂你"防走失平台已帮助找回1091名走失人员。

据统计，截至2019年5月底，全国共有长期滞留人员34805人，与2017年4月底的49408人相比，下降了14603人，减少近30%，每年可节约财政支出10多亿元。与2015年同期相比，共减少长期滞留人员5万多人，累计减少财政支出近50亿元。

自2015年成立后的3年内，全国救助寻亲网累计发送滞留人员信息95941人次，寻亲成功47209人次。2018年10月25日，全国救助寻亲网与百度开展合作，在救助管理机构推广百度人脸识别智能程序，一年来共进行201198次人脸识别，实现6493次走失人员比对成功。自2016年启动至2019年8月30日，已有146079位用户使用百度AI寻人。用户在百度AI寻人上发起的照片比对超过了28万次，已帮助7619个走失者与家庭重新团聚。目前，民政部正在全国100家救助站开展站内人脸识别试点工作。经初步统计，人脸识别模块日使用量超过1000次。不久之后，百度AI寻人将覆盖民政部全国1600家救助站。从用户画像来看，AI寻人小程序的用户重复使用率较高，同一位用户会通过小程序进行多次寻人的尝试。其中，"我要寻人"触发次数是触发用户数的1.4倍；"上传图片"触发次数是触发用户数的

2.4倍；"开始比对寻找"触发次数是触发用户数的2.6倍。

2016年2月上线至今，"头条寻人"已与民政部及其下属的1976个救助管理机构对接，整理发布了约4.5万条受助人员寻亲信息；并与公安部及各地警方、医疗机构、新闻媒体、志愿者组织合作发布约2.5万条寻人信息，形成寻人数据库。截至2018年11月7日，头条寻人共帮助7533个失散家庭团圆，让2755位老人、748位未成年人回家。

2016年5月阿里上线的"团圆"系统，是公安部和阿里巴巴旗下的工程师和员工公益创造出来的"失踪儿童消息紧急发布平台"。目前，已有25家媒体和APP接入"团圆"，包括常用的QQ、高德地图、手机淘宝、支付宝、饿了么等。截至2019年6月份，"团圆"共发布失踪儿童信息3978条，共找回3901名失踪儿童，找回率高达98%。

三、创新点：用前沿技术解决社会难题

用前沿技术解决社会难题

随着中国城市的信息化程度提高，利用摄像头寻人正在成为主要的实用方法，这时候AI的出现就恰逢其时。

在实际操作中，研究人员对0~18岁人脸的成长变化进行模拟建模，采用深度神经网络算法学习和训练，目前腾讯优图的跨年龄识别精度提升至接近96%。这种效率显然是远超人类的。

除了效率，AI比起人工搜索，也更容易与多种信息技术对接，比如通过监控摄像头实现不间断的视频监控。对于AI不能覆盖之处，比如最终决策，则只需要工作人员付出较少时间精力比对即可。将AI用于寻人，是发挥前沿技术之长的典型表现。

"错误页面"的妙用

在触达方面，将寻人启事放在"错误页面"则是又一创举。

互联网的错误页面不仅是信息量极少、页面大多留白的闲置资源，且由于干扰到用户的正常浏览，还往往会给用户带来负面反馈。将错误页面与公益事业结合在一起，即便不是寻人启事，也能化腐朽为神奇，有效提高公益信息的曝光率，同时缓和用户的抵触情绪。此外，寻人启事以照片为主，简明直白，冲击力又强，传达效率高。更重要的是，这一页面在绝大多数情况下仅起到传达作用，用户如果没有信息可提供，直接后退或关闭的操作与通常错误页面无异，不会给用户带来额外的操作负担。

四、难点：认知度不足阻碍技术应用

认知度不足阻碍技术应用

AI寻人的识别率如此之高，即便跨越年龄都可以达到接近96%的匹配度，为什么AI寻人的成果与走失儿童数量相比仍然较少呢？

答案是，再好的工具也需要有人使用。而儿童走失并不集中于大城市，也遍及众多小城镇和乡村。部分地区父母受教育程度相对较低，有很多人意识不到"可以上网找孩子"；而在这些地方，"寻人启事"的曝光程度同样也比较有限。

这也显示了AI本身的局限性：当无法让适当的人参与其中时，AI能力虽然强大，施展范围却非常有限。同时，作为公益项目的AI寻人，缺少资源也没有权利进行大力推广，这就使得AI寻人只能覆盖自身与"走失者"的交集——那部分有意识、有意愿也有能力借助AI寻人力量的家属。

人脸识别中的隐私风险

AI寻人应用依赖的重要硬件条件，就是日渐增多的公共摄像头。摄像头使得社会的安全水平提升，但不可否认的是，摄像头也存在被滥用的可能。如果企业、社会、公民缺乏足够的个人隐私意识和数据保护措施，社会安全可能就是以个人数据隐私为代价的。AI寻人是摄像头和人脸识别技术带来的一种重要社会福祉，但我们也不应忘记警惕关注这种技术的应用边界。

五、可复制性：释放前沿技术在社会难题中的潜力

信息技术不仅可以深刻改变生产生活，也可以深刻改变公益，解决积弊多年的社会难题。正如AI技术在寻人问题中发挥的特殊效力，互联网企业或政府部门可多角度、全方位地发挥技术和产品优势，在信息展示和推送上力求精准高效，以划分地域和用户画像为基本方式，力争释放信息技术在社会难题中的潜力。

AI寻人在突破旧问题时的成效，也应得到更多的推广和复制。政府可以积极推广AI在寻人时的应用，让AI寻人不再局限于企业和少数地方公安机构的合作，而是快速打通在全国范围内失踪人口数据库，并有节制地开放给企业AI进行最大限度的训练，缓和企业之间不共享数据导致的各有偏失。

第四章

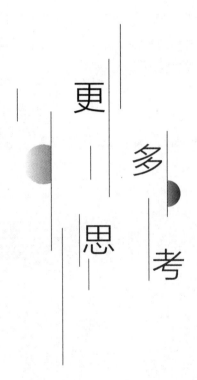

更多思考

关于未来的更多思考

科技如何向善？需要实践与研究并行而立。在本章中我们将从以往的研究案例着手，在厘清相关概念的同时，延伸讨论一系列待深入挖掘的相关议题，将思考与案例相融合，从而推动科技向善。

大公司、小公司和多元社会主体如何科技向善？

"科技向善"从理念落地到具体实践，无论是科技企业、政策制定者、行业联盟团体，还是第三方独立机构，都有其不同的实践路径。即便是科技企业内部，大公司、成长型公司和创业公司也因其不同的特点，有不同的实践方案。想要探索不同社会主体在理解、实践"科技向善"上有何共性和特性，总结出不同类型主体的行动路径，就需要理解它们自身的运行规则和外部环境。还应在实践之路上不断去伪存真，用经得起市场检验的方法来探索如何达成商业与社会价值的共赢。

不同的社会主体该如何实现科技向善？首先，需要辨析科技向善概念及其相似概念的主体内容；其次，针对不同的社会主体，从各个主体的视角出发，总结相似的前例，并分析各个主体的优劣势，从而寻找各方实现科技向善的行动路径。

一、科技向善与相关概念辨析

科技向善既与企业的社会责任、公益、科技伦理等概念相互联系，也有所区别。在界定科技向善的概念前，我们有必要对相关概念进行梳理。

企业社会责任

企业社会责任（corporate social responsibility，简称CSR）这一概念最早于1924年由欧利文·谢尔顿（Oliver Sheldon）提出。狭义上，CSR是指企业应该通过管理获取最大利益。这一观点认可了企业的经济作用对社会进步的影响。广义上，企业的社会责任不仅意味着企业的经济利益，更意味着平衡各方的利益。目前，中国企业实施CSR，主要通过以下六条路径。

（1）企业慈善事业：企业对慈善机构的捐助，包括现金、货品和服务。

（2）社区志愿服务：由企业组织的志愿者活动。

（3）社会责任型的商业行动：包括生产符合客户要求的合乎道德的产品。

（4）企业的公益事业宣传：为用户个体提供为某项公益事业做贡献的便利途径。

（5）公益事业关联营销：企业通过公益行为（包括建立相关公益项目和机构），进行营销宣传，以吸引潜在用户，积极影响整个市场环境。

（6）特定原因的营销：依据产品的销售情况给慈善机构捐款。

公益与慈善

公益即"公共利益"。狭义上，公益指的是公共利益主体，包括个人或社会组织，以非政府性的形式，进行的非营利性和义务性的社会活动和行为。广义上，公益则包含一切涉及公共利益的行为，包括政府性的和非政府性的，所有营利性的和非营利性的以及强制性的和非强制性的。另外，公益与慈善的概念常被混淆。公益代表对全社会的公益行为，慈善代表的则是对特定人群的具体行为。目前，中国社会公益事业主要涵盖7个重点领域，包括脱贫攻坚、社会救助和社会福利、教育、基本医疗卫生、环境保护、灾害事故救援以及公共文化体育。

科技伦理

学界对科技伦理缺乏统一的定义。目前主要有两种理解，一是科技的伦理，指由科技的发展带来的伦理问题；二是关于科技的伦理，强调伦理道德应成为科技活动的前提。科技伦理主要包括生态伦理问题、网络伦理问题以及生命伦理问题。根据2019年科技伦理研讨会报告，目前国内外有35种方法可以被借鉴来解决科技伦理问题，包括事前的（新兴技术的识别、潜在伦理影响的评估等）、事中的（嵌入价值的设计等）以及事后的（对已有技术既有的伦理问题的分析等）手段等。

科技向善概念及与相关概念的区别、联系

科技向善有两重含义，一是实现技术为善，二是避免技术作恶。前者指向"善品创新"，主动寻找科技可为善的领域和产品定位，以实现用户价值和社会效益；后者指向"产品底线"和"问题解决"，从不作恶到企业主动解决科技可能引发的各种意外的社会问题。

总体来看，科技向善是企业社会责任概念的再发展，科技伦理是科技向善的保障，而科技向善与慈善、公益既相互联系又相互区别。从行动方来看，科技向善和企业社会责任一致，都是科技企业自身，且都要求企业将社会责任或善的理念内嵌于企业自身的商业模式和运作中，体现在产品和服务实践的细节中。从受益方来看，与企业社会责任相似，科技向善的主要受益对象包括企业以及其利益相关者，比如用户、行业、社会等。

二、大公司科技向善的实现路径

如前所述，科技向善一方面指向"善品创新"，主动寻找科技可为善的领域和产品定位，以实现用户价值和社会效益；另一方面指向"产品底线"和"问题解决"，从不作恶到企业主动解决科技可能引发的各种意外的社会问题。

在科技向善的实践中，"善品创新"是无论大型公司还是成长型公司都同等面对的重要挑战与机遇；但"产品底线"和"问题解决"却是大公司需要尤为关注的方面。

大公司的产品业态已基本成型。由于产品的用户渗透率极大，牵一发而动全身，如何主动面对、解决产品引发的社会问题和冲击，如何将解决方案转化为全新的业务机会，都是尤为重要的。

在大公司的向善实践中，还有两大领域的问题需要厘清：一是企业向善与商业逻辑的关系，二是企业向善的行动路径。

1. 企业向善与商业的关系

古往今来，企业一直是整合资源、创造价值、获得回报的主体。科技公司想要开始向善实践，其需要理清向善与商业逻辑之间的关系，使其具有内在的一致性，方可推行。

毫无疑问，"善品创新"能够开启新的商业机会（详见成长型公司一节）。除此之外，从目前有限的实践案例中，我们还发现了另一种商业回报路径：即通过主动解决产品引发的社会问题，化解潜在的社会风险，帮助企业保持健康而持久的生命力。例如快手通过流量普惠策略，保持短视频生产者的多元繁荣；美团以青山计划，减少外卖行业对环境的危害和对森林资源的消耗；微信从零搭建起反"洗稿"机制，以鼓励原创精神，降低侵权行为对内容生态的冲击。

可见，如果把时间线拉长，向善的理念有助于企业发展，这与商业逻辑具有内在的一致性。二者是一种共赢共生的关系，以此为基础能够最大化用户价值和社会效益，从而反哺企业进行可持续发展。回到短期视角，企业的向善选择，可能会面临激烈的外部竞争压力和各种"抄近道"的诱惑。这种短期压力直接映射到了公司的KPI中。如何平衡企业的长远价值和短期KPI？这将极大影响企业向善的落地效果。

"善品创新"、"产品底线"或"问题解决"，只是大公司实践科技向善的几种可能途径。但最终，科技向善如何落地？是否能成为企业的一种核心竞争力？成为企业赖以发展的内核？是我们关心的终极问题。在目前已有内容的基础上，以下问题值得我们进一步去研究：

问题一：如何理解企业向善与商业逻辑的关系？

● 科技向善与商业逻辑/回报之间的关系是什么？

● 如何调和企业长远发展和短期KPI、竞争压力的冲突？

● 科技向善能否成为企业的一种核心竞争力？

2. 大公司向善的行动路径

在腾讯自2018年开始的探索和实践中，已经初步形成了不少科技向善的行动路径。例如：

（1）个案借鉴。发现、剖析、传播好案例，通过吸取成功者的经验和方法，暂时绕开科技向善理论方法中尚未解决的矛盾点，用切实的产品方案，传播经验。

（2）设立创新奖。在业务线中设立"科技向善"奖项，接受申请并严格评估，从荣誉和物质奖励两方面形成激励机制。在理念引导的同时，确立案例榜样。

（3）文化升级。腾讯2019年11月将"科技向善"写入公司新的使命愿景，将社会责任融入产品与服务之中，推动科技创新与文化传承，助力各行各业实现数字化转型升级。

然而，科技向善的行动刚刚开始。如何把科技向善融入企业文化、纳入绩效指标、建立相应的伦理机制等，将对应截然不同的行动路径和潜在效果，也适用于不同的企业。而这其中的关系值得我们去厘清、分析。

在诸多可能的路径中，我们认为"机制"和"素养"尤其重要：一方面，好的理念最终要转化为制度化的设计，才能保障产生的可靠性。另一方面，制度的落实，需要每一个员工具备"科技向善"的"素养"，对科技产品可能引发的社会效应具有一种自觉意识，从而在产品开发中融入社会视角。

综上，对于"大公司向善的行动路径"，有以下问题需要进一步研究：

问题二：大公司如何推动科技向善？

● 大公司推行科技向善的路径有哪些？（企业文化、KPI设计、激励机制等）不同路径各自的效力和适用性如何？

● 如何建立系统性的机制，来激发科技向善，避免科技作恶？

● 如何增进每一个员工对技术的社会影响的认知和自觉意识？

三、成长型公司科技向善的实现路径

成长型公司，特别是初创公司，它们在科技向善的实践中所面临的挑战与机遇，与大公司相比，既有相似之处，也有鲜明的优势和劣势。一方面，成长型公司市场定位相对专一，且内部不同层级间的沟通路径相对较短，能更灵活地适应市场的需求和变化。另一方面，成长型公司的资金流动性相对较差，抗风险能力也相对较弱。但对成长型公司来讲，"善品创新"（以科技向善为理念的产品创新）是更大的机会，若能找到合适的定位，在创立之初就能实现向善和商业发展的兼容，就能走出独有的行动路径。这是很多大公司难以做到，而成长型公司却能发挥所长的可能路径。

那么，成长型公司可以从哪些方面入手，寻找"善品创新"的定位和机遇呢？

首先，可从新技术的本质出发，探索它能发挥的核心效益。比如数字化实现了低成本复制，互联网使得万物互联，移动通信提供实时便利，智能技术实现场景感知等。追踪前沿技术的发展，结合未被满足的市场需求以寻找商机的过程，也是探索新技术如何更好服务于人的过程。

其次，可关注社会福祉未被覆盖的领域。比如现阶段的优质教育、医疗资源依旧稀缺，大众对优质公共资源有普惠的需求；再比如，虽然资讯工具与平台越来越多，但是信息的高效获取却仍未被解决；此外，随着城市化、老龄化的进程加快，大众需要高质量的人机互动来提供陪伴和情感支持，而现阶段的科技产品与服务却难以实现这一目标。关注社会性的问题，保持良好的社会意识，从社会福祉未被覆盖的领域切入，是觅得商机的途径之一。

APDS项目是成长型公司在实践科技向善上，较有代表性的案例。APDS是针对美国监狱囚犯的再教育而专门设计的数据系统，它可有效确保管理者实现远程操控，并实现了内容过滤、数据监控，提高了囚犯的教育水平和相关技能知识。相较于传统的再教育方案，APDS项目能帮助假释囚犯更好地融入社会。APDS并不向囚犯个体收费，而是向管理者收取费用，这也实现了商业价值和社会价值的共赢。

基于APDS的案例，成长型企业若能将"科技向善"的理念内嵌于其商业模式之中，通过顶层设计，形成商业竞争优势，便可在持续的企业经营中输出企业的商业价值和社会价值。但问题在于我们该如何寻找这样的定位和商机？且如何持久运营保持竞争优势？想要做到这些，有以下问题值得我们进一步研究：

问题三：成长型公司如何寻找优势定位，并持续输出商业与社会价值？

● 成长型公司或创业公司在践行科技向善上有哪些优势、劣势？

● 有哪些社会难点/痛点值得关注，或可成为成长型公司的优势定位？

四、社会多元主体协作推进科技向善的分工与路径

正如前文所述，CSR、企业公益与科技向善在内涵上有非常多的重合之处，其行动路径亦可成为科技向善的重要参考方向。

传统的观点认为，企业社会责任缺失是企业以不负责任的方式行事。但是近年来，企业社会责任缺失，不仅局限于单个企业，还呈现出行业式、产业链式的缺失。这往往是监督缺位、标准不明等原因导致的。

在互联网行业，与互联网产品、服务相关的社会问题，及其背后的原因，几乎很难找到仅与单一企业相关的案例。无论是数字时代下个人隐私的

泄露问题，还是想要在企业内落实"科技向善"的理念，都很难依靠任意一家公司的力量去推动。

从CSR的推行经验可知，有效、合理的政府规制，多主体、多层次的社会监督和企业社会责任的内驱动力，也应是推进科技向善的三个重要着力点。

首先来看政府与政策。政府以立法和执法作为核心的行动路径，同时担当引导角色，统一协调社会资源，推进企业社会责任的开展。以美国为例，整个20世纪见证了其对各行各业立法监管的逐步完善。尤其自20世纪80年代以来，美国已有29个州相继修改了公司法，要求企业承担社会责任。进入新世纪以来，互联网掀起的社会变革，使世界各国针对涉及网络安全、数字鸿沟、人工智能等一系列新兴话题的科技公司，加大了约束力度。以欧盟为例，其从2015年起就在积极探索人工智能伦理与治理举措，并在2018年设立了一个面向利益相关方和专家的欧洲AI联盟的框架，更在2019年4月，先后发布了《可信AI伦理指南》和《算法责任与透明治理框架》两份重要文件，这两份文件也是欧盟人工智能战略提出的"建立适当的伦理和法律框架"要求的具体落实，为后续相关规则的制定提供了参考。

其次来看行业协会。行业协会的一项重要功能就是作为一个代表或团体的意见领袖参与政策制定和媒体的信息交互。其优势在于，可将企业分散的、模糊不清的问题转化为明确的、一致的行动路径，与行业、政策两端皆有衔接，所制订的行动方案往往富有实操价值。

最后来看第三方机构。具有独立立场的民间组织是推动企业社会责任承担的重要力量。举例来说，为了引起人们关注AI技术使用中的算法意识和偏见，美国麻省理工学院研究员乔伊·布兰维尼，创办了"算法正义联盟"。她通过编写代码，发表学术研究报告，将研究成果发给多家科技公司，在多种场合演讲、发声，呼吁科技公司在进行人工智能产品开发时，要更加深入地了解它们的局限与偏差。

综上，政府、行业协会、第三方独立机构若能发挥所长、分工合作推动科技向善的相关工作，或将取得叠加增益的效果。在该方面，有以下相关问题值得我们进一步研究：

问题四：社会多元主体如何协同推进科技向善？

● 政府、行业协会、第三方独立机构在推进科技向善的工作上，该如何发挥不同主体的优势？形成合力？

● 如何确定"向善"的标准和要求？推动不同规模、不同类型的企业共同努力？（比如激发原动力，并落实行之有效的监督）

五、总结与讨论：依托核心优势，探索有特色的科技向善实现路径

科技向善有两重含义，一是实现技术为善，二是避免技术作恶。前者指向"善品创新"，后者指向"产品底线"。对大公司来讲，"产品底线"是首要关注的命题，即既有业务如何维持高底线，主动面对、解决产品引发的社会问题和冲击，乃至将解决方案转化为全新的业务机会。对成长型公司、创业公司来讲，"善品创新"是更大的机会，若能找到合适的定位，在创立之初就能实现向善和商业发展的兼容，就能走出特有的行动路径。对政府来讲，立法和执法是核心的行动路径。对行业协会来讲，它与行业与政策两端皆有衔接，所制订的行动方案往往富有实操价值。对第三方独立机构来讲，它通过中立的研究与大众舆论成为推动企业履行社会责任的主要力量。不同类型的主体，都有其鲜明的优势与劣势，践行科技向善，需要依托各方各自的核心优势，探索有特色的科技向善实现路径。

如何让科技产品更健康？

传统互联网产品设计的核心逻辑，一般来说，是通过精心的产品设计使用户享有沉浸式的体验，提高用户的黏性和忠诚度，从而收获商业利益。这种产品设计的逻辑迎合、满足用户的即时需求，却较难满足用户的长远需求。

随着互联网的发展，用户在日新月异的科技产品与服务中生发了新的诉求，**"健康地享受科技生活"是其中尤为醒目**的。这好比大众在饮食上，从普通蔬菜到有机蔬菜的需求升级，越来越多的人关注到科技生活与健康体魄之间的关系，期待"健康科技品"帮助他们拥有健康的生活习惯。

与健康食品相似，健康科技品的提出，**旨在提升整个科技产品在健康纬度上的品质**。它并非指向狭义的健康科技产品（如电子血压仪、监测心率的运动手环等），而是**指向更大范围的科技产品，通过功能布局、细节改良，在原有产品逻辑中埋下"用户健康导向"的引线，在满足用户社交、娱乐、信息获得等多种需求的同时，兼顾其身心健康**。

打破常规，研发"健康科技品"，从大的方面来讲，要引入"帮助用户维持健康"这一视角的考量，从小的方面来讲，要反向思考如何降低产品沉浸式影响，这都使得企业必须面对**如何平衡短期的商业利益和长期的社会/**

商业价值这一关键。

问题一：大众对科技产品有哪些未被满足的需求？

现行的产品设计要素虽然是基于用户体验的，但其着力点往往在于用户心理的"即时满足"，因此仍有不少需求未被满足，比如健康生活的需求、情感支持的需求、自我成长与价值实现的需求等。

早在2016年腾讯研究院S-Tech工作室主办的"社交网络斋戒实验"中，不少被访者就提出，期待社交产品能从产品细节上帮助他们养成健康、自律的生活习惯。随着互联网的发展与用户自身的成长，长远价值的需求将日渐显现。谁能率先发现用户未被满足的需求，并将之纳入产品设计的思考维度和实践框架，创造出有利于用户长远价值实现的产品，谁就能斩获新的竞争力。

然而这不仅是产品设计上的未竟之地，也是学术研究的蓝海。研发健康科技品之前，我们首先需要回到用户视角，辨别、梳理用户未被满足的需求。具体来讲，我们需要考虑：

（1）大众对未来的科技产品有哪些期待？

（2）大众对科技产品有哪些未被满足的需求？

（3）不同类型的用户对科技产品的核心需求有何不同？

问题二：什么是健康科技品？

狭义上，"健康科技"的概念目前还主要见于医学和公共卫生领域，泛指运用科技而产生的药物、设备、仪器或装置来维持、改善健康的产品。在互联网产品的应用上，此类健康科技产品也比较多见，如监测心率的运动手表、改善睡眠的智能手环等。

广义上，我们认为，把"保护用户健康"作为重要研发目标的科技品，都可以享有"健康科技品"的称号。但放眼当下科技市场，如此立意、行为的科技产品却不多见。

腾讯主要创始人张志东先生向产品团队发问："现在很多成年用户也存

在手机游戏过度使用问题，我们能否开发一些功能帮助用户管理游戏时间、引导他们更健康地玩游戏？"以此为目标，腾讯产品团队为欢乐斗地主和天天围棋这两款产品开发了一个相对切题的功能——"健康约定系统"。

"健康约定系统"依据用户的历史游玩记录进行筛选，对长时间连续玩游戏的重度玩家推荐约定设置。系统会在用户达到约定时间前后进行由轻至重的不同程度的提醒。这种为成年人设计的基于"自愿约定"的功能，给那些有着自律意愿的用户提供了精细化、个性化的时间管理辅助工具。

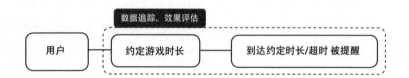

这是"健康科技品"一个很好的例子——让用户享受快乐的游戏时光的同时，有效自我管理游戏时间，保护视力、颈椎健康。行业界需要推广"健康科技品"的理念，不仅需要更多的实践案例，还需要从研究层面有更准确的定义，具体来讲：

（1）如何界定"健康科技品"？（一个更加易理解、易采纳的概念）

（2）如何构建科技产品的"健康指标"？（实际也是健康科技品的操作化定义）

问题三：企业如何研发"健康科技品"？

有不少既往研究指出了科技产品的健康风险，尤其是这些健康风险与科技产品的设计细节、功能设定密切相关，对"健康科技品"的研发颇具警示意义。下面对这些研究中重点提出的几个方面简要地做了一些梳理。

第一，互联网上的商品交易。过往研究表明，商品交易平台的设计因素和"强迫性消费行为"存在一定的联系。网络情境中出现的"强迫性消费行为"，通常被归为网络过度使用的一种，该类消费行为指消费者反复而难以控制地网络购物，并对网购、网上拍卖等带来的心理和生理满足感产生依赖，出现慢性或周期性的着迷状态。过往不少研究强调了网络购物环境特征可能加剧消费者的强迫性购买消费行为。比如，购物设计中的便利性，如信用卡信息留存在账户中便可以享受"快捷结账"，在一定程度上诱发了非理性的购物行为。

第二，在线阅读。根据一项对南京地区高校大学生的调查，该地区大学生绝大部分对移动阅读行为存在着一定的沉迷现象，其原因与产品设计有一定关联。产品设计利用沉浸理论（Immersion Theory）所设想的方式，吸引读者沉浸其中无法自拔。根据心理学家米哈里·契克森米哈（Mihaly Csikszentmihalyi）的沉浸模型，挑战（产品设置等对用户使用水平提出的要求）与技能（用户使用产品的能力）是影响沉浸的两大基本因素。在高度能力低度挑战时，用户会感到无趣；在低度能力高度挑战时，用户会感到焦虑；唯有在能力及挑战平衡时，沉浸现象才会发生。

后期随着计算机科技的发展，人机互动中的讨论被用来细化沉浸理论，比如将游戏化的"分数"元素（如登入、签到、点击次数）纳入阅读机制里，再比如奖赏机制，对读者的每一次阅读完成行为设置渐进式的奖励。

第三，是网络游戏。以往研究表明，网络游戏设计因素和玩家体验存在关联。例如在20世纪90年代末3D动态图像初露头角之时，游戏开发者就对其如何会影响玩家的游戏时间进行探索，如逼真的声响、游戏分数排行榜和保存游戏进度的功能等都在不同程度上影响了用户的游戏时间。

国外有学者提议在游戏设计之初，就加入提醒信息（如玩这局游戏大概需要多长时间）；或设置线上互助小组，玩家可以从和其他重度玩家的交流中汲取有益信息，比如获得一些过来人的健康游戏方式的指引。

第四，视频与短视频。有研究者认为，近一两年火爆网络的直播和短视频，从设计上就有让人过度使用的倾向。例如，根据知乎网友的评论，一些短视频让人"欲罢不能"的原因集中在交互设计（如自动循环播放、被放在顺手位置的"点赞"）和不可预测、且无限下拉的有趣内容。当下，直播和短视频终端已上线防沉迷措施，比如内置于视频或短视频APP中的青少年防沉迷系统，用户启动该模式后，只能访问青少年专属内容。但其面临的问题和其他产品的防沉迷设置相似，用户是否愿意开启防沉迷系统？如何从产品设计上使之真正有效？产品设计者是否能找出让用户过度使用的根源去着力解决，甚至调动用户积极性来自我管理？这都需要产品设计者有很大的克制力和向善力。

综上所述，各品类的科技产品在健康风险的应对上有共性，也有特性。若能有一套相对完备，又易于操作的抵御健康风险的方法，便可以让"科技健康品"的研发有更多直接的抓手。也因此，我们得出一些值得被进一步研究的方向：

（1）从保护用户健康的角度，"健康科技品"应提供哪些功能、服务？

（2）"健康科技品"应如何平衡用户"即时满足"的娱乐需求与"保护健康"的长远需求？

需要注意的是，仍有潜在的负面健康问题是技术本身无法规避的。正如社会学家邱泽奇所言，科技公司要尽可能告诉用户潜在的负面影响，鼓励用户向正面后果发展，避免负面后果，这是科技公司应该承担的责任。对产品后果充分告知不仅不会剥夺用户的选择自主权，反而会赋予用户更大的选择自主权。但是常见的"用户须知"是否能解决这个问题呢？基于此，进一步值得被研究的问题是：

（3）"健康科技品"应如何有效提示用户有可能面临的"健康风险"？

问题四：用户如何更健康地使用科技产品？

如果说问题二、三是行业研发者面临的挑战和对行业研发者提出的期望，那么问题四则是对用户本身提出的问题。即便是面对同一款科技产品，不同的用户，不同的使用方法，都会导致不同的健康结果。

举例来讲，腾讯欢乐斗地主和天天象棋的"健康约定系统"中对用户疲劳值进行分段设定——认为连续长时间玩游戏时，用户的疲劳程度是持续增长的，而分段去玩，用户的疲劳感就可能大幅度降低。这样的例子也可以在别的场景中见到，如长时间开车、连续伏案工作会给人带来极大的疲劳，而45分钟一节课、25分钟番茄工作法等将大块时间切割的做法，则被证明有助于缓解疲劳、维持用户身心健康与思维的专注与活跃。这些例子大致可以表明，若希望"健康科技品"的价值得到最大程度的实现，用户自身也需要付出努力。

用户互联网使用是否健康的相关研究，在传统学术研究领域是非常热门的，具体表现在有关不健康的科技使用的研究极为丰富。研究者们往往会用"依赖"（dependence）、"过度使用"（problematic/excessive use）、"强迫性上网"（compulsive use）、"成瘾"（addiction）等词汇来指代不合理的互联网使用给用户带来的负面影响。

这些术语本身是否足够科学仍存争议。目前的争议点主要在两个方面，第一是使用时长的划定，第二是心理指标的分类与准确性。时长方面，早期的学者倾向于从"时间长短"的角度来定义什么是过度使用，如Young 1998年的研究认为一周的互联网使用时间超过38个小时即为过度使用；这一截断值（cut-off point）被后续学者广泛采纳。时间维度虽然是一个常见的指标，但正如Wenzel等提出的，迄今没有完全可靠和有效的时间量表来判定过度使用的严重性。

而心理指标方面，典型的不健康的互联网使用特征包括互联网使用成为生活的中心；需要增加互联网的使用；不能成功减少、控制、停止互联网的使用；停止或减少互联网使用会导致无聊、抑郁、气愤；在线时间超出预期计划等。这5项特征包含在Young对网络成瘾制定的8条标准中，是最核心的衡量依据，得到了学者的广泛采纳。但是，上述标准对于区分一般人群的健康使用行为和问题行为的帮助意义却不大（因为大部分人尚未达到过度使用标准，却也存在一定的行为问题）。所以现有的学术成果暂时无法对普通人如何健康使用科技产品给予充分、有效的指导。

具体来讲，我们需要更多面向一般人群的科技产品使用指导，而这些使用指导需要考虑、解决以下问题：

（1）普通用户当前使用科技产品时，主要面临哪些健康问题或风险？

（2）普通用户如何健康地使用科技产品？（针对一般人的重要提示）

（3）如何衡量普通用户使用科技产品时的"健康水平"？（如有无对"疲劳值"更系统、准确的测定）

（4）如何评估科技产品对用户健康的短期与长期影响？

问题五：多元社会支持下，如何促成"健康科技品"的蓬勃、良性发展？

"健康科技品"是行业发展的重要发展方向，想要促成"健康科技品"的蓬勃、良性发展，多元化的社会支持不可或缺。产业政策的鼓励、人才教育的支持、企业文化与管理的提升，都需要多方社会元素协同、合力推动。

具体来讲，有以下值得被进一步研究的问题：

（1）作为一个以社会福祉为导向的新兴领域，产业政策应如何鼓励、引导科技企业加入健康科技品研发、升级的队列中来，以促进该领域的蓬勃发展？

（2）"健康科技品"的理念与操作路径如何才能影响一线生产企业？如何解决平衡短期利益与长期利益的难题？

（3）"健康科技品"能否、如何建立"合规检验"，使之在一线工作中具备可操作性？

（4）"健康科技品"的研发人员需要哪些核心技能？如何在高等教育中培养这些技能？

（5）多元社会主体应如何合理分工、协调共进来引导、鼓励、规范"健康科技品"的发展？

总结与讨论："健康科技品"是新的竞争力与研究蓝海区

整体上看，针对科技产品如何保护用户健康的研究思路是存在的，但在具体的影响机制和干预策略上仍有一定的"产、学脱节"，并不具备可操作性，且缺乏有力的实证数据。"健康科技品"的概念尚未完全孵化，它不仅是市场蓝海，也是研究蓝海。现阶段，迫切需要更多帮助产业界细化其实践方案的研究，这个研究方向或将成为更多研究者们的热门选择。

正如我们在文始所强调的那样，随着互联网的发展与用户自身的成长，长远价值的需求将日渐显现。谁能率先将之纳入产品设计的思考维度和实践框架，创造出有利于用户长远价值实现的产品，谁就能率先斩获新的市场竞争力。

最后，希望能有更多的研究者、思考者、实践者，与我们一起来推动致力于推动"健康科技品"发展的研究，输出富有实操意义的解决方案。

新媒体时代的内容产业如何构建品质逻辑？

以市场化为核心的改革开放和数字媒介技术的快速发展，促进了中国大众媒介的转型与重构。概括地说，这一变化促成了一个新产业的出现，即"数字内容产业"。

自1999年起，由中国新闻出版研究院组织实施的全国国民阅读调查，已持续开展了16次。从调查的历年变化可以看出，新媒介对大众的影响在不断增强；最新公布的2018年《国民阅读调查报告》中指出，手机和互联网已经是国民每天接触媒介的主体，纸质书阅读仅为日均19.81分钟，而手机阅读为日均84.87分钟，互联网为65.12分钟。

与内容产业蓬勃发展相伴，一些负面效应也开始出现。从2019年来看，流量造假、"洗稿"侵权等现象引发社会关注，在一些媒体平台，甚至出现在短时间内制造上亿转发量等惊人现象。这些负面现象的出现，不仅侵犯了原创作者的权益，影响了正常的内容生态，甚至已经形成了颇具规模的黑色产业链。而占据不良内容半壁江山的网络谣言，更是对用户产生了严重误导。

新媒体环境下的内容生态有哪些值得关注的重要问题？其矛盾根源是什么？从用户、行业、平台以及监管部门的角度来看，应该如何应对？如何协作共建良性的内容生态环境？下面立足案例，结合对部分媒体从业者的访谈，剖析现状，提出问题，探索值得被深入研究的难点与痛点。

一、问诊内容生态的困境与根源

相比起已经在社会上激起广泛讨论的热点议题，关注一些尚未爆发出来的隐形问题更具有前瞻意义。本文访谈了9位头部自媒体的一线从业者，他们指出了不少内容创作中感受到的负面情况，包括：

（1）有趣的议题正在变少；

（2）内容生产者的社会责任感在减弱；

（3）过度娱乐化，专业化内容没有渠道；

（4）没有渠道了解读者；

（5）AI算法对创作的负面作用（写稿时要先想怎么让算法推得更多）。

尽管这些问题尚未在大范围内引发关注和讨论，甚至有部分目前仅在专业的内容生产者圈子内发酵，但因受访者大多是来自头部自媒体的资深从业者，他们的观察代表了其历年的感受与洞察，我们亦可通过这些问题管窥内容生产端的现实处境。

现下，广义上的数字内容生产并不具备一套完整建制化的知识体系，故易受外部权利关系，尤其是市场关系的影响和支配，这便体现在上述访谈中提到的内容生产者责任感降低、过度娱乐化、AI算法对创作的反作用等。

从表象上理解，这些问题与当下数字内容产业过度追逐"流量"有较强的关联。所谓"流量"是网络地址访问量的通俗表达，它已经替代发行量、收视率等传统媒介内容交换价值的衡量标准，成为市场、资本在新技术环境下的表现形式。"10万+""爆款"等流行语反映的正是数字内容行业最重要的主导逻辑之一：流量。但是已有研究表明，高流量并不能推动整个行业的健康持续发展，也不能带来对等的高广告收益。因为看似庞大的用户群，其实具有极大的偶发性和不可持续性。

从根源上理解，数据失真、评判失灵、平台失信等一系列问题的根源实际在于内容生产转型期的秩序失衡。以市场化为核心的数字内容产业快速发展，迫使内容生态经历了转型与重构。但是新媒体环境下的新行业标准、规范以及一系列配套监督、纠错机制并没有同步建立起来，"行业失范"是内容生态领域内涌现各种问题的最重要根源之一。

然而，自媒体环境下的行业规范重塑，恐难复制传统内容生产时代的组织专业化路径，亟须新的创意、新的手段、新的解决方案。这不仅需要从源头厘清当前内容生产、分发端的逻辑，对"优质内容"重新定义或明确共识，还要找到能"四两拨千斤"的作业抓手。接下来，将就这几个方面，提出值得进一步研究的问题。

二、重新定义新媒体环境下的"优质内容"

在传统媒体时代，什么是好内容？对此是有一套既定的、已形成广泛共识的标准的。以新闻行业为例，《新闻的十大基本原则》中归纳出了新闻界公认的符合时代要求的十个职业标准：对真相负责，忠于公民，需要核实，独立于被报道对象，监督权力，成为公众批评的论坛，有趣且与公众息息相关，全面均衡，根据个人良心行事，公民对新闻也享有权利和承担义务。

但是在新媒体时代，多种新的因素正在重塑行业对"优质内容"的理解。

一是网络特性。有学者在访谈中指出，社交网络的兴起及其特性在一定程度上重塑了对"好"内容的评价标准。众所周知，社交网络的特性之一是连接用户、分享信息，所以社交网络上的"好内容"往往是那些"容易被分享的内容"，它们往往具有抓人眼球的标题或诉诸情感导向的话语，这跟传统意义上对"优质内容"的评价标准较为不同。

二是新的技术。AI技术，尤其是基于AI的算法推荐对新媒体下的内容生态发挥了作用。一位新媒体从业者在访谈中指出："个性化分发机制的出现，满足了读者对定制化内容的需求，算法也需要更多的内容去满足用户的需求"。这种模式是在倒逼内容生产端输出更多符合AI算法推荐偏好的文章，比如标题中带有与热点事件与当红明星相关的词语，被算法选择的"好内容"也与传统意义上"优质内容"有所不同。

三是平台规则。内容平台为了鼓励优质内容的生产，常常以"补贴"的形式笼络更多高质量的内容生产者，初心虽好，但事与愿违。一部分新媒体从业者在访谈中指出，持续产出高品质的原创内容对于个人来讲不切实际，这往往需要分工明确又相互配合的专业化团队才能完成。

一些内容生产者为了获取"补贴"，不惜以"洗稿"的方式产出内容，获取奖励。在本文进行的一次有效样本为53人的小规模行业调研中，有88.7%的受访者表示自己的创作生涯中遇到过"洗稿"，有45.3%的受访者认为当下的"洗稿"现状对内容生态有非常严重的影响。恶性的"洗稿"仿若内容生态里微小又数量巨大的"蛀虫"，既难识别，也难铲除，但却在一定程度上消磨了真正高品质内容生产者的创作热情，破坏了整个行业的原创氛围。所以，以鼓励原创为初心的平台规则，反而导致了意想不到的负面后果，使部分内容创作陷入了高度同质化、低俗造假的死胡同。

除此之外，还有其他多种因素对新媒体环境下"优质内容"的判断标准产生了影响，比如行业环境、资本流向、迎合热点等因素。但无论如何，一个不争的事实就是，新的内容生产环境下，"优质内容"的标准模糊，行业共识尚未形成。定义好内容，是纠偏行业失范的起点。所以，有必要对内容生产环境下的优质内容进行重新梳理和定义。有待进一步研究的相关问题有：

问题一：如何定义优质内容？

● 新媒体环境下，应如何定义优质内容？

● 用户对优质内容有哪些需求？不同类型用户有何区别？

● 如何构建新媒体优质内容的行业标准？如何取得行业共识？

三、平台规则或是内容生态品质升级的突破口

显然，平台对内容生态的影响力巨大，好的平台规则可以成为纠偏行业失范的重器，具体而微的细节调整亦有"四两拨千斤"的效用。毋庸置疑，制定好平台规则，是平台方最重要的工作。但这项工作，对大部分内容平台来讲，才刚刚起步。

当前，无论是信息流的产品形态、基于AI的个性化算法推荐，还是当下自媒体内容的生产结构，都使得任意一项平台规则的制定面临着多重挑战。若不能面面俱到、考虑周全，即便有好的出发点，也不一定能达到好的效果。

内容平台鼓励原创、优质内容的项目很多，从2013年到2016年，多家内容平台纷纷上线了内容创作激励计划。从结果来看，这些项目在一定程度上推动了平台的原创生产，但评价标准往往囿于"流量"（以阅读量为考量标准），而没有从根本上对优质内容提出明确的主张和恰当的引导。

另一个比较现实的情况是，当某个热点事件出现时，为了满足用户对热点事件多方位信息获取的需求，分发端需要在同一时间有众多不同角度、不同层次的文章来触达受众。但是真正能快速响应并产出优质、原创内容的生产者并不多，一个快捷的方法就是"洗稿"，这显然和鼓励原创和优质内容的初衷相违背。

依旧以"洗稿"为例，2018年起，微信试运行"洗稿"投诉合议机制（以下简称微信反"洗稿"合议制）。这一机制通过第三方集体合议的方式来解决"洗稿"问题，有争议的稿件会交由一定数量的反"洗稿"合议团成员进行投票。如判定为"洗稿"，结果会呈现在侵权文章页面上，显示"经合

议，达到'洗稿'标准"。这一措施对保护原创权、打击"洗稿"起到了重要推动作用。

微信反"洗稿"合议制是一种创新的平台规则，在保护原创、打击"洗稿"方面具有良好的借鉴意义。但从整个内容生态的角度看，如何保护原创、打击"洗稿"仍然任重道远。想要全面提升内容生态品质，规范行业标准，需要更多的平台和更好的规则协同推进。

平台规则或是内容生态品质升级的突破口，那么好的平台规则应具备哪些特点？在本文对部分新媒体从业者的访谈中，被访者认为：

（1）高度保护知识产权；

（2）展示多元信息（避免信息茧房、群体极化等）；

（3）以内容价值为导向，而非单一的流量导向。

对标当前各内容平台的规则，还有非常基础的问题亟待解决，相关研究也亟须跟进。

问题二：平台应如何引导内容行业品质提升、良性发展？

● 平台规则应如何促成内容品质的提升？

● 内容品质如何成为有效的变现路径之一？（形成"质"的逻辑）

● 平台的权利与责任边界是什么？它的主张与规则应以什么为目标，以什么为底线？

四、社会多元主体应协同共建优质内容的生态格局

平台是内容的承载体，它有权利边界，也有责任边界。纠偏行业失范、升级内容生态，还需要社会多元主体共同参与、协同努力。

从法律、政策来看，国家网信办、版权局、工信部、广电总局和各地网信部门等主管部门，不断加大力度治理内容生态领域的违规行为，这起到了良好的警示效应。行业协会也在内容治理中充分发挥对行业的引导。2015

年，在中国传媒观察者年会上，通过了由传统媒体、自媒体、企业共同参与的三方自律宣言——《中国新媒体自律宣言》，代表了国内媒体及内容生产者，在移动互联网时代富有社会责任感的共同心声。2017年，全国首个省级新媒体专业委员会在浙江省成立，并通过《浙江省新媒体自律公约》，为新媒体行业自律树立规范和参照标准。

从受众层面来看，不断提升的对优质内容的需求，也在对内容生态升级产生强大的反作用力。随着新技术的革新，哪些新的媒介素养值得学习？尤其是在未来人机结合的内容生产环境中，如何提升对内容的鉴别力？一些学者提出，社会化媒体时代，消费者与生产者界限趋于模糊，普通公众也要逐步具备一些以往专业传播者才会具备的素养，即对个体信息负责任的把关、评估和再传播的能力。

综上所述，包括政府、行业、受众在内的多元社会主体如何与平台一起，协同促成内容生态领域的良性发展，又如何分工合作，如何发挥各自的差异性优势，相关的问题需要进一步研究。

问题三：社会多元主体如何促成内容生态的品质升级？

● 产业政策应如何鼓励、引导数字内容产业的品质升级？

● 行业协会如何建立内容生产者的行业共识与专业伦理？

● 大众的新媒介素养应涵盖哪些新的方面？如何促进大众媒介素养的提升？

总结：内容生态亟待品质升级，须"质、量"并进，重构新的生产逻辑

近年来在内容生产领域涌现的一系列刷量、"洗稿"、谣言等负面现象，是内容生态中过度追逐流量的集中体现。但究其根源，还是新媒体环境下内容行业整体失范所致。正如前文所述，以市场化为核心的内容生态变革，促进了媒体的转型与重构，但新媒体环境下的新行业标准、规范以及一系列配套监督、纠错机制并没有同步建立起来，"行业失范"是内容生态领域内涌现的各种社会问题的最根本的原因之一。

　　"流量至上"的逻辑影响了生产者的原创激情，内容生态的多元化，也牵连广告主常常难以获得有效投放。单一的流量逻辑不可取，须"质、量"并重，构建新的内容生产逻辑。然而，自媒体环境下的行业规范重塑，恐难复制传统媒体时代的机构化路径，呼唤新的创意、新的手段、新的解决方案出台。好的平台规则可以成为纠偏行业失范的重器，具体而微的细节调整亦有"四两拨千斤"的效用。但是，纠偏行业失范、升级内容生态，还需要包括政府、行业、受众在内的多元社会主体共同参与、协同努力。

参考文献

1. 埃里克·布莱恩约弗森，安德鲁·麦卡菲.第二次机器革命［M］.北京：中信出版社，2016.

2. 白列湖，尚立富.公益的内涵及其相关概念辨析［J］.哈尔滨师范大学社会科学学报，2012，3（2）：24-28.

3. 曹建峰，方龄曼.欧盟人工智能伦理与治理的路径及启示［EB/OL］.https：//zhuanlan.zhihu.com/p/83867653，2019-9-25.

4. 陈步青.心理学视域下的网络非理性消费行为探析［J］.心理技术与应用，2017，5（5）：308-317.

5. 陈妙仪，陈亭余，高启雯.健康科技依赖概念分析［J］.护理杂志，2016，63（1）：110-116.

6. 陈亚丽.民营科技企业社会责任履行的现状及原因分析［J］.天津科技，2015，42（9）：67-69.

7. 丁原波.在流量至上的喧嚣中保持定力和洞见［J］.新闻战线，2018（17）：36-38.

8. 刘艳.短视频：靠内容赚流量，监管得跟上［N］.科技日报，2018-8-21（科报视点）.

9. 付少雄，林艳青.手机使用对用户健康的负面影响研究——以大学生为调查对象［J］.图书情报知识，2019（2）：120-129.

10. 贺和平.网络强迫性购买行为研究脉络梳理及未来展望［J］.外国经济与管理，2013，35（1）：21-28.

11. 贾生华，郑海东.企业社会责任：从单一视角到协同视角［J］.浙江大学学报（人文社会科学版），2007（2）：79-87.

12. 雷雳，李宏利.病理性使用互联网的界定与测量［J］.心理科学进展，2003（1）：73-77.

13. 路北.从微信传谣利益链看《中国新媒体自律宣言》的发布［EB/OL］.http：//m.ikanchai.com/pcarticle/19530.2015-06-10，2015-6-10.

14. 马化腾，孟昭莉，闫德利，王花蕾.数字经济：中国创新增长新动能［M］.北京：中信出版社，2017.

15. 马化腾，赵钧.腾讯公司董事会主席兼首席执行官马化腾：加强科技伦理 践行科技向善［J］.可持续发展经济导刊，2019（3）：64-66.

16. 马可.美国数字新闻业的四大困惑［J］.编辑之友，2012（11）：122-125.

17. 马智.科技伦理问题研究述评［J］.教学与研究，2002（7）：66-69.

18. 彭兰.社会化媒体时代的三种媒介素养及其关系［J］.上海师范大学学报，2013，3（3）：52-60.

19. 王丹，聂元军.英国政府推进企业社会责任的实践和启示［J］.改革与战略，2008，24（12）：204-207.

20. 闫德利.数字经济挑战监管体制［N］.人民邮电报，2019-4-26.

21. 闫德利，戴建军.数字技术如何影响就业？［J］.新经济导刊，2018（9）：48-50.

22. 闫振中.沉浸理论研究现状及其对远程教育的启示［J］.广州广播电视大学学报，2010，10（1）：16-20，107-108.

23. 张娟.欧盟发布人工智能行动计划［J］.科研信息化技术与应用，2018，9（3）：91-92.

24. 张云，茆意宏.大学生移动阅读沉迷现象与阅读引导［J］.图书情报工作，2014，58（17）：36-40.

25. 中国出版传媒商报. 2018全国国民阅读调查报告权威发布 ［R/OL］. https：//mp.weixin.qq.com/s/VnpkW48sxDHQ_GrWo4TJog，2019-4-16

26. 周太饶，唐璎璋. 以沉浸理论探讨智慧型手机游戏使用者之群集分析［D］. 台北：台湾交通大学，2013.

27. Charlton J P， Danforth I D. Distinguishing Addiction and High Engagement in the Context of Online Game Playing ［J］. Computers in Human Behavior，2007，23（3）：1531-1548.

28. Choi D，Kim J. Why People Continue to Play Online Games：In Search of Critical Design Factors to Increase Customer Loyalty to Online Contents ［J］. Cyberpsychology，Behavior，and Social Networking，2004，7（1）：11-24.

29. Chumbley J R，Griffiths M D. Affect and the Computer Game Player：The Effect of Gender，Personality，and Game Reinforcement Structure on Affective Responses to Computer Game-Play ［J］. Cyberpsychology，Behavior，and Social Networking，2006，9（3）：308-316.

30. DeAngelis T. Is Internet addiction real ［J］. Monitor on Psychology，2000，31（4）：1-5.

31. Griffiths M D. Amusement Machine Playing in Childhood and Adolescence：A Comparative Analysis of Video Games and Fruit Machines ［J］. Journal of Adolescence，1991，14（1）：53-73.

32. Griffiths M D，Meredith A. Videogame Addiction and Its Treatment ［J］. Journal of Contemporary Psychotherapy，2009，39（4）：247-253.

33. Kim J，Larose R. Interactive E-commerce：Promoting Consumer Efficiency or Impulsivity? ［J］. Journal of Computer-Mediated Communication，2006，10（1）：33-35.

34. King D L，Delfabbro P. Understanding and Assisting Excessive Players of Video Games：A Community Psychology Perspective ［J］. Australian

Community Psychologist, 2009, 21 (1): 62-74.

35. King D, Delfabbro P, Griffiths M D, et al. Recent Innovations in Video Game Addiction Research and Theory [J]. Global media journal, 2010, 4 (1): 1-13.

36. Kukar-Kinney M, Ridgway N M, Monroe K B. The Relationship Between Consumers' Tendencies to Buy Compulsively and Their Motivations to shop and Buy on the Internet [J]. Journal of Retailing, 2009, 85 (3): 298-307.

37. LaRose R, On the Negative Effects of E-commerce: A Sociocognitive Exploration of Unregulated On-line Buying [J]. Journal of Computer-Mediated Communication, 2001, 6 (3): 1-15.

38. Lyons B, Henderson K. An Old Problem in a New Marketplace: Compulsive Buying on the Internet. // Proceedings of ANZMAC, 2000.

39. Wenzel H G, Bakken I J, Johansson A, et al. Excessive Computer Game Playing Among Norwegian Adults: Self-Reported Consequences of Playing and Association with Mental Health Problems' [J]. Psychological Reports, 2009, 105 (3): 1237-1247.

40. Wood R T, Griffiths M D, Chappell D, et al. The Structural Characteristics of Video Games: A Psycho-Structural Analysis [J]. Cyberpsychology, Behavior, and Social Networking, 2004, 7 (1): 1-10.

41. Young K S. Caught in the net: How to Recognize the Signs of Internet Addiction-and a Winning Strategy for Recovery [M]. New York: John Wiley & Sons, 1998.

42. Young K S. Internet Addiction: The Emergence of a New Clinical Disorder [J]. Cyberpsychology, Behavior, and Social Networking, 1998, 1 (3): 237-244.

附录　腾讯科技向善大事记

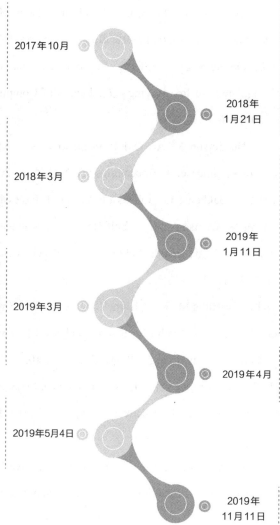

腾讯研究院启动"科技向善|Tech for Good"项目，针对互联网产品与服务对用户与社会带来的负面效应、问题与挑战，做出研究与应对。

2017年10月

腾讯研究院联合TEG研发管理部，在腾讯公司内部设立了"科技向善·微创新奖"，征集公司内部产品切实有效的解决方案，获奖案例包括：腾讯手机管家"青少年守护"功能、较真辟谣神器等。

2018年3月

全国人大代表、腾讯董事会主席兼首席执行官马化腾提交的名为《关于加强科技伦理建设，践行科技向善理念的建议》的建议案中建议加强科技伦理的教育宣传，鼓励全社会践行"科技向善"的理念。

2019年3月

腾讯公司董事会主席兼首席执行官马化腾宣布，"科技向善"成为腾讯公司未来的使命愿景的一部分。

2019年5月4日

2018年1月21日

【科技向善2018·过载】在北京举办，腾讯联合创始人张志东先生就互联网公司应该如何行动以应对数字社会的种种挑战、提供创新的解决方案，提出"科技向善"。这是腾讯第一次对外发出"科技向善"的号召，也是中国互联网公司首个提倡科技企业在数字时代的社会责任。

2019年1月11日

【科技向善2019·刷新】在北京举办，来自业界、学界、政界的300余位嘉宾，围绕中国数字社会20年的发展、数字经济的测量、数据治理、数字成长、数字社会的信任基石等问题进行主题分享与热烈讨论。现场还举办了"科技向善"优秀案例大赏，美团、快手、Datavisor等互联网公司展示了它们如何互联网产品践行"科技向善"理念。

2019年4月

围绕公司的文化3.0升级，腾讯公司总办讨论决定，"科技向善"将成为公司新使命愿景的重要组成部分。

2019年11月11日

腾讯成立21周年纪念日，正式公布全新的使命愿景：用户为本，科技向善。

寻找数字时代的安全带

司晓　腾讯研究院院长

2020年是"科技向善"理念提出的第三个年头。虽然这一理念已经在两年前播下的小小种子，成为腾讯公司的使命愿景，但这仍然只是千里之行的第一步。

"科技向善"理念的推进和落地，和汽车被发明后的安全措施完善有非常相似的地方。1908年，世界上第一款量产T型车在福特生产线下线。规模化、标准化生产所带来的良好的品控、低廉的价格，使这款车型一路畅销，让美国率先进入汽车时代。

但是，直到1959年，也就是汽车普及快半个世纪之后，第一条三点式安全带才被安装在量产汽车上。这条安全带诞生在沃尔沃，创始人古斯塔夫·拉尔森（Gustaf Larson）始终觉得"安全"才是汽车最重要的竞争力之一。又过了10多年，安全带才成为行业共识，成为汽车的标配。

从没有安全带，到如今安全带成为汽车的标配，中间经历了50年。其过程可以简单归纳为三个阶段：第一阶段，只有少数人认为这是必要的；第二阶段，行业开始意识到这是必要的，安全带成为各国汽车管理的强制标准；第三阶段，大众开始认同安全的必要性，安全也真正成为汽车的竞争力之一。在强制标准之外，汽车厂商又发明了安全气囊、防撞装置，甚至运用万物互联、自动驾驶的方式来更好地实现这一诉求。

安全带的发展过程是人类运用科技的一个缩影，从对出行效率的单方面追求，到全社会安全意识的建立，是一个漫长的过程，这个过程在汽车行业经历了50年。而在信息技术、生物技术狂飙突进的时代，人们对科技的认识和反思要比汽车时代快得多。iPhone 4于2010年上市，2018年苹果上线了屏幕时间功能，提醒用户不要过度使用手机，这中间只隔了8年。

在过去的两年中，我们逐渐意识到"科技向善"可能就是我们为未来数字社会找到的第一条"安全带"。

当然，我们在围绕调研案例讨论的时候也有过一些争论：用"安全带"来类比"科技向善"是否合适？反对的声音说，安全是一个不容置疑的标准，是核心产品竞争力，但"科技向善"是吗？"善"能够被定义吗？以及"科技向善"会不会制定了一个过高的标准，成为公司商业能力的束缚？

"善"当然是无法被界定的，我们也从来不认为我们有能力界定"善"。但这个类比之所以合适，是因为我们不是要定义"善"，而是要推动"向善"，这是在数字社会探索确保科技不脱轨的具体方法。"科技向善"不是自缚手脚，而是在飞驰的数字时代必须被绑上的"安全带"。

这条"安全带"运作的原理包括三个层面：

腾讯将"科技向善"纳入公司的使命愿景，以及对员工尤其是产品和开发人员的传递和传导，是从价值观层面形成共识。也有企业成立"伦理委员会"，将其作为一个系统化的内部机制，这是企业合规部门在法律之外总结的一套自己的伦理标准，进而对产品新增了把关和监督机制。腾讯的主要创始人之一张志东先生则提出了"科技向善是一种产品力"，并通过对优秀产品案例的研究、传播和激励，希望在产品设计阶段，就要注入人文关怀。

上述三个层面，从宏观、中观、微观构成了一个科技向善落地的体系，让我们大致看到了千里之行的方向和路径。

过去一年，我们还从不同角度对"科技向善"进行了更深入的探索。我们访谈了曼纽尔·卡斯特、周以真、玛格丽特·奎惠斯、吴晓波、陈春花、邱泽奇、邵亦波等专家学者及企业界人士，获得了很多对"科技向善"的真知灼见。"科技向善"不仅仅是科技伦理，更是一种产品理念、管理思维，甚至是一种全新的商业竞争力。

著名投资人邵亦波说，在硅谷，如果一家公司的使命是为了人类福利，倡导科技向善，那么就特别容易找到具有使命感的第一流员工，反之那些优秀的员工就会流失。斯坦福大学和平创新实验室主任玛格丽特说，现在隐私成了一种奢侈品，那些真正保护用户隐私的产品会拥有巨大的竞争优势。这跟社会学泰斗卡斯特的观点有相通之处，他觉得应该给这些好公司、好产品授予"向善"的标签，让消费者更容易识别它们，从而获得更多的竞争优势。

对话之外，我们也研究了数十个海内外的技术产品案例，涉及教育、环保、游戏、内容生态等多个领域。我们希望通过案例研究能够摸索到一些特征和规律，并变成可供借鉴的经验。我们非常希望和更多的机构一起推动案例的研究，希望商学院在案例教学中能引入"科技向善"专门类目，也希望各位同行、各位研究者能和我们一起挖掘更多的案例和经验，找到科技向善行动的路径和方法，让更多的产品可以从中得到启发，并且一步步行动起来。

我们把过去一年中的这些成果结集出版，希望能和更多的人分享我们的探索和实践。未来，我们希望能够围绕科技向善促成更多对话和行动，让"科技向善"成为一款又一款看得见、摸得着的产品和服务，真正造福用户。